藤林武史［編著］

児童相談所改革と協働の道のり

子どもの権利を中心とした福岡市モデル

明石書店

まえがき

２０１７年現在、国内の児童相談所は２１０カ所あります。児童虐待や要保護児童の通告件数は年々増加し、多様な相談が児童相談所に寄せられています。こういった社会的なニーズに対応すべく、どこの児童相談所も人材育成や業務改革、機関連携に取り組んでいます。本書は、そうした２１０カ所のうちの一つである福岡市児童相談所における、14年間にわたる改革と協働の道のりを記したものです。

道のりは、最初から決まっていたものではありませんでした。「改革しなければ」という思いを持った私や仲間たちは、時には道に迷い、目標を見失い、途方に暮れ、病に倒れることもありました。渦巻く混乱の中で組織がバラバラになりかかったことは何度もありました。そんな時に、向かうべき方向を示してくれたのは、常に当事者の声でした。当事者の声に耳を傾けた職員は、所長である私にこう言います、「所長、どうするんですか⁉」。声に導かれて、一つひとつの問題を解決するための方策と協働を生み出しながら、気がついたら14年が経っていました。そして、たどり着いた地点から見える景色は、他の児童相談所の改革の道のりと、いささか異なったものであることに、はたと気がついたのでした。

そんな折、本を出すように勧められたということもあるのですが、この道のりを世に出すことに強く意義を感じた私は、改革の道のりを共に歩んで来た福岡市児童相談所の現職員と元職員の４名に声をかけてみました。「やろうじゃないですか」と二つ返事で乗ってきました。そして、協働の礎や架け橋となってきたキーパーソンのお二人からも「お受けします」と協力を得ることができました。みんなとても忙しい中に、本を出すことに対して、私と同じように意義を感じてくれたのでした。しかも、半年間語り合った我らが盟友マイケル・キング氏も執筆に賛同してくれました。これは、楽しい本になりそうだという予感の元、コラムについては異業種の方々と当事者の方に書いていただく同意を得、終章で京都府立大学名誉教授の津崎哲雄氏に本書を概説して締めくくっていただくこととなりました。この本の成り立ちそのものが協働のシンボルのようなものです。

一児童相談所の道のりを世に出すことが、社会的にどのような意味を持つのか、何かのモデルになりうるのか、私にはまったく想像がつきません。しかし、少なくとも、本書をきっかけとして、全国の児童相談所や関係機関における多様な改革や協働のあり方について、活発な議論が巻き起こることを期待しています。さらに、本書を読んだ学生や福祉職の方々が、児童相談所とその関連領域に魅力とやりがいを感じて、プロフェッショナルなソーシャルワークの場を目指して多く集まってもらえたのなら、とても嬉しく思います。そして、これらのことを通じて、この国の子どもの福祉がいっそう大きく前進していくことを願っています。

児童相談所改革と協働の道のりは、児童相談所職員と関係機関職員だけで得られたものではありません。施設職員、里親、民生委員児童委員など子どもに直に寄り添うすべての人々の思いが結晶化したものです。また、ふくおか・こどもの虐待防止センター、子どもNPOセンター福岡、SOS子どもの村JAPANなどのNPOや市民および市民社会の持つパワーとエネルギーによって、突き動かされてできたものでもあります。何よりも、児童相談所および社会的養護改革に深い理解を示していただいた高島宗一郎福岡市長と福岡市議会の後押しがなければ実現しなかったことは言うまでもありません。道のりを支えていただいたすべての方への感謝をこの場を借りて申し上げます。

藤林　武史

児童相談所改革と協働の道のり

——子どもの権利を中心とした福岡市モデル

もくじ

第7章 日本の代替養育と福岡市の代替養育——「外側」からのまなざし……マイケル・キング 249

序章

児童相談所改革の道のり

藤林武史
〔福岡市児童相談所所長
精神科医〕

1 「えがお館」オープン

人口150万人を擁する福岡市は、南側を太宰府天満宮や背振山脈に接し、北側は博多湾に面して、東西に広がっている。中央区地行浜は、福岡市のちょうど真ん中あたりに位置し、1980年代に埋め立てられた土地である。南側を幹線道路、東西を川、北を海に挟まれた土地にあって、福岡ソフトバンクホークスの本拠地ヤフオクドーム、シーホークホテルと大型商業施設が建ち並ぶ一角に、福岡市こども総合相談センターがある。プロ野球観戦のために最寄りの地下鉄駅やバス停からヤフオクドームを目指して歩道橋を渡ると、自ずと目に入ってくる7階建ての大きな建物である（写真0－1）。

福岡市児童相談所は、1972年に福岡市が政令市として発足すると同時に設置された。開設にあたっては、福岡県の児童相談所から何人もの児童福祉司や心理職が異動してきた。中でも、福岡市児童相談所の2代目所長の渕上継雄氏は、市役所を退職した後も西南学院大学の教授として、長く福岡市児童福祉の理論的支柱であり続けた。渕上氏は「子ども・家庭支援三層システム」を提唱し、校区単位の第1次支援システム、行政区単位の第2次支援システム、そして、第1次・第2次システムをバックアップし、コンサルテーション・スーパービジョンを行う中枢センターとしての児童相談所を第3次システムとしてイメージしていた

写真0-1　福岡市こども総合相談センター

（渕上２０１６）。この概念に基づいて、１９９０年に全市レベルの子どもの心の拠点としての「総合相談センター」が、はじめて福岡市の計画に位置付けられる。２０００年の基本計画においては、虐待相談・不登校相談の増加を受けて、教育委員会所轄の教育相談や適応指導教室も統合拡充し、児童相談所と共に一体的に子ども相談にあたる「こども総合相談センター」が構想された。渕上氏の「子ども・家庭支援三層システム」の提唱から10年を経て、保健・福祉・教育部門を統合した全市レベルの専門相談拠点、福岡市こども総合相談センターは２００３年5月にオープンした（藤林ほか２０１０）。市民からの公募で「えがお館」と名付けられた（以下、福岡市児童相談所とは別に、福岡市児童相談所と教育相談を包含する場合を福岡市こども総合相談センター、えがお館と呼ぶ）。

２００2年までの約10年間にわたって佐賀県精神保健福祉センターの所長を務めていた私は、福岡市に新しくできるこども総合相談センターの所長ポストを、精神科医として公募しているのを知り、試験を受けて採用された。児童虐待やその後遺症で苦しむ人たちに精神科医として接してきた私にとって、児童相談所長は未知な分野でありつつも、大きなやりがいを感じさせるところと思えたのだった。

2 「笑顔になれない」えがお館

こども総合相談センターに衣替えした福岡市児童相談所で、新米所長を迎えてくれた職員は、みんな子どものことに一生懸命で熱心な職員ばかりだ。公務員人生のほとんどを児童相談所業務に捧げた職員（第4章を担当する瀬里氏）、たまたま配属された児童相談所を自分の天職と思う職員（第1章を担当する河浦氏）、庁内公募でやってきた意欲溢れる職員も何人もいる。公務員らしくない異彩を放つ職員や素粒子理論を学んできた理系職員もいる。前職の佐賀県では滅多に会うことのなかったユニークな人材が何人も集まっていた。福岡市はもっと都会的でクールなところと思っていた私にとって、とても泥臭い人間味溢れる職場だった。

児童相談所は、所長の下に、児童福祉司、児童心理司、一時保護所職員、事務職員で構成されるが、子どもや家庭を支援する最も重要な責務を負うのは児童福祉司だ。時には、子どもの命に関わり、そして、一生を左右すると言っても言い過ぎではないくらい、児童福祉司の働きは重要な意味を持つ。児童心理司は専門性と経験を蓄積はしていたものの、当時の福岡市の児童福祉司は、辞令一枚で異動してきた行政事務職ばかり。しかも、その児童福祉司を指導し助言するスーパーバイザーも行政事務職であり、多くは経験がないまま突然のスーパーバイザーを担うことになる。

児童相談所の扱うケースは、ちょっとした判断ミスが重大な虐待死につながる。この点、救急医療や高度医療と同じくらい専門性が求められる。にもかかわらず、その判断を行うのは専門性や経験の少ない児童福祉司でありスーパーバイザーである。一人ひとりの職員は一生懸命であったとしても、職員集団全体でみると経験の蓄積と専門性は薄い。定例の援助方針会議では、経験の長い心理職の係長や課長が、「アセスメントが足らない」とか「そんな方針でいいのか」といったツッコミを入れる。どこの児童相談所でも、児童福祉司と児童心理司のこのようなやりとりがあるのかどうかわからないが、重大な事件や事態が発生しないように、心理職が目を光らせているのが救いだ。所長である私も、子どもの重大な決定を行う援助方針会議では細心の注意を払う。

しかし、心理職や所長である精神科医が、こうあるべきだと主張しても実際に動くのは児童福祉司である。児童福祉司が保護者や子どもや関係機関と対峙する際のストレスは計り知れない。「会議では何とでも言えるが、現場はそうじゃないんだ」というつぶやきが漏れ聞かれるくらい職員の疲弊は深い。

長いクレームの電話もあれば、怒鳴り込んでくる人や居座る人もいる。医療機関や学校からは、どうして保護しないのかと責め立てられ、保護者からはどうして保護したんだと凄まれ、保護した子どもからはここから出せと睨まれる。児童福祉司が抱えているのは在宅ケースだけではない。施設からは入所中の子どもが暴れているだの、保護してほしいだの、こういった連絡も日常的に入ってくる。数々のトラブルを抱えながら、次々と新規ケースを受理することになるのだから、転任してきた行政事務職児童福祉司にとってはとてもハードな職場環境だ。何人もの職員が心身の不調を訴え、燃え尽きた。「えがお館」というネーミングにもかかわらず、職員からは笑顔が消え、意欲溢れた職員は異動していった。

3　改革への一歩

職員一人ひとりに問題があるわけではない。思いがけず児童福祉司になった職員もいるが、それでも職責の重さを感じつつ一生懸命真面目に取り組むという職場風土は福岡市児童相談所にはあった。必要なのは、配属された児童福祉司を専門のソーシャルワーカーに育成できる、スーパーバイザーである。ソーシャルワーカーとしての専門性と児童福祉司としての経験とを併せ持ったスーパーバイザーの存在が、職員に自信を与え、疲弊をやわらげ、子どもの最善の利益のためのケースワークを促し、やりがいを育む。その後、他の分野に異動しても、次はスーパーバイザーとして戻ってきて、新人児童福祉司の育成にあたる。当時の福岡市児童相談所には、この当たり前の正の循環がなくなり、負の連鎖に陥っているのだった（図0－1）。背景にあるのは、2000年前後からの虐待相談の急激な伸びだ。慣れない対応に多くの職員は傷つき疲弊した。異動していった職員は、二度とスーパーバイザーとして戻ってこなかった。太陽系の外に飛び出てしまった彗星のように、再び、地球には戻ってこない。

　精神科医や児童心理司を数多く配置したとしても、また、教育相談部門と連携を強化したとしても、当初のコンセプトにあった全市的な中枢機関にはなりえない。子どもの生命や将来に計り知れない影響を与える福祉機関として、児童相談所がその責任を果たすための改革への一歩は、ソーシャルワーカーの専門性の確保である。これは、当時、福岡市だけの問題ではなく、全国の多くの自治体が抱える問題でもあった（才村ほか２００９）。

　児童福祉司がソーシャルワーカーとしての専門性を持つために、まず必要なことは、福岡市として福祉職採用を開始し、児童福祉司として任用することである。事務職児童福祉司で異動してきた職員の中にはソーシャルワーカーを天職のように感じ、その後社会福祉士資格を取得し、長く児童相談所に勤務する人もいる。とはいうものの、多くはソーシャルワークの基礎から学び一通りのことを覚えた時には異動時期になってしまい、達成感ややりがいをあまり感じることができず、再度児童相談所に戻りたいというモチベーションを持ちにくい。これでは、いつまでたってもアマチュア集団であ

●負のスパイラル（モラール・士気の低い職場、チャレンジ精神の低さ）
- 人員が少ない、専門性に乏しい、経験者が少ない
- 不十分なスーパーバイズ ←
- こじれるケースの増加、全体に漂う疲弊感、ネガティブな気分
- バーンアウト、乏しい達成感、心身の不調
- 短期間での異動希望、他部局からの希望者なし
- SVとして戻ってくる人材が少ない ―

●正のスパイラル（モラール・士気の高い職場、チャレンジ精神の高さ）
- 人員が増える、専門性を持った人や経験者が残り続ける
- 十分なスーパーバイズ ←
- 困難ケースの展開、全体に漂う士気の高さ、ポジティブな気分
- バーンアウトの少なさ、苦労と共に達成感、チームワーク
- 長期在任希望、異動後出戻り希望、他部局からの希望者あり
- SVとして戻ってくる人材が多い ―

図0-1　正と負のスパイラルパターン

る。せめて、転入時に福祉職としての土台があれば、ソーシャルワーカーとしてのやりがいを感じながら長く児童相談所に勤務してくれるかもしれない。その後、異動したとしても、多様な経験を積み上げたスーパーバイザーとして登用できる。

児童福祉司の「ソーシャルワーカー化」を実現するための「正の循環（図0－1）」をもたらす福祉職採用に向けて、人事当局との交渉を粘り強く毎年続けていった。人材育成は、一朝一夕に成るものではないし、いつ実現するかもわからない。それでも、毎年訴えていくしかない。

改革への道のりに一歩踏み出したものの、一方で、所長に就任した3年目から重大事件が次々と発生し、その対応を迫られる体験を重ねてきた。

4 重大事件の発生

(1) 18歳女性監禁事件

児童相談所長をしていると、毎年、何らかの重大事件に遭遇する。これは宿命だ。最初の大きな事件は、2005年の18歳女性監禁事件だった。一度も義務教育を受けることがないまま、家庭の中に監禁されていた18歳の女性が警察で保護された。しかも、この女性は当時の福岡市児童相談所において不就学ということで受理されながらも、安全確認が行われないまま終結となっていた。事件の詳細は他の文献に譲るが（川﨑ほか2014）、「姿が見えない」というサインの重要性を、当時の学校も児童相談所も重要と認識していなかったのだ。

メディア対応、検証委員会、議会等への説明と並行して、女性に対するケアをどうしていったらいいのか、頭を悩ます日々が続いた。18歳を超えた女性のケースワークは、児童相談所・児童福祉の枠を超えながら、女性保護・女性相談、精神科医療、障害者福祉、教育委員会、ＮＰＯなど使えるネットワークを最大限に駆使しながら展開していった。18年間の人生を取り戻せるわけはない。しかし、少しでも、幸せになってほしい、そんな願いをネットワークで共有しながらみんな頑張った。

ネットワークから発生した、人間関係のつながりや経験の蓄積は、別の事例の予防や対応に活かされる。重大事件後の一連の出来事を丁寧に解決するプロセスは、児童相談所や他の関係機関やＮＰＯの力を高め、協働を強める結果をもたらした。

(2) ２００９年5件6人の虐待死亡事件

日曜日の昼下がり、私の携帯電話に虐待担当の課長から電話が入る。深呼吸して電話に出る。施設に措置している子どもの、3歳の姉が心肺停止状態で救急搬送されたという。硬膜下血腫だった。心臓が一瞬停まる。私も覚えている、まったくノーマークのきょうだいだった。出勤した翌朝から、マスコミからの取材、議会での説明、検証委員会、裁判と長い道のりが続く。

２００９年度の後半は、無理心中も含め虐待死亡事件が5件も続いた。9月の無理心中事件から始まり、11月にはネグレクト死事件、1月の1歳児絞殺死事件、同月の新生児遺棄死亡事件と続き、2月のこの事件である。一体、児童相談所の対応として、どこに問題があったのだろうか。内部での検証作業を行い、外部の検証委員会にも事務局として参加し、その中で初めて知る事実もあった。

究極のところ、問題点はアセスメントだった。この事例の検証の詳細については、他の本や検証報告書に譲るが（福岡市児童福祉審議会権利擁護等専門部会２０１０）、要点は、虐待通告があった事例だけに注目していても虐待死亡はなくならないということだ。虐待以外の養護相談や育成相談のケースの中には、虐待ハイリスクケースも含まれる。特にステップファミリーというリスクファクターはエスカレートが早い（津崎哲郎２００９）。家庭全体の養育力のアセスメントが担当の児童福祉司や区保健福祉センターの担当者には求められる。予測も重要だ。今がよくても、数週間数ヶ月先にどうなっていくか、ここもアセスメントが重要であり、今後の推移を読み取る力が必要である。小林美智子らが翻訳した『子どもが虐待で死ぬとき―虐待死亡事例の分析』（レイダーほか２００５）をこの機会にあらためて読みなおした。虐待死亡に関連する保護者の未解決な葛藤を把握するためには、「チェックリスト」では限界があると説く。ケースワーカーは、ケースとの間での相互作用や対人関係の中から、ケースの特徴を見出しアセスメントしなければならない。そのためには、十分な経験に裏打ちされた高度な専門性を持ったスーパーバイザーが欠かせない。やはり人材育成は急務である。

5　専門職集団を目指して

(1) プロフェッショナルなソーシャルワーカー

２００３年にえがお館がオープンした後、疲弊しながら何人もの職員が異動していく中で、児童相談所業務にやりがいを感じ、日常的なハードワークに耐え生き残った職員が何人かいる。こういった職員のおかげで、子どもや保護者と何時間も向き合う、一生懸命な職場風土は受け継がれてきた。そして、生き残った「サバイバー」職員たちのところに、待望の福祉職職員が初めて配属されたのは２００９年だった。大勢の前で着任の挨拶をするフレッシュな職員は、私にはキラキラ輝いて見えた。翌年も一人、その翌年も一人と福祉職採用者が増えてくるが、この調子では専門職集団が形成できるまで十年以上かかってしまう。そこで、いくつかの自治体で始めていた社会人福祉職採用を導入することとした。人事当局も児童相談所の重要性を理解してくれたのだ。

2012年、十分なキャリアと専門性を持ったソーシャルワーカーが3人採用となった。次年度以降も毎年2~3人のペースで採用が続く。児童福祉については経験がなくても、プロ意識とキャリアを積み上げた即戦力ソーシャルワーカーが、今や児童福祉司の3分の1以上を占めるまでになった。「フレッシュ」ではなかったが、「プロ」の雰囲気はある。キャリアは様々だ。他自治体福祉事務所・保健所、婦人相談所、精神科医療機関、保護観察所、社会福祉協議会、地域包括支援センター、児童福祉施設などなど。様々な福祉分野での経験を元にした社会人福祉職の活躍は、従来からの福岡市児童相談所の職場風土に新たな風を吹き込んだ。

同じ頃、児童福祉司の専門性の幅を広げるために、従来からの保健師に加えて、心理職や保育士も児童福祉司として任用を開始した。一時、やめていた庁内公募を再開し、市役所内部で児童相談所でのソーシャルワークを希望する職員が新たに着任してきた。タイミングよく、こども総合相談センターがオープンした時の一番大変な時期に係長だった職員が課長に昇任し、係員だった職員が経験を積んで係長（スーパーバイザー）として戻ってきた。プロフェッショナルなソーシャルワーカー集団が揃うまでに、所長としての在籍年数9年目が経っていた。

(2) 多職種専門職集団の形成

児童相談所が扱う相談内容は、主訴は虐待であっても非行その他であっても、背景にあるのは複雑な家庭環境と親子関係であり、何世代にもわたる家族や親自身の歴史である。子ども本人や家族の抱えている問題には、経済困窮やドメスティックバイオレンスなど心理・社会的な問題や親の精神保健上の問題も多い。多重債務や親権争いなど民事・家事上の問題、犯罪被害や加害など刑事事件が背景にあることも少なくない。単に主訴を解決するだけではなく、子どもの成長発達を保障するためには、その背景にある多様な問題を把握し、多様な社会資源からの支援も組み合わせていくことが必要だ。そのためには、児童相談所には多職種専門職の連携支援が欠かせない。

えがお館には、児童相談所に必須の児童福祉司・児童心理司・一時保護所保育士に加えて、開設時から、精神科医、保健師、教育委員会所属の教師が常勤している。また、後述するが、えがお館の建物に設置されている県警少年サポートセンターに少年育成指導官と警察官が常駐しており、連携が取りやすい環境にある。しかも、ここに多数のスクールソーシャルワーカーが２００９年から加わってくる。２０１２年以降、プロフェッショナル化した児童福祉司と他の専門職が協働することで、どんな多問題ケースであっても解決に向かうことができる体制ができつつあった。多職種専門職集団の形成である。そこに、もう一人、弁護士という強力な専門職が登場する。

(3) ピースとしての常勤弁護士

第２章を執筆する久保氏を、常勤弁護士としてえがお館に迎えたのは２０１１年からである。２００９年の虐待死亡事件が頻発する中で、児童福祉司の増員・専門職化と並んで、常勤弁護士の配置を要望していた。子どもの権利を守るためには、児童福祉司の専門性の強化だけでは足らないからだ。

保護者との援助関係を重視する、いわゆる従来型の「相談支援型ケースワーク」は、そもそも援助関係を拒否する虐待ケースには適用できない。援助関係を考慮するあまり、児童相談所に与えられた強力な法的権限を活用しないことが生じやすく、結果的に子どもの安全は確保できず、最悪の場合には死亡に至ってしまう。虐待ケースにおいては、子どもの安全と最善の利益を優先する「介入型ソーシャルワーク」（山本2014）が求められており、そこでは児童相談所が有する法的権限を最大限活用することが期待されている。福岡市においては、児童相談所と契約した弁護士からの助言を得ながら法的権限行使を行ってきたつもりであった。しかし、日常的に発生する権限行使の適否をめぐる所内協議に対して、月に2回の契約弁護士との協議や助言では間に合わない。もっと迅速な判断を行うためには、さらに強力な後ろ盾が必要である。そこで導入したのが常勤弁護士の配置であった。

配置後の活躍は、第3章で久保氏が詳しく述べているが、当初の期待通りフルに法的権限を駆使して子どもの権利を守ることができるようになった。保護者の同意を得ない、いわゆる職権保護件数や児童福祉法28条申立件数は約2倍に増えた。法的妥当性の判断や書面の作成はさすがにプロである。何を事実として捉えるのか、事実認定の発想は今までにないものだ。この発想に触れた職員の気づきについては、コラム1で保健師の大原氏が語っている。

また、児童福祉司や他の職員に与えた影響は予想以上のものがあった。もはや保護者のクレームや無理な要求に振り回されなくなった。保護者とどのように援助関係を保つかという視点から、子どもの権利を守るという視点に、大きくシフトしていったのである。子どもの権利擁護の専門職が同じ職場の中に常にいるという意味はこういうことなのかと思う。それは、虐待対応の場面だけでなく、非行や家庭内暴力ケースへの支援、一時保護の決定、社会的養護の措置や解除、日常的な保護者や子どもへの対応、一時保護中の子どものケアなど、児童相談所のあらゆる判断場面に、子どもの権利視点が加わっていった。

えがお館が、子どもの権利擁護をベースにした、多職種専門職集団として発展していくプロセスにおける、重要なピースを常勤弁護士が担っている。保護者から（保護者についている弁護士も含めて）何と言われたとしても、常勤弁護士から法的に守られているという職員の安心感は大きい。以前のようなバーンアウトは減り、職場の雰囲気は明るくなった。お互いに助け合い支え合う余裕も生まれた。日常的にケースへの対応に余裕が生まれてくると、次のステージへのチャレンジが生まれてくる。

（4）多職種専門職集団の多様性と落とし穴

えがお館は多職種専門職集団だ、と言いながらも、その専門職の中に、行政事務職も含まれることをここに付言しておかなければならない。児童相談所は行政機関の一部であり、予算面においても人事面においても、行政機関としてのルールの中で成り立っている。私のような医師が所長を勤めながらも長年やってこれたのは、そして、福岡市児童相談所が発展してこられたのは、私や専門職が語るビジョンを予算化し人事当局と掛け合ってくれる行政事務職がいなければ、到底実現できなかった。

また、児童福祉司が全員福祉職採用者であるべきか、一部は、行政事務職が担うのが望ましいのか、ここは未だ結論が出ていない。14年の経験の中で、確かに福祉職採用者は即戦力であり将来にわたってリーダーとなりうる頼もしい人材であるが、様々な分野の経験を持って異動してきた行政事務職上がりの児童福祉司も、大きな戦力だ。素粒子理論を学んできた職員もいれば、法学部卒の職員もいる。消費生活センターや税や年金の現場を経験してきた職員もいる。多様なキャリアを持った職員がいることによって、知恵とネットワークが集まり、その中で救えるケースもある。

もう一つ、多職種専門職集団として道を誤らないための重要なポイントがある。巷の専門機関の中には、経験と専門性を蓄積した結果、強力な権力装置に変質してしまう例がある。「プロ化」することで、「プロでない」機関や一般市民は「何も知らない役に立たない素人」と思ってしまうと、そこから先は何も生まない。保護者も子どもも、専門職やいわゆる関係機関だけで支えられているわけではない。児童福祉の「プロでない」役所の窓口で救われることもあれば、インフォーマルなリソースに支えられていることも多くある。当事者同士が、足を引っ張り合うこともあるかもしれないが、支え合うことも多い。胡散臭そうな友人とか知人が登場してくるかもしれないが、保護者や子どもにとっては、重要なリソースだ。偶然の出逢いが、人の人生を変えていくことは通常あることだ。

人はどのようにして過去のトラウマや喪失体験から回復していくのか、どのような関わりや支援が有効なのか。こんなことを学ぶ一番の講師は、回復した当事者からだ。えがお館では、当事者を講師としての研修を何度か企画してきた。ケアリーバー、元ひきこもり者、虐待サバイバーなど当事者の語る経験は、どんな教科書にも書いていない、インパクトのある研修だ。この点については、コラム4でほしおか氏に語っていただく。

(5) チャレンジへ

児童相談所としての専門性のレベルが一定に達することで(やっとスタートラインに立てた)、今まで手がついていなかった課題にチャレンジする余裕が生まれてくる。一つは、連携から協働へのチャレンジであり、もう一つは社会的養護へのチャレンジだ。

6 連携から協働へ

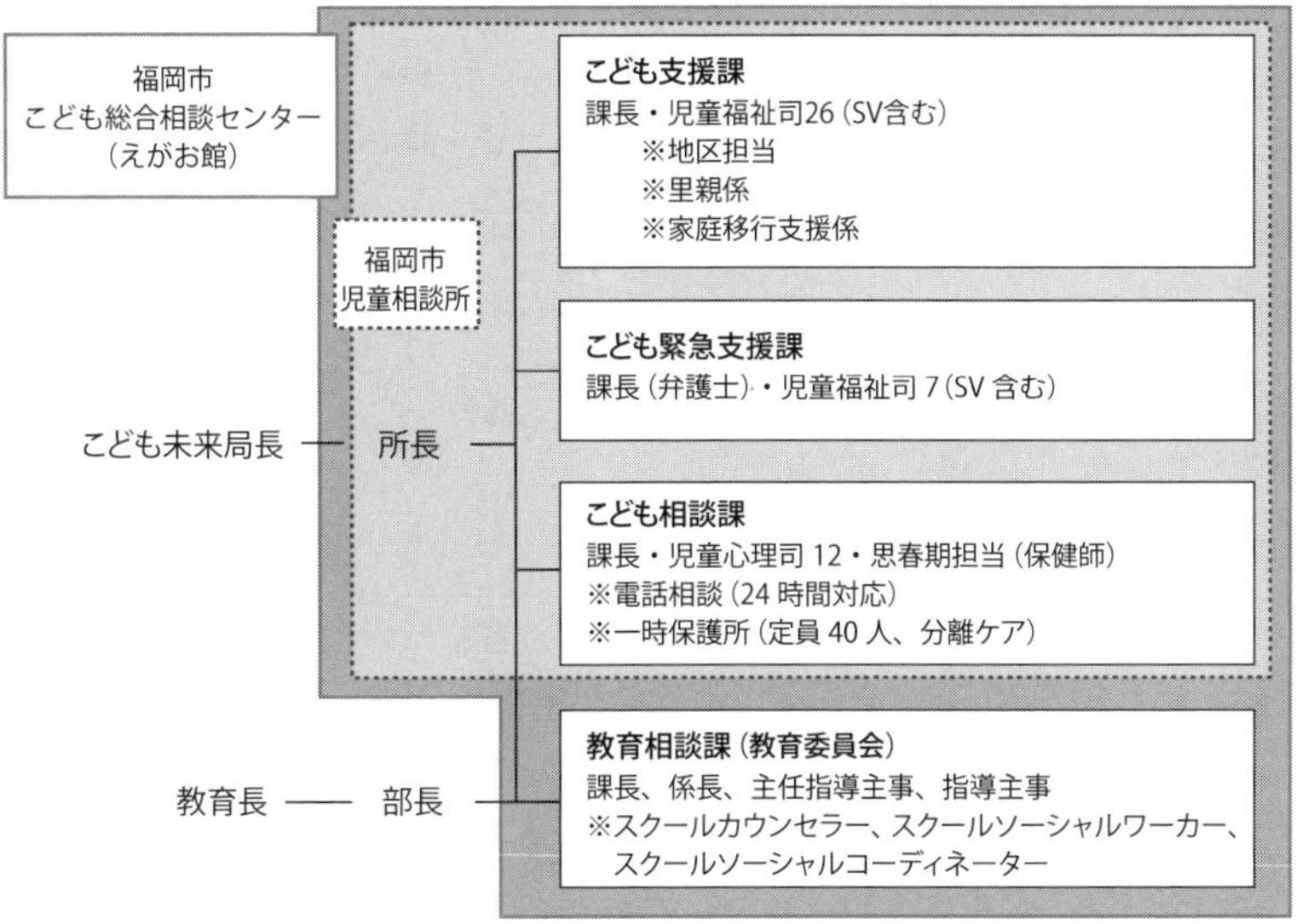

図0-2　福岡市こども総合相談センター（えがお館）組織図

（1）スクールソーシャルワーカーの登場と協働

福祉と教育の連携は解決すべき課題の一つであるが、円滑な連携ができている自治体はどれくらいあるだろうか。子どもに関わる専門職が、福祉だから教育だからといって連携できないはずはない、もっとお互いに情報を共有し協力し合えば、きっといい子ども相談支援ができるはずだ。そんな期待がこめられて、同じ建物・組織の中に児童相談所部門と教育相談部門を設置してえがお館はオープンしたのだった。

えがお館には4つの課組織がある。児童福祉司を中心とした「こども支援課」、虐待ケースの初期対応を中心に行う「こども緊急支援課」、児童心理司を中心とし、電話相談や一時保護、ひきこもり支援なども行う「こども相談課」、ここまでが児童相談所組織に該当する。そして、もう一つの課組織が教育相談課である（図0−2）。教育委員会にも属する教育相談課は、不登校・いじめの相談をメインとする課であり、適応指導教室の運営やスクールカウンセラーのマネジメントも行う。組織図上は整ったものの、真の意味での連携のためには、互いの発想や進め方の共通部分と異なる部分を認め合うこと、そして、双方の持つ可能性と限界に対する共通理解と尊重をベースにしなければ連携とか協働なんてできない。えがお館オープン当初は、児童相談所側にその余裕がなかった。

そもそも教育相談課の相談は、支援者と保護者と子どもとの契約を重視する支援スタイルで基本は通所相談である。児童相談所が対象とする要保護児童は、契約を重視していたら支援は届かない家庭が多い。同じえがお館の中にあって、不登校相談支援をメインとする教育相談課と要保護児童の相談支援をメインとする児童相談所の各課（こども支援課、緊急支援課、こども相談課）は、あまり交わらないまま、時間は経過していった。それでも、少しずつ相互理解が進んでいく。同じフロアで顔を日常的に合わせ、歓送迎会や忘年会などの年間行事を通してざっくばらんな関係となり、お互いの気心が知れて馴染みになってくる。協働して関わるケースはそんなに増えないものの、3年、5年と共にいると、職員同士の距離は近くなってくる。

オープンから6年目の2009年度、スクールソーシャルワーカーが配置されることとなった。文部科学省の予算で、福岡市にも配置することが決まったのだ。2009年4月、2名のスクールソーシャルワーカーが配置された。十分なキャリアを持つプロのソーシャルワーカーである。奇しくも児童相談所に福祉職採用者が1名配置されたのと同じ年度である。その後、2名が4名に、4名が8名に、12名、25名と年々増えていった。

福岡市においては、スクールソーシャルワーカーはえがお館に在籍し、自分の机がある。担当の係長・課長は教育相談課の職員だ。しかも、学校にも拠点を持っており、職員室には自分の机がある。えがお館と学校と両方に職場を持つということが意味することは、きわめて画期的なことだ。意義とその後の発展について、初年度にスクールソーシャルワーカーとして配置され、現在大学講師となった奥村氏が第5章で詳細に報告する。今や20名を超えるスクールソーシャルワーカーは一大戦力だ。スクールソーシャルワーカーを要として、児童相談所と学校現場との連携は格段に進み、年間の協働ケースは優に１００件を超える。

（2）警察組織の中の福祉マインド「少年育成指導官」

児童相談所と警察の連携は、複雑である。虐待でも非行でも警察との関わりは多い。警察から児童相談所に来るケースも多ければ、児童相談所から警察に行くケースも多い。「身柄付き」と言われる、警察が子どもを保護して児童相談所に連れて来るのは日常茶飯だ。警察が保護した家出中の子どもを保護者が引き取れない、家庭内で暴力を振るって親が１１０番した、保護者から虐待されるといって警察に駆け込む、といった、多様な背景の子どもを、要保護児童として児童相談所に警察官が連れて来る。

警察業務としての保護と捜査、児童相談所業務としての保護と調査。両者はオーバーラップしている。オーバーラップするところをどのように仕分けるのか、あるいは、どのように役割分担をするのか、対等な関係性で話し合えなければ真の連携や協働には至らない。そのためには、児童相談所の福祉機関としての専門性と経験の蓄積が重要である。子どもの利益や家庭支援のために、福祉機関としての調査や保護を、そして、警察への通報や告発をどういったタイミングで行うのか、どのように行うのか、福祉機関としての基本原則をしっかり保持しておかなければ、対等に連携を行うことができない。学校と児童相談所の連携の項目で述べた通り、機関連携と協働のためには双方の持つ発想や進め方、可能性と限界に対する共通理解と尊重をベースにしたものでなければならない。これがないと何が起こるのか、それは摩擦と不信感であり、連携以前の問題である。そこをどう構築していくかが課題である。

えがお館がオープンした当初から、同じ建物の中に「福岡県警少年サポートセンター」が設置されていた。しかし、連携をどのようにしていったらよいのか、よくわからないまま手探りの状態が続いていた。それでも、時間とともに、少年サポートセンター・少年育成指導官を中心に、非行ケースを一緒に支援するようになっていった。それは、少年育成指導官という名称は固苦しいが、心理や福祉を学んできた職員が、少年サポートセンターの要だったからだ。心理や福祉の発想を持ちつつ、警察の立場で関わるメリットを、個々の児童福祉司が実感するようになってきた。いつしか、児童相談所職員の間では「少サポ」という略称が使われるようになり、組織は別だけれども仲間のような機関となりつつあった。

児童相談所の専門性が高まってきた2013年、一人の女性少年育成指導官が戻ってきた。第6章を執筆する堀井氏である。スクールソーシャルワーカーが学校組織の中の福祉人材であるように、社会福祉士でもある堀井さんは警察組織の中の福祉人材、いや福祉マインドだ。児童福祉司と共通の言語と発想、思考様式を持ちながら、警察と児童相談所の間をつなぐ。具体的な活動内容と児童相談所との連携・協働の実際は第6章を読んでいただくとして、児童相談所側から見た堀井さんを介した警察との協働は、実に楽しくワクワクとしたものだ。水と油のような児童相談所と警察の組織の間での真の連携と協働ができるためには、堀井さんのような警察組織の中の福祉職は貴重な存在だ。

7 社会的養護の社会化と近代化

(1) 措置権者としての責務

専門職化した児童福祉司がどんなに頑張ったとしても、保護した子どものその後のケアが不十分では話にならない。施設や里親など社会的養護が、子どもにとって十分なケアを提供しているのかどうか、そして、そうでないならばどのような改革を進めたらよいのか、措置権者である児童相談所にとって、重大な責務である。

精神科医の所長として赴任した2003年当初、社会的養護の手薄さをじきに実感することとなった。施設職員養成のための卒前教育を十分に受けることのない保育士や児童指導員が、子どもの人数より圧倒的に少ない人数でケアを行っている。そもそも、虐待を受けてきた子どもが、なぜ集団生活をしなければならないのか？　赤ちゃんを集団養育することにどんなメリットがあるのか？　所長として赴任当初思い浮かんだこれらの違和感は、すぐに麻痺していった。保護した子どもを受け入れる先が他にないからだ。

(2) 里親委託推進にチャレンジ

2004年、一時保護所は大変な状況だった。新たに保護された子どもと、施設から戻されてきた子どもで、一時保護所はごった返し、しかも施設はどこも一杯という状況だ。この状況を打開するために、里親開拓を進める方針を固めた。2005年からの里親委託推進に向けたチャレンジは、「受け皿探し」という受け身的な動機から始まった。そののち、第4章の瀬里氏が描くストーリーのとおり、社会的養護の社会化と里親ケアの近代化へと発展していった。

(3) 長期入所児童と社会的養護

現在に至るまで、一体何人の子どもたちが、施設から一時保護所に戻ってきたことだろうか？　中高生年齢の子どもが、家庭内で受けてきた虐待や不適切養育の結果、入所直後に施設に適応できなくなったというのであれば、それはアセスメントの強化や、施設ケアの強化で解決できるかもしれない。しかし、施設から一時保護所に戻ってきた子どもの中には、乳幼児の頃から施設で暮らしてきた子どもが大勢含まれていた。乳幼児期から長期間入所してきた子どもの中には、思春期年齢を迎えて、数々の問題行動を表してくる場合がある。不登校になる子どもも多い。他の子どもや職員に向かって暴言をはいたり暴力を振るう子どももいる。高校生になって集団のルールを守らず、他の子どもを巻き込んで混乱状態になることもある。他の子どもを守り集団の秩序を守るため、一時保護となり、そのまま他の施設に措置変更となるケースを多く経験してきた。子どもにとって、物心ついた頃から住み慣れた施設を離れることは、今後の将来に関わる重大なことだ。担当児童福祉司は何とか施設に戻れないかと願うが、施設側はもう限界という。施設で暴力を振るう子どもを受け入れてくれる施設などそうそう見つからず、一時保護期間は長くなる。あらためて心理司がアセスメントを行うと、アタッチメント形成が不十分なまま成長発達していたことがわかってくる。こうして、乳幼児期におけるアタッチメント形成と家庭養育環境の重要性を、所長をはじめ多くの職員が実感してきた。

これは、社会的養護システムの問題だ。システムとして問題を捉える視点を学ぶきっかけを与えてくれたのは京都府立大学の津崎哲雄氏の講演に触れたのが最初であり、その後、津崎氏の論文や著書（津崎哲雄２００９・２０１３）を読む中で多くのことを学んできた。社会的養護全体のシステムが問題なのであれば、子どものニードに合ったものにするためには、どう進めていくべきなのか。里親委託を推進しながらも、長期間施設に入所している子どものことは着手できずにいた。毎年、登録できる養育里親の人数からすると、在宅の乳幼児の里親委託で埋まってしまい、児童養護施設に長期入所している子どもの分まで回ってこないからだ。そんな折、一人の青年研究者が、イギリスからやってきた。

（4）マイクがやって来た

２０１５年4月、オックスフォード大学からえがお館にやって来た一人のイギリス人青年――それが第7章を書くマイケル・キング氏だ。２０１５年2月、里親フォーラム「新しい絆」が終わった後の懇親会の最中に、津崎氏から突然電話があった。日本の社会的養護を研究している大学院生を実習目的で半年間置いてくれないかという依頼であった。チャレンジ精神で盛り上がっている私や担当課長は二つ返事だ。それは面白い。外部の目で福岡市の実践を見てもらおう。そこから学ぶことがあるはずだ。名著『日本の児童養護』の著者であるグッドマン教授のところの大学院生なので、そんなに変な人ではないだろう。なんとも楽観的な発想で受け入れを決定した。大正解だった。２０１５年4月から9月まで、気さくなイギリス人と共に過ごし議論した半年間を、私も含めて当時在籍していた職員は忘れないだろう。日本の社会的養護や児童福祉の制度が、国際的なスタンダードと比べて、いかに「ガラパゴス化」しているのかを思い知らされた。いい意味でも悪い意味でもだ。マイクと共に語り合った半年間の経験は、里親ケアの発展と第5章で語られる家庭移行支援の発想に大きな影響を与えた。えがお館による社会的養護システム改革は、国際的な視点を獲得し、近代化に向かった。

8　なお残る課題

いくつかの改革を、職員と共に進めてきた14年間を素描してみたが、綺麗にまとめ過ぎた感もある。行間には、文字にすることができなかった、数々の苦渋の選択と子どもたちへの申し訳なさがあることを読み取っていただきたい。

児童相談所の改革はまだまだだ。なお残る課題が山積である。一時保護所については、本書で全然触れることができなかった。戦後70年間続いてきた閉鎖的な空間での子どものケアはすぐにでも改革が必要なセクションだ。社会的養護改革については進み始めたものの、ケアリーバーに対する支援や参画など、まったく手付かずである。児童相談所を離れ、幅広く地域における子ども家庭支援のあり方という観点からは、区における相談支援体制、校区単位（地域）での支援ネットワークづくりは重要な課題だ。福岡市内の先進的な校区では、スクールソーシャルワーカーと社協のコミュニティソーシャルワーカーが協働して、居場所づくりやネットワークづくりに取り組んでいるが（福岡市子ども虐待防止活動推進委員会２０１１-２０１７）、まだまだ試みの段階である。フォーマル・インフォーマルな支援を、もっと必要とする子どもや家庭は多い。子どもの成長・発達を保障していくためには、児童相談所だけがどんなに頑張っても限界がある。子どもや家族を孤立させない、社会全体が寄り添う、まちづくりも欠かせない。

最後に、アメリカの脳科学者ブルース・ペリーの言葉で、本序論を締めくくりたい。「虐待されトラウマを抱えた子どもたちにもっとも必要なのは、幼少期のトラウマに起因する痛みやつらさや喪失感をやわらげてくれる健全なコミュニティである。彼らを癒すのに何よりも効果的なのは、人間関係の質と量を増やすことだ。優しいケア（loving care）をたゆまず辛抱強く繰り返すことが役に立つ」（ペリー&サラヴィッツ２０１０）。

〈参考文献〉

川﨑二三彦／増沢高（２０１４）『日本の児童虐待重大事件　２０００-２０１０』福村出版

才村純ほか（２００９）「児童相談所の専門性の確保のあり方に関する研究─自治体における児童福祉司の採用・任用の現状と課題」子どもの虹情報研修センター平成21年度研究報告

津崎哲雄（２００９）『この国の子どもたち─要保護児童社会的養護の日本的構築』日本加除出版

───（２０１３）『英国の社会的養護の歴史─子どもの最善の利益を保障する理念・施策の現代化のために』明石書店

津崎哲郎（２００９）「ステップファミリー」『子どもの虐待とネグレクト』11巻3号、２６９－２７１頁
福岡市子ども虐待防止活動推進委員会（２０１１-２０１７）「子ども虐待防止市民フォーラム報告書」《http://www.city.fukuoka.lg.jp/kodomo-mirai/k-katei/shisei/heisei22kodomogyakutaibousisuisinniinkai_2.html》
福岡市児童福祉審議会権利擁護等専門部会（２０１０）「児童虐待による死亡事例検証報告書（平成22年2月　3歳児死亡事例）」《http://www.crc-japan.net/contents/verification/pdf/fukuoka200909.pdf》
藤林武史／松崎佳子（２０１０）「子ども相談支援体制の現状と課題」『都市政策研究』9号、31－41頁
渕上継雄（２０１６）『子ども・福祉・ネットワーキング』弦書房
ペリー、ブルース／サラヴィッツ、マイア（仁木めぐみ訳）（２０１０）『犬として育てられた少年―子どもの脳とトラウマ』紀伊國屋書店
山本恒雄（２０１４）「介入型ソーシャルワークと司法関与」『子どもの虐待とネグレクト』16巻3号
レイダー、ピータ／ダンカン、シルヴィア（小林美智子／西澤哲訳）（２００５）『子どもが虐待で死ぬとき―虐待死亡事例の分析』明石書店

コラム①

The 組織力

大原三枝

保健師業30数年、母子保健の中で、いろいろと工夫して少しでも子どもたちの発育発達促進につながるよう親支援を行ってきたつもり。その中で、子どもの状況が悪化してきたり親の支援受け入れ拒否になったりした時は、えがお館と協議するが、一時保護に至ることは少なく「何で保護してくれないの？　危ないじゃん」と納得できず、そして、一時保護となると、「よかった！　安心」と思っていた。今思うと、実は児童のことを思って安心することもさることながら心配し続ける必要がないと思って安心している自分がいた。

2014年4月、突然のえがお館への異動となった。当時「子どもたちの権利を守るべく頑張ります」と異動あいさつで言い放った自分が今となっては恥ずかしいが懐かしい。親との戦い、子どもとの真剣勝負の現実を知らないがゆえに軽く言葉にできたのだと思う。

えがお館では、一時保護の厳しさを目の当たりにすることとなる。そして、事実確認の重要さを身を以て知り、チームワークの厳しさと優しさとありがたさを知る。

私の頭の中では、事実確認はマクドナルドとして定着している。

「たとえば私が昼ごはんにハンバーガーを食べているとします。このハンバーガーはどうしたと思いますか？」で始まった久保課長による事実確認研修。私の頭は、久保課長がお昼休みに近くのマクドナルドで買ってきて食べていると勝手に思った。ところが、事実は、「今、久保課長がハンバーガーを食べている」ことだけで、いつどこでだれが買ったのか何も事実を確認するものがない。なるほど……。事実確認はまだまだ修行中。したがって、アセスメントも十分ではないと自覚し、カンファレンスを大事にしている。

幾度かのアニサキスの攻撃にも屈することなく采配を振るう河浦課長、担当児童福祉司の怒りを家裁申立書の文字に乗せてくれる久保課長、おやじギャグで周囲を凍らせて、いや、温めてくれる児童福祉司の先輩、親からの到底受容できない要求電話にすかさず言葉をかけてくれる同僚。必ず隣には誰かがいてくれた。

厳しい親対応がもれなくついてくるこども緊急支援課、当初の異業種違和感はそのうちひとりじゃない安心感に変わった。

「なんで保護してくれないの？　危ないじゃん！」は、危ない事実を積み重ね、危なくない事実と照らし合わせ本当に保護が必要か考えるようになった。と同時に、母子保健の重要性を改めて強く認識もした。予防に勝るものはない。

西区保健福祉センターに異動して2年、「えがお館が関わってくれたら安心」は、「自分たちにできることがまだあるのではないか」と考えるようになった。また、区なりの苦悩はあり、えがお館との距離を実感することもある。とはいえ、えがお館も区も同じ組織。組織力を以て、出会う子どもたちの権利を考え関わり続けていきたいなと思っている。

●プロフィール●（おおはら・みえ）保健師、福岡市西区保健福祉センター子育て支援課長。

第1章

児童相談所と虐待
——「介入か支援か」論争に終止符を打つ

河浦龍生〔元福岡市児童相談所児童福祉司
現福岡市子ども家庭支援センター「はぐはぐ」所長〕

はじめに

児童相談所（以下、児相）は長い間、子どもや家族を支援するソーシャルワーク機能、クリニック機能、措置機能を持つこども家庭福祉の専門機関として歩んできた。児童福祉法には様々な権限が示されていたが、あくまで子どもや家族に寄り添い、気づきを促し、支援に同意を求め、関わり続けながら、時には地を這うような努力を積み重ね相談援助活動を実践してきたのである。著者が福岡市児童相談所（以下、福岡市児相または児相）に異動した1996年頃は、より効果的な支援を行うため家族療法（システムズアプローチ）がソーシャルワーク（以下、SW）に取り入れられ盛んに研修が行われていた。家族にジョイニング（家族や家族の関係性の枠組みを受け入れる）しながら、家族システムの変化に向けたアプローチを熱心に語り合っていた。筆者は、初めての児相に見ること聞くことがまったく理解できず、右往左往しながら暗中模索状態だった。しかし、本当に困り果て疲弊している家族を支援できることに、震えるような喜びと面白みも感じていた。

その後1997年に当時の厚生省から「児童虐待等に関する児童福祉法の適切な運用について」が通知され、さらに1999年には、議員立法として「児童虐待の防止に関する法律（以下、子ども虐待防止法）」が制定されるに至った。ここから、児相は大きな苦しみを背負ってきたといえるのではないだろうか。その頃から子ども虐待が大きくクローズアップされ、これまでの地道なSWのみならず児相が持つ権限を駆使した対応を求められ、いわゆる「支援と介入」（以下、ここでの介入とは権限行使の意）という二律背反する課題を大きく背負ったからである。

ニーズに乏しい親に理解と同意を求め、態度変容に向けて粘り強く関わり続ける支援も行いながら、一方で親の同意なく、激しい憤りを一身に受けながら権限を行使することの両方を担う苦悩は大きいものがある。そもそも、子ども虐待の対応そのものが、「疑いの段階で動くということは間違いの可能性をもちながら動くことであるから、心理的抵抗を常に感じる。他の社会福祉や医療分野の援助と異なり、多くの場合介入と援助は当事者の感謝ではなく、怒りと抵抗を招く。終結の時期の見通しが立てづらく、介入と援助が成功するとは限らない。失敗した場合、最悪の結果は子どもの死であり絶望は深い」（イギリス保健省ほか2002）という困難さを抱えており、自ら緊張と葛藤の中に身を投じるものであるから、さらに権限行使への決断と踏み込みはなおさらのことである。

多くの仲間が苦しみもがき倒れていった。その仲間は今でも大きな心の傷を抱えている。筆者も同じように悩み続けた。様々な子ども達や親達と関わりながら、「支援と介入」の最前線で親と対峙し、かつ寄り添うバランスをどうやったらいいのか、筆者自身の苦悩を伝えたいと思う。そして、その中でどう変わってきたのかをたどり、あるべき仕組みや体制について考えていきたい。

1 児童相談所に異動して未知の世界へ踏み込む

1996年度定期異動にて福祉事務所から児相へ異動となった。異動の挨拶に赴いた時に、係長以上数人から「品定め」のような儀式があり、非行相談と育成相談（当時は相談種別担当制だった）を担当することになった。筆者は「普通」の福岡市の職員であり、児童福祉にはまったくの素人であったが、特に研修（業務説明はあった）もないまま異動した初日に、母親の面接を担当した（させられた）。凶器準備集合罪で補導された中学2年生女児の母親であり、いかに子どもが悪い子かを滔々《とうとう》と一方的に語る母親だった。1時間位たっただろうか、母親は面接室の机に身を乗り出し、「で、どうしたらいいでしょうか」と迫られた時、背中にびっしょり汗をかいていたことが昨日のことのように思い出される。その時、児童福祉司とは保護者から「先生」と呼ばれることも初めて知った。

○非行の子ども達から学ぶ

子ども家庭福祉にはまったくの素人の筆者は、最初に出会った家出と万引きを繰り返す小学生から本当にいろんなことを学んだ。家出を繰り返すことから、家出先で、夜明けに寝起きを襲って数時間かけて保護した子どもであった。その後も職員への反抗や無断外出（一時保護所からの逃亡）、生活日課改善のため話し合い要求の訴えなど、いろいろ奔走させられたが、子どもとの面接の中で、彼が家出行動で訴えようとしている「意味」を感じさせる瞬間があって、本当に考えさせられた。

筆者が最初に抱いていた「非行行動がいかに本人の徳を害するかわかっていない」から非行を繰り返すのではなく、親の不適切な関わりや不適切な家庭環境の中で、否定的な感情を受け止めてもらえず、非行に走らざるを得えなかった、非行に追いやられたと思うようになった。非行の子ども達の背景にある被害者性を理解する大人として、子どもの前に登場することが重要だと学んだ。そう考えると、どの子もどの子もそのような子ども達だった。

○被虐待の子どもと初めての出会い

そのうち、侵入盗を繰り返す小学生の子どもに出会った。保護してみるとこれまでのタイプとはまったく違っていた。困惑したのは、毎日のように保護所の中でパニックを起こすことだった。些細なことから棒を振り回したり物を投げたり、消火液をばらまいたこともあった。にわかに教わったホールディングで抑え込み、落ち着くまで1時間位を要した。集団になじめず、一人で作業などを黙々と続けることが多く、他児とのトラブルで部屋に立てこもったこともあった。面接室で話すと素直で従順な応答であるが、これまでの非行の子ども達のような、関係が深まる手ごたえがまったく感じられなかった。これまで、小学校入学時から不可解な過食行動があり、体中過去の傷痕の痕跡が認められ、新しい傷痕も絶えないという経過があった。

彼をどう理解したらいいのか悩んでいたところに、西澤哲氏の『子どものトラウマ』（西澤1997）に出会って氷解した。これが被虐待の子どもなのかと腑に落ちた気がした。その後、西澤講演の「追っかけ」など（今も続いている）、子ども虐待の理解を深めるなかで、虐待の傷の深さを痛感するようになった。2年後、相談種別担当制から地区担当制と変更され、虐待相談も担当するようになり、2002年福岡市児相で発足した児童虐待対応班である「子ども虐待防止推進担当」の一員となった。この組織の立ち上げには、大阪市と京都市の児童虐待対応班を調査に行き（その際に、後述の大阪市実践研修を知った）、福岡市の現状から京都方式を採用した経過がある。

2 子ども虐待対応における権限執行の現場と苦悩

非行相談も育成相談にも子ども虐待と思われる事例があった。しかし、いずれも保護者は困り感を抱くなど当事者性を持ち、事態の改善を願って相談来所する保護者達だった。

当事者の相談来所ではなく、近隣や関係機関からの「通告」から始まる児相の関わりはそうはいかない。子ども虐待を担当するようになって様々な経験をした。ニーズが乏しく、当事者意識を持たない保護者や、児相の関わりを非難や攻撃と感じ、関わりを拒否する保護者達と多く出会ってきたのである。そして、それらの場合、児相が持つ権限を行使することになる。それは保護者、子どもの意に反しての子どもの保護（職権保護）保護者の意に反する立ち入り調査、その後の法的対応（家庭裁判所「以下家裁」承認よる施設など措置、親権停止申し立て等）などである。

○初めての職権保護、立ち入り調査

初めての職権保護は入院中の乳児だった。関係機関との会議で、初めて心配な乳児がいることを知った。児相に保護をしてもらうべきではないかとの意見が相次いだ。子育て支援で親に関わりのある区役所担当課は猛反対だったが、病院の強い意見に応えて保護に踏み切ることにした。父母は退院を強く迫っていることから一刻の猶予もなく、会議の場から入院中の子どもを保護（親は付き添っていない時間だった）し、その後、家庭訪問を行い若い父母に保護した旨を伝えた。それから4時間程話し合った。最初の2時間は父から怒鳴られ続けだった。必死の思いで保護の必要性とその後の見通しを伝えた。児相に戻ったのは深夜零時前頃だった。薄暗い執務室に当時の虐待担当主査が一人待っていてくれた。主査が帰宅し一人になった時に、猛烈な疲労感に襲われ涙が溢れてきた。

この事例はその後様々な経過をたどった。暴力団員である父の兄が登場し、父の居場所を執拗に聞かれ、激しく脅された。子どもが保護されたと聞いた生活保護担当課が、子どもがいないことを理由に受給中である生活保護を廃止すると言いだした。その告知は筆者が家庭訪問を行い父母に告げた。当然父は激しく怒り、数日後に子どもを乳児院から奪い返す行動に出た。事前の情報を得て、乳児院の部屋の入り口で父ともみ合いになったが、母に裏口から連れ出されてしまった。その後は苦くて長い経過がある。

初めての立ち入り調査は、家に閉じこもっている母と不登校の中学生だった。生活保護ケースワーカーの協力を得て中に入るが、母は抵抗し子どもを抱きしめていた。二人の間に割って入り保護する時、背後から母の激しく罵倒する言葉が背中に突き刺さった。その後も母から執拗な抗議を受け、面接室では傘で叩かれたり蹴られたりした。この事例も複雑な経過をたどる。その後一時保護を解除し、在宅のまま、家裁に施設措置など親子分離の承認を求める申し立て（以下、児童福祉法28条）を行った。

立ち入り調査は同時に子どもの保護を敢行することが多く、したがって、親班と子ども班をつくり、なかに入ったら親班はいち早く親を取り囲み、子ども班はいち早く子どもの身柄を確保し外に連れ出すことが必要になる。ある事例では包丁班をつくった。親が包丁を振り回すのではとの懸念があったからである。包丁班は、中に入ったらいち早く包丁を確保することが役割だった（警察官は玄関外で待機している）。

病院で、父母が付き添っている状態で初めての保護は頭蓋内出血の乳児であった。父母を騙しているような気分で心苦しかった（保護の実効性確保のため、様々の理由を付けて、子どもに付き添っている親を離し、離れた後にベッドから子どもを連れ去る。このことも保護者と対立する要因となる）。父母は「病状説明を行う」と案内された別室で、子どもはすでに保護されベッドにいないと告げられると錯乱状態だった。なんとか理解を得ようと長時間の説明と説得をした。翌日の土曜日、父母や祖父母など6名から取り囲まれて抗議を受けた。同行していた乳児の姉である幼児から、「悪人」を懲らしめるかのように何度も叩かれたのが辛かった。この事例もその後2年間の経過をたどる。父母は2年経っても「いきなり子どもを奪われた」心の傷を語っていた。

○職権保護後に繰り広げられる保護者からの執拗な攻撃と攻防

毎年80件前後の職権保護後、約半数は家庭引き取りとなっており、権限行使を契機に援助関係ができる事例も多い。援助関係が構築できて同意による施設入所も10件程度はある。残りが様々な攻防が繰り広がれる事例である。決定的に対立関係となる児童福祉法28条事例は10件前後であり、その他が援助関係はできないままであるが「親権者の意に反していない」と判断し、施設など措置したものである。これらは職権保護後、保護者からの電話やFAX、突然の来所などにより、長時間に及ぶ暴言や脅しなどの執拗な攻撃にさらされることになる。

病院で幼児を保護後、告知のため自宅に訪問すると、母が玄関先に包丁を持って座り込み「返さなければ手首を切る」と脅されたこともあった（警察官が同行していたが、警官が引き上げたあとに起きた）。長時間に渡る必死の説得を行った。この事例はその後、母と援助関係を構築することができた。

保護後の子どもとの面会要求を断ると、友人男性と一緒に来ていた父は、突然友人男性に「今から起きることはお前は見ない方がいい」と言って、友人男性を面接室から追い出した。この時ばかりは暴力を受けることを覚悟した。別な父は、筆者に「担当者を代えろ」と電話で凄んでいたが、断ると突然来所した。面接室の中で、入り口に陣取るように座り込み、筆者を出られないようにして土下座を要求するなど激しい脅しだった。

包丁とバットを持って突然来所した母もいた。この事例はホームレスの母子で、保護が不確実のため児相に母子を呼び出し、面接室に母子で入った瞬間に大勢でなだれ込み子どもを保護した経過があった。母は怒りを露わにし、引き取りや面会要求が続いていた。保護された中学生女児の兄である成人男性が友人と共に来所し、制止を聞かず一時保護所施設内に侵入することもあった。子どもを返さなければ一晩中帰らないと、玄関先で朝まで座り込む親もいたし、面接室に長時間居座る親もいた。夜には退去命令を出すが、同時に2件発生したこともあった。

○激しく困難な場面に身を投じる腹構え

虐待の対応が続くと仲間は疲弊し、職場は口数少ない暗い雰囲気であった。金曜日の遅い時間に目の前の電話がなると、仲間も上司も「さっさと」帰宅するようなこともあった。どうしたらいいのか迷い、途方に暮れる毎日だった。会議で職権保護の決定がなされても、自分自身に確信が持てない時もあった。本当に親子分離が必要かどうか、そのことが、親子関係を「引き裂き」返って子どもに悪影響とならないか、かなり悩んでしまう。金曜日に会議があり、月曜日の執行予定となると、悶々としてそれまで眠れない日が続く。そんな時は「子どもに返る」ということをしていた。子どもの心身の状態を再度振り返り、子どもを守るために職権保護は必要との納得を整理する作業である。それでも、それは100対0ではない。55対45の場合だってある。しかし、55になれば、執行するとの覚悟を100にしていく作業でもある。ここの腹構えが難しかったりするのである。

3 大阪市中央児童相談所での実践研修での経験

職場にスーパーバイズを受ける上司や先輩などいなくて、自分がやっていることは果たしてスタンダードなのだろうかと一人悶々としているころ、大阪市中央児童相談所（以下、大阪市児相）での実践研修を知り、無理を言って1カ月（本来は3カ月）だけ行けることになった。大阪市内の児童養護施設に滞在し、毎日大阪市児相に通い研修を受けた。これは当時、虐待問題が凝縮する大阪市児相において職場に張り付き、職員と共に実践する厚生労働省が行う研修だった。

○高い使命感と誇りを持つ職員、経験のヒエラルキー

なによりも職場の明るい雰囲気に驚かされた。職員は常にお互いをカバーしあっており、担当者不在の対応はスーパーバイザー（以下、SV）のみならず、内容の把握と繋ぎが実に丁寧であった。そして、困難な対応を迫られる状況でも悲壮感漂うことなく談笑しながら進められているのである。大変な業務であるが、職員は高い使命感とやり甲斐を抱いていた。当時の福岡市児相では、笑いも私語もなく重苦しい雰囲気に包まれ、できるだけ他の大変なケースには関わりたくないとの空気が蔓延していた状況との違いは驚愕だった。さらに大阪市児相は大阪市職員の「あこがれの職場」であり、現在の職員は誰も異動を希望していないと聞かされ、これもまた大きな衝撃だった

その秘密は「経験のヒエラルキーと役職のヒエラルキーが一致」した「ノウハウを聞ける自然な体制」があり、専門性の維持と向上が図られていたことである（大阪市中央児童相談所編２００４）。当時、SVは15年から20年のベテランで、措置係長や課長、副所長は約30年のベテランだった。所長の津崎哲郎氏は、大阪市役所入庁以来ずっと児相現場であり、最も困難な親には、最後は所長が乗り出すとのことだった。人材育成のシステムとして、専門職採用後異動スパンを10年とし、新人には各班にいる経験10年のベテランが1年間指導教育するものであった。新人の指導教育体制と経験の蓄積を背景とした手厚いSV体制が構築されていたのである。

福岡市児相での初めての職権保護の経験を話すと「ああ、冷えた親子丼ね」と言う。大阪市児相では親子丼を注文し、みんなで帰りを待つとのことであった。遅くなると丼が冷えてしまうということである。福岡市児相においても、専門性の高い組織づくりは、経験の蓄積によるSV体制が重要と強く考えさせられる経験だった。

○**弁護団による手厚い支援を背景とした介入的ＳＷ**

大阪では常勤弁護士がいるわけではないが、多くの弁護士で大阪市児相を支援する弁護団が存在し、手厚い支援を受けていた。介入場面の立ち合いはもちろん、その後の面接にも同席し、今後の支援について保護者と文書を取り交わす際、その文書に児童福祉司だけでなく弁護士名でサインをしていた。家庭裁判所への法的対応なども全面的に支援しており、この経験は福岡市児相における常勤弁護士導入発想の大きな経験となった。

そもそも大阪市児相は、国の通知や子ども虐待防止法成立前から、法的対応を背景に介入的ＳＷを展開してきており、その理念を津崎は介入的ＳＷ論（大阪市中央児童相談所編２００４）としてその後も訴え続けている。保護者に対して社会の壁となって立ちはだかり、壁を感じた時に態度変容の契機があり、その時に労いや寄り添うことで支援に繋がるというものである。したがって、壁を感じた親のパニックは激しいものがあり、そのことを引き受ける覚悟が求められていた。合わせて、長々としたＳＷよりも早期の法的対応を主張していた。大阪市児相の様々な経験から、法的対応をバックにした介入と支援ついてその統一を考えた実践的な提案だった。それは筆者のバックボーンにもなっていった。

○**それでも揺れ動く**

それでもどうしても揺らいでしまう事例がある。ＤＶ家庭への関わりである。特に傷痕があるわけでなく、子どもの情緒的問題があるけれども、子どもは父を拒否する素振りを見せず、または見せて、帰りたくない会いたくないと言ってもすぐ撤回するような場合だ。もうひとつ介入に踏み切れない。そこに、保護者の執拗な攻撃への厭戦気分がないとはいえない。介入根拠が曖昧ともいえる。だからこそ保護者の壁となる覚悟が持てないと言うことかもしれない。それより親子の関係調整ではないか。そうであれば、徹底して支援的にやったほうがいい。どこかで「疑っている」ような支援は、支援に繋がらないと経験的に肌で感じていた。でも、そこには対立を避けたい心情もからんでいるのではないだろうか。ここは、現実的には区別できない悩ましさである。そして支援的にやればやるほど介入への切り替えが困難になるし、介入後の反動は大きくなる。やはり、「親のパニックを引き受ける覚悟」を担当者に持たせることのほうが酷ではないか、とも思うようになった。それでも現に子どもは今を生きており、深い闇を手探りで歩み続けなければならない。悲壮感で心が折れそうになることがしばしばである。

4 何が問題か、児相への一極集中問題

これらの問題は立ち入り調査や職権保護、その後の調整から法的対応まで児相のみで行っているところに問題がある。そして、一方では親を支援する役割をも担っているのだ。これが児相への「一極集中問題」である。非行や育成相談は、保護者や子どもへ寄り添い気付きを促していくが、子どもの行動化に対して、場合によっては家裁送致などの権限行使がある。その場合、子どもの激しい抵抗があれば警察の協力を得て、子どもの制圧や身柄の確保は警察が行い、処分決定は家裁が行う。そして、その後も家裁が後見的に関わっていく。その仕組みが子ども虐待対応にはないのである。

○行政権限だけによる介入の問題

こども虐待通告先は児相と市区町村であるが、市区町村は緊急（介入）事例については児相に送致するので、実質これらの通告先は児相である。疑いの段階で家庭に踏み込む、疑いの段階で親子分離を実施するなどの介入は、行政職員が行うより警察が行う方が絶対効果的である。それらは児相の権限であり警察は協力する立場でしかない。市民から見ると市の職員と警察官が踏み込むのでは、警察官の信頼と権威が高いと思われ反発の仕方が違う。警察を通告先に位置付け、英国のように、通告内容を児相と警察が即座に情報を共有し、どちらが前面に出る事案かなどの協議を行うストラテジーディスカッションの仕組み（イギリス保健省ほか2002）があるべきと思う。さらに言えば、厚生労働省の専門委員会提言のように、通告受理窓口を一本化し、警察が前面にでる事例、児相が前面に出る事例、市町村が前面に出る事例と区分けを行うトリアージセンター（厚生労働省社会保障審議会2016）ができたらさらに効率的だ。

警察庁出身の後藤啓二弁護士は、警察を通告先機関に位置付け「警察官の人数の多さと機動力」「トレーニング・実践経験の差異」として、英国のポリスプロテクション（イギリス保健省ほか2002）のような保護権限を警察に与えるべきと主張している。法改正をまたずに「緊急にできることは有効な社会資源である警察を最大限活用すること」ではないかと訴え、同時に、ストーカー規制法やDV規制法でできている警察や裁判所の関与が子ども虐待対策の法整備でできていないことに、日本は「とんでもない国」と強い苛立ちを表している（後藤2011）。この問題は、現在では議論が皆無のような気がしてならない。現状の中でも、警察が権限行使を担うことで児相は支援的に関わることができ、介入と支援の役割分担ができるのである。これは現在、逮捕後の釈放や不起訴、刑の執行猶予などを巡って、実務的に警察や検察官とは連携しているところでもある。

○職権保護に司法判断がないことの問題

親子分離は親も子どもにも大きな権利制限になるにもかかわらず、行政だけの判断であるがゆえに、親と児相との延々とした攻防が繰り広げられる。この状況を川崎は「一行政機関である児童相談所の判断だけで、事実上無制限に実施できる一時保護を行えば、児童相談所と保護者とは正面から衝突せざるを得ない。保護者が自らの虐待行為を振り返るどころか、児童相談所職員へ対して暴力的な抗議、威嚇、攻撃をしてくるのは必然であろう」と言い、そして「これらの問題を解決するには、児童相談所が行う一時保護は緊急時の短期間に限定し、それを超える場合には司法が関与する仕組みとするしかないのではあるまいか」と述べている（日本子ども虐待防止学会編２００５）。まったく同感である。これは同時に、親子分離に対して司法審査を求めている「子どもの権利条約」に違反するのは言うまでもないと思うが、なぜ、20年以上もこの問題が放置されるのかまったく理解できない。行政判断だけでなく司法審査があることが、その後の延々と続く親と児相の対立構図を変え、児相は権限行使の妥当性の検討に専念でき、権限行使を揺らぐことなくやれる状況を作り出すのである。

児相への一極集中とは、証拠を集め、権限行使の妥当性の判断を行い、権限を執行していくことであり、警察と検察官、裁判官をすべて担うことを意味する。これらが「壁」になって支援に繋がるにしても、両方を同じ機関が担っている問題もある。津崎は介入的ＳＷ論との、介入と支援を統一した見解を示しながらも、15年前から警察を通告先に加えることを訴え、欧米のように司法の関与がなく、児相の一極集中であることの問題も訴え続けていた（日本子ども虐待防止学会編２００２）。津崎の介入的ＳＷ論は、そのような制度仕組みがない現状の中で実践的に編み出されてきた考えと思う。

当時の大阪市児相虐待対応班の平野も、特に臨検捜索の権限付与などの「重装備化」後は、「介入と支援、親子分離と再統合と相矛盾する役割を担わせることで現場の限界が見え始めている」と将来への危惧を表明し、「福祉機関が、時には警察、時には裁判官のような役割を担わされていることを解決するためには、英米並みに職権介入とその後の支援機関との分業化が必要である」（津崎／橋本２００８）と述べている。

○職権保護の実効性確保の不確実さ、「姑息」なやり方が反発を招く

児相への一極集中は職権保護の実効性を不確実にしてしまう。特に、乳幼児を保護者が抱きかかえると保護が困難になる。行政権限だけで、行政執行のパワーもなければ抵抗しても罰則もない仕組みであるがゆえに、その実効性の問題がいつもついて回るのである。親子が一緒の場面で保護を敢行することは極めて困難であり、離れている場面か、親子をなんとか離すことを選択するようになる。しかも、様々な抵抗ができないように事前の保護者への告知や協議をしないことが多い。そのためリスクが高い自宅ではなく、秘密裏に準備を行い、様々な手段を駆使して保護の安全で確実なやり方を選択せざるを得ないことになる。保護者からみれば「姑息」なやり方である。

行方不明になった親子が、検察庁で事情聴取を受けていると聞いて、警察と一緒に保護を実施に行った。父から離れているところで子どもの身柄を確保する予定だったが、行き違いで、父が子どものところに先に駆けつけ幼児をしっかり抱え込んだ。子どもを引き渡すよう説得するが応じず、検察庁の玄関で警官と児相職員十数名から取り囲まれながらも、父は「保護するなら俺を殺してからやれ」と凄んだ。所長の許可を得て、「明日親子で来所を約束するなら引き上げる」と話した。その夜は父が約束を守ってくれるかどうか、まんじりともせず夜を過ごした。でも、父は約束を守ってくれた。

病院から頭蓋内出血で入院した乳児が先ほど退院したとの連絡があった。家庭訪問して保護を試みたが、

抵抗されると家の中での保護は無力であることを痛感させられた。別な事例では、前日まで医師から協力（病室から別室へ親の誘導）をすると言われていたが、保護を執行する当日になって病院から協力を拒否された。やむなく、保護者が付き添っている状態の病室で保護を敢行したが、親の強い抵抗などから保護ができなかった。

乳児の保護が病院の協力を得られなかったことから、生活保護の件で協議があると福祉事務所に呼び出し、付き添いを離れたところを保護した事例があった。病院玄関前で、早朝から張り込む班が福祉事務所へ赴くかどうかの行動確認を行った。母の最初の外出でみんな緊張したが、近所のコンビニへの買い物だった。保護まで長時間を要したが、「騙された」母の怒りは相当なものだった。

当然、親子が離れている学校や保育園で保護しようとするが、これはこれで、保護者には「秘密裏」に執行することへの学校や保育園側の心理的抵抗が大きく、学校や保育園から強く反対されることも多い。ある保育園では園長から激しく抵抗され、長時間の議論の末、児相の権限として保護を執行する旨伝えると、私有地である保育園の敷地に立ち入ることを拒否された。当然、立ち入り調査権を発動しての執行となった。

5　一極集中による支援と介入の揺らぎが子どもを救えていない

この介入を巡る問題について厚生労働省「子ども虐待対応の手引き」（２００７年1月改訂版）では「関係者の意思に反して行う強制的な制度は、通常は裁判所の判断を必要とするが、児童福祉法の一時保護については裁判所の事前事後の許可も不要である。このような強力な行政権限を認めた制度は、諸外国の虐待に関する制度としても珍しく、日本にも類似の制度は見当たらない」と述べ、強力な制度であるがゆえに、虐待を受けている子どもの救出には非常に有効であるとしながら「同時にあまりにも強力であるがゆえに保護者の反発も大きいことは避けられ」ず「保護者の反発を恐れるあまり、一時保護を控える傾向があったことは否定できない」と日本の司法審査なしの行政判断による親子分離は、特異な制度であるがゆえに保護者の反発は大きく、児相が権限行使に揺らぐとの認識を示しているのである。この「一時時保護を控える傾向」は現在も続いているのではないか。

○厚生労働省「子ども虐待死亡事例等の検証結果等について」報告

児童福祉法の改正により、児童虐待防止のために「調査研究及び検証を行う」ことが国や地方自治体の責務とされた。その後、国や地方自治体で死亡事例の検証がなされ、報告が行われている。

厚生労働省による2005年「児童虐待等要保護事例の検証に関する専門委員会」第1次報告では、「児童相談所及び関係機関の対応」の中で、児相が関与していた12例のうち「援助の方針と姿勢に関する問題」として、「保護者の同意を重視しすぎる姿勢や保護者との摩擦を回避する対応に偏るなどの基本的対応方針に課題があり、結果的に判断の遅延などの問題を招いた事例があった。子どもの安全を最優先し、状況に応じて適時適切に介入的視点にたった支援を導入することが重要である。」と述べている。これは12年前の指摘であるが、この問題状況が12年後の今日にも、脈々と続いているのではないかと危惧するのである。

2012年第12次報告では、現地調査（ヒアリング調査）の4事例が示されている。その中で事例2は「次男、三男ともに実母からの身体的虐待によって死亡した事例」との痛ましいものである。この事例では、次男の死亡事件で母が逮捕され、児相は長女及び長男を一時保護した。母は執行猶予判決を受け、児童福祉司指導措置として家庭引き取りとするが、引き取り後の家庭訪問を母から拒否され、児童福祉司による在宅指導ができなかった。その後、3男が出生し医療機関に入院。一時保護する予定ができず、転院した医療機関の説得で同意により乳児院に措置したものである。しかし、その際、虐待の疑いを告知したものではなく、父母の家庭引取りを拒めず「家庭引取り後、関わりを拒否する父母に対して実質的な関与ができていなかった」。「市町村は虐待のリスクを考え、児童相談所に三男の怪我を報告」「児童相談所からの指示を待つ状況が続いていた」のである。報告では「関わりを拒否していることに着目したリスクアセスメント」の問題とされているが、ここにも支援と介入を巡る葛藤と混乱が潜んでいるのではないか。英国の「イニシャルアセスメントと調査：10の落とし穴とそれを回避する方法」では「攻撃的な家族、脅迫的な態度に直面」しても「自分の身の安全に相談したり助けを求めたり」しないとアセスメントがゆがむ危険性を述べている（イギリス保健省ほか2002）。いずれにしても、第1次報告から第12次報告まで、児童相談所が関わっている死亡事例は約25％になる。

○地方自治体児童虐待死亡事例等検証報告

群馬県（2015年10月）の報告では「虐待告知をしないケースワーク（以下、CW）について」の項目で、「児童相談所は保護者に対して虐待の告知をすることなく、保護者との関係を維持し、養育支援として関わろうとしていたため」と問題を指摘している。まさに、この「何を心配しているか伝えないままの関係づくり」これが介入と支援の問題における最も深刻な揺らぎである。その他でも「保護者の言動に依拠したケースワーク」を問題とし、「常に児童の安全を最優先に適時適切なリスクアセスメントを行えるシステムづくりが課題」とも指摘している。

沖縄県報告（2016年5月）では「職権による一時保護を決定しながら、再三にわたり保護を見送り子どもの保護救出ができなかった」「子どもの保護を強行して保護者と敵対関係になることやDV被害者である母のCWと、子どもの一時保護は分けて考えるべきである。母との関係を重視するあまり、親子分離を拒否する母の意向を優先させたことが一時保護を躊躇させる要因となってしまった」「CWの流れを重視すると「介入」と「支援」の両機能を分断することは難しいが、児相における介入と支援の役割分担を徹底し、一時保護を確実に実施できるような体制が必要であった」と述べている。

兵庫県報告（2016年7月）では「保護者の心情的な言動に依拠したCWを行うことは、リスクの評価を行う上で客観性を欠き、重要な点を見落としてしまう危険性もある」と指摘。新潟県報告（2016年5月）では「対応のギアチェンジ⇓介入アプローチへ」「介入と支援を両立している現行制度の見直し」などのキーワードが示されている。

これらは、いずれも支援と介入の問題を指摘している。兵庫県の報告はまさにSWでの限界を指摘しており、沖縄県報告の「介入と支援の役割分担を徹底し、一時保護を確実に実施できるような体制が必要」とは、一時保護について警察の主体的関与や司法の審査などではないだろうか。児相への一極集中が、その後の激しい攻撃にさらされ、保護者との関係づくりを考慮してしまう。

6 「いびつ」な日本の虐待対応、支援の受け入れを強制する仕組みがない

川﨑はさらに「一時保護にかかる児童相談所長の強大な権限と、もう一方で保護者を指導するについて何らの権限のなさ。このアンバランスが、ある意味では我が国の児童虐待対応のいびつさを生み出している」（大阪市中央児童相談所編1995）と指摘している。1997年の通知に始まる、児相の苦しみとはまさにこ

のことではないかと筆者も考えるようになった。支援と介入の問題とは、権限行使が行政だけで行われ、かつ支援も担っている問題（一極集中問題）と、支援を拒否する保護者へ支援を強制する枠組みがないという問題でもあるのだ。したがって、現行の制度の中では、支援を受け入れる強制力は職権保護しかないことになる。在宅支援の可能性も感じるが、拒否されれば強い介入は親子分離しかない。そのような権限行使により、保護者の態度変容を迫るものである。

このことについて、全国児童相談研究会は「児童虐待防止対策の抜本的な充実を―児童虐待防止法見直しに関する私達の見解―2003年11月22日」を発表し、家裁や警察の主体的関与が乏しく、児童相談所に実務が一極集中していることを指摘し、「しかも児童相談所には保護者を指導に従わせる権限がありません。子どもを保護することで、家庭引き取りを願う保護者が指導を受け入れる場合も確かにありますが、だからといって保護者を指導する「手段」として子どもを親から引き離すのは本末転倒でしょう」「子どもが在宅であるなしにかかわらず、保護者の虐待行為を抑制し、保護者を指導に動機づける法的強制力のある諸措置など、保護者に実効性ある指導・援助に視点を置いた、児童福祉という枠をこえた議論が必要です」と述べている。「本末転倒」との指摘はまったくそのとおりである。これは十数年前の「見解」であるが、今も状況は丸っきり同じである。「一極集中問題と支援を強制する枠組みのなさ」、そのことが、子どもの命が救われず、児童福祉司をいまだに苦しめ続けている大きな要因になってはいないか。以前から多くの児相職員が抱いていた思いが、なぜ真摯に議論されずに放置されているのかと憤慨してしまう。

◯「いびつ」な虐待対応は「いびつ」な在宅支援を生み出す

そしてこの問題は、在宅支援の、特にネグレクトや心理的虐待で「いびつ」さを生み出している。支援受け入れを強制させるべき職権保護の基準と「子どもの最善の利益」保障のギャップである。筆者が現役時も、関係機関からネグレクト事例などについて「なぜ子どもを保護しないのか」との意見は多くあった。いずれも虐待事実が正確に把握できず、事態が過度に評価されたものであった印象が強い。それは虐待の事実からではなく、保護者の状態から推測されたものであった。退職してからも、地域などから、児相が保護してくれないとの意見を多く聞いた。

依頼があって「児童相談所の強制保護を考える―ネグレクト事例より」の研修講師を務めたが、遠方からの参加も多く会場はぎっしり埋まり熱気に溢れていた。こんなにも関心が高いとは、いったい各地でなにが起きているのだろうと思った。聞いてみると、子どもだけで過ごしている、医療ネグレクト、ゴミ屋敷状態などで心理的虐待もからみ、支援をしても事実を認めない、拒否される、「見せかけの従順」で事態が改善されない事例などで地域は困っていた。でも、改善を促す児相の職権保護は実施されなかった。身体生命の重大な侵害がない（または乏しい）からである。体重増加不良、発育不良事例は、基礎疾患がないとの確定診断など、保護者の養育問題と「断言」できないと親の関係が優先重視される傾向にあった。

あるシンポジウムで、病院の虐待対応を行っているＭＳＷは、事例の報告後「地域や関係機関が様々な関わりや支援を行うが、子どもの状態はとても心配。児童相談所が言うところの見守りが長すぎる。私達は親を飛び越えては、支援が届けられない」と語った。悲痛な訴えだった。支援的に関わっても事態が改善されず、児相は職権保護をしない。このようなネグレクト事例などにどう対処していくのか、このような事例が地域には多く存在するのである。児相は、身体生命の危険がない、または乏しいと地域の見守りとなってしまう。児相が関わっていても、ＳＷ的に関わる期間が長いと職権保護はますます困難になる。ネグレクト事例は、緊急性がなければ、まず支援的ＳＷから関わるのは当然ではある。

○必要なことは粘り強いSWだろうか

加藤（安部ほか2016）は、ネグレクトの支援対象のレベルを区分けした支援類型の中で、「子どもの傷つきが中程度の場合（日常的ケアや身体的状況、生活不良で改善なしの背景は重度と同様であるが、年齢や状況により一定程度、子どもの安全が保たれているレベル）」で、「支援をしても変化がない場合や、親側にネグレクトの自覚がなく……サービス利用を拒否する場合には、親との関係構築やサービス利用のモチベーションを上げることが優先課題となる」と言い、「担当者は事態の変化に3年以上かかると予測することが多い」として、暗に3年以上の粘り強いSWを求めているかのようでもある。

この「中程度」とは、子どもの視点でみると、改善がなければ中長期的には健康な育ちを害するものと思われ、その中心にあるのは情緒的ネグレクトではないかと思う。数年の間に子どもの情緒的問題が固着しないのか、その期間は「子どもの最善の利益」の保障といえるのだろうか。もちろん粘り強い支援が必要であるが、支援を拒否されても経過を見ていけるのは、親子の情緒的な交流が維持されている事例ではないだろうか。

このような場合は、支援受け入れを強制する枠組みを提示し、応じさせる仕組みが必要ではないだろうか。3年以上かけても、親の変化や同意を求め続けるというのは「親の最善の利益」に思えてならない。3年以上子どもの様子を身近に見て関わろうとしている地域が、強い苛立ちや焦燥を持つのも当然のような気がする。

この点を安部（安部ほか2016）は、地域の「改善しないことへの怒り」が保護者を閉じさせ、「分離を求める心情を生み」職権保護に慎重な「児相への怒りに転嫁する事態も多くみられる」として「ネグレクト支援の困難さの構造的問題」としている。ここでの「構造的問題」とはなんであろうか。地域が持つ率直で心情的な怒りと、それがゆえに未熟な保護者の拒否であろうか。ネグレクトの持つ曖昧さであろうか。職権保護に慎重になる児相であろうか。保護者を非難糾弾するだけでなく、保護者を支援する地域社会づくりは大きな課題であるのは間違いないが、曖昧であればあるほど、したがって慎重を期すならなおさら調査をしっかり行う必要があり、その調査そのものや支援を拒否する場合には、それらを強制する仕組みがいるのではないか。それが構造的問題ではないのだろうか。

○ネグレクト職権保護基準

支援受け入れを強制する枠組みは、現行では職権保護しかないとして、その基準をどう考えたらいいのだろうか。厚生労働省が示している基準では「重大な結果が生じている場合」は「緊急一時保護を検討すべき」であるが、その場合のネグレクトを見ると「栄養失調、衰弱、脱水症状、医療放棄、治療拒否」が例示され、「子どもに明確な影響」がある場合は「集中的な援助、場合によっては一時保護を検討」とされ、「虐待による身体的症状」として「発育、発達の遅れ、腹痛、嘔吐、白髪化、脱毛」が例示されている。「虐待の発生に可能性のある家庭環境等」では、「継続的、総合的な援助、場合によっては一時保護を検討」とされ、「虐待によらない子どもの生育上の問題」として、発達や発育の遅れが等例示され、子どもの問題行動として、徘徊や盗み食い等が例示されている。この「虐待による」のか、「虐待によらない」のかの判断をどのようにやるのか。そして、保護者のリスクを検討しながら「場合によっては」とは一体どんな場合を想定すべきだろうか。これらでネグレクトなどの職権保護を行使する基準をどのように考えたらいいのだろう。司法判断なしで各自治体にまかされているが、やはり、身体生命の危機を中心に基準が作られているように思われる。それ以上に踏み込む時に、社会的権威である裁判所の判断がないまま、そして保護者支援も担うことと合わせると現場判断はかなり困難と思える。

この点津崎は膠着を打破するために職権保護が必要と言いきり、断片的情報による的確迅速な判断として、①こどもが親を嫌がる、帰りたがらない、徘徊②親が子どもを拒否する③母親の愛人、内夫が虐待④実子が出来た後の連れ子⑤親子の分離体験がある⑥頭蓋内出血など重度の外傷⑦乳児への外傷⑧栄養不良、成長停滞、体重減少でキャッチアップ現象がある⑨被虐待症状の形成⑩継続する外傷⑪性虐待情報⑫親の混乱等と臨床経験に基づく指標的情報としてその判断指標を端的に示している（大阪市中央児童相談所編１９９５）。

○諸外国では裁判所の命令

米国や英国では、親子分離まではない事例でも、必要があれば在宅のままで当該子どもを地方当局のソーシャルワーカー（以下、ＳＷｒ）などの監督下に置く命令がある。フランスでも司法の監督の下、調査が行われ、非分離育成扶助の決定が行われる場合は「児童相談所等のＳＷｒに直接の処遇を委ね、それを少年判事が監督する」（町野ほか編２０１２）。ドイツでも、「子どもの福祉の保護については少年局と家庭裁判所は共同責任があるとされ」、家庭裁判所は「親の配慮権」の制限について職権で調査を行う（徳永２０１４）。いずれも裁判所が直接判断をし、様々な命令を行い、その後も後見的に関与していく仕組みになっている。これが職権保護の裁判所判断と合わせ「司法の主体的な関与」である。

○日本の親権規定と子ども観、いびつな支援関係

そもそも、これらの国では、親権にかわる親概念を子どもの視点の概念に（英国＝親責任、ドイツ＝親の配慮など）変えてきた経過がある。日本は長い議論があったにもかかわらず親権が残り、懲戒権が残り（厚生労働省２０１１）、今回の児童福祉法の改正でも「体罰の禁止」は盛り込まれなかった。２０１６年５月、北海道で小2男児を山中に置き去りにした事件で、痛みや恐怖によるしつけが深く根づいていることに改めて衝撃を受けた。これは、子どもを保護の対象、所有物などとする子ども観によるもので、子どもは権利行使の主体であり、大人と子どものパートナーシップ関係に基づく子ども観の、子どもの権利条約にまったく反している。懲戒権は残り、体罰禁止が盛り込めない日本社会の子どもの人権状況の中では、「子どもの最善の利益」保障より、親権の壁に親中心のＳＷにならないだろうか。その最たるものが、群馬県死亡事例検証報告（２０１５年10月）のように、何が心配か伝えないまま（いわゆる虐待告知）関係づくりを行っていることである。伝えることで関係悪化と援助関係（？）が途切れることを過度に心配しており、これも「本末転倒」である。これらは、特に市区町村における子ども虐待対応に多くみられ、それは市区町村が担うべき調査、安全確認、指導が、何が心配か伝えないまま、直接虐待者と向き合う必要な調査も、養育状態の改善を求める指導もまったく不十分なまま、関係づくりと称して保護者と「仲良く」なっているのである。これも市町村における介入（指導）と支援問題といえる。

英国では何を心配しているかを率直に伝え、養育の改善が進まないなら社会はどう対応するかも率直に伝えており、それは親とのパートナーシップとの理念に基づくものとされている（峯本２００１）。そういう意味では保護者と対等な関係でなく、「いびつな援助関係」と言わざるを得ない。

◯「見守り」・「低空飛行」というネグレクトはもうやめよう

このような状況の中で、地域と児相は葛藤し、落としどころとして結局見守りとなる。見守る対象家庭の養育状態を「低空飛行」と呼ぶ。低空とは養育状態が良くないことを表している。「超低空飛行の家庭です」と区役所から言われたこともあった。結局支援が届けられず、見守りという名の「墜落」を待つのである。

それは、「子どもの最善の利益」保障といえるのだろうか。低空の段階で、中長期的に子どもの健康な育ちを損なう心配があり、粘り強い支援が拒否され届かなければ（3年は長すぎる）、しかも、親子関係は一定保持されているなど強制的親子分離までいかない場合、在宅のまま介入し支援受け入れを強制していく仕組みをつくるべきではないだろうか。強制する仕組みが背景にあってこそ、率直に問題を保護者と語り合い、「いびつな援助関係づくり」ではない支援が生きていくのではないかと思う。もう「低空飛行」と呼ぶことをやめようではないか。そのこと自体が養育問題を抱える子ども達を、しかも、守るべき責任がある児相や関係機関が「ネグレクト」していることになるのではないだろうか。

7 介入か支援かではなく、行政一極集中でない介入の仕組み構築と体制整備が必要

介入か支援かでなく、現状は的確に迅速に介入することを支える仕組みと体制がまったく不十分である。介入と支援の狭間で揺れて命を救えなかったり、粘り強いSWであっても支援が届かず、いたずらに時間をかけた「見守り」というネグレクトになる。「子どもの最善の利益」を保障できていない問題の根本は、児相への「一極集中」と「いびつな虐待対応」にある。さらに、児相と市町村の「中途半端なこども虐待対応」の二層化ではないか。

○警察を子ども虐待通告機関に位置付け、介入権限を付与

権限行使を行う事例は、緊急性が高く保護者の抵抗が予想される事例などであり、警察と共同で行動するか警察が先行したほうがいい事例がある（ただし、常に犯罪捜査と福祉的対応の摩擦は起こる）。警察を通告先

に位置付け、さらに立ち入り調査や子どもを保護する権限などを与えるべきである。通告受理後、ただちに児相と協議する仕組みをつくり、介入とその後に向けた戦略（犯罪捜査と福祉的対応の兼ね合い）を描けられる仕組みにすべきである。

○トリアージセンターの設置

通告は「重いも軽い」も児相と市町村へ通告され、すべてを48時間以内に安全確認を行っているが、そこが混乱の一因でもある。すべての通告を一括して受理し、そこで可能な限りの調査と初期アセスメントを行い、緊急対応と支援対応にトリアージ（選別）できる体制にすべきである。認定ＮＰＯ法人チャイルドファーストジャパン主催第19回子ども虐待防止シンポジウム「日本における子ども虐待通告のあるべき姿「子ども虐待通告窓口の一元化は是か非か？」」での、米国オレゴン州子ども虐待通告受理ワーカーのアイーダ・サンダース氏によると、米国では郡など毎に一カ所24時間体制のホットラインで受理し、州政府のデータにアクセスするなどの調査と初期アセスメントを行い、調査介入的に入るものと支援的に入るものと対応を区分けしている（デファレンシャルレスポンス）（畠山ほか２０１５）。福岡市児相は、夜間の「泣き声」通告については安全確認をＮＰＯ法人に委託しているが、ある意味区分対応である。

○児相の機能分化＝介入に特化した組織

介入か支援かは福岡市児相で今も揺れ動く。虐待対応班と支援班の間で。支援的に関わるところから介入的に切り替えていく繋がりの問題だ。役割を変えていても、同じ組織の中では混乱が生じやすい。内部での別組織はそれでも意味があるが、見つめ方がちがうのだから、まったく別組織の方が割り切りやすいのかもしれない。児相とは別に、米国のCPS（児童保護局）のような組織を作るべきではないかと思う。虐待対応班をさらに専任化させ、権限行使に特化させるのである。その組織は警察的であり、検察官的であるかもしれない。以前、現状を「児相の警察化」と批判され、これまで積み上げたSWとの間で悩み続けた歴史がある。児童福祉法が大きく改正され、これからの役割体制を大きく変えようとしている今こそ、別組織を作るべきと思う。そこを児相と言う必要はない。児相と同じ建物の中にあって、連携していく介入に特化された別組織である。

○**裁判所の主体的関与**

子どもの権利条約に基づいて、職権保護への裁判所の審査はただちに行うべきである。親や子の大きな権利制限を行うわけであるから、裁判所が関与すべきである。職権保護の司法審査が「かえって児童相談所が必要な一時保護をためらうおそれがあることを指摘する意見もあった」としている（厚生労働省社会保障審議会2016）が、これまた「本末転倒」な意見で、児相の現場を知らない意見と言わざるを得ない。

「低空飛行」を無くすには、支援を拒否する保護者に在宅のままでも支援受け入れを強制する仕組みがなければ、子どもの健康な育ちを保障する社会にはなり得ない。その仕組みとしての裁判所命令などの裁判所の関与がぜひとも必要である。日本では司法が主体的に関与しない理由を「司法は行政をチェックするのが本来の役割であり」「裁判所が保護者に対して行政の指導に従うよう勧告することは、行政作用を裁判所が行うことになり、司法の役割を超える」（厚生労働省社会保障審議会児童部会2011）との意見があるが、深刻な人権問題を当事者間に委ねるのでなく司法も積極的関与すべきである。それが法治国家ではないだろうか。DV法やストーカー法はその「行政チェック」の枠組みを超えているのにもかかわらず、それでもまだ当事者に委ねる部分が多いから、被害者の命を救えていないではないか。司法は弱い立場にあるものを積極的に守ることがその使命ではないのか。

○介入はＳＷでなくリーガルアプローチ

そして重要なのは、介入とはＳＷではなく権限行使として的確に迅速に行うものである。津崎の「介入的ＳＷ」のポイントは壁になることと、壁を感じた親のパニックを引き受ける覚悟と思うが、引き受ける必要はない。パニックになれば相手にしない。しっかり話をできるような状態でなければ相手にしない「話し合える態度変容は保護者の責任である」との我々の態度が必要ではないか。壁になるとはこのような法的対応そのものではないだろうか。これを福岡市児相ではリーガルアプローチと呼んでいる（筆者のみ？）。

そこに必要なのは、権限行使の法的妥当性と適正手続きである。妥当性の検討にはしっかりとした事実認定が必要であり、そのためには、必要があれば現場検証なども行わなければならない。現状では、権限行使の確実性のために、生活行動確認の張り込みなども必要になる。筆者は保護者の通勤経路を確認するため尾行も行った。虐待対応児童福祉司は、アドボケート機能をより求められる。それはＳＷｒというより、児童福祉法に基づく「検察官」とも言うべき存在ではないだろうか（元大分県中央児相長の後藤氏は保安官と言った）。そのことと保護者支援の葛藤状態では、必要な場合の権限行使がどうしても揺らいでしまう。親支援を同時に考えるのではなく、横か後ろに置いておくべきである。「子どもの最善の利益」の保障に児相が検察官的であることこそ、その実現が可能になる虐待対応ができるのではないかと思う。これは、現行制度の中でも追求されるべきもので、福岡市児相が実践的に積み上げてきた地平である。それができたのも弁護士が常駐するようになってからである。

○常駐弁護士を迎えてリーガルアプローチのセンスと技術を得た

福岡市児相でも以前から弁護士の応援を頂いておりとても有難かった。保護者は、同じ言葉でも行政が言うことは信用がなく強く反発しても、弁護士として伝えるとそれなりに受け止めることが何度もあった。我々の安心に繋がりとても有難かった。

しかし、緊急時の対応などは限られていて、「点」での応援はあっても「面」での応援は困難であった。大阪の経験からもっと手厚い応援体制が必要と考え、福岡市の場合は常勤の弁護士職員ができないものか、任期付きでいいから来てほしいと思うようになった。そして、それは２０１２年度から特定任期付きの弁護士（久保健二弁護士）をスタッフの課長に迎えることで実現することができた。久保弁護士の下でいろんなことを学び、子どもを守るセンスを養ってきたように思う。

一つは親権への向き合いである。どうしても行政は親権に振り回されがちであるが「子の利益」のための親権行使との考え方が、頭の理解ではなく肌身で感じるようになった。親から親権を振り回されても、「だからどうした」との感覚で臨めるようになった。それは組織にも定着してきた。

二つ目は子どもを守る意志と腹構えである。親の支援もあるが、優先されるのは、「子どもの最善の利益」を保障することを追求するとの感覚も育ってきた。これまで、子どものことをもちろん考えるが、体制や運営上、その他の都合を考えることをついつい優先することも多くあった。まずは何が「子ども最善の利益」かを考えるようになった。もちろん、現状ではできないことも多いのではあるが、そのような意識を持つかどうかはかなり大きい。保護者が訴えるもろもろの事情はあろうが、何が考慮されるべきかをしっかり伝えるようになった。「壁」になるとき大事なのは、親のパニックを引き受ける覚悟というより、「子どもの最善の利益」を保証する覚悟ではないだろうか。これは、弁護士の常駐がゆえに日常を共にし「人権擁護」と言う、民主主義ではない自由主義的感覚を学べたからであると思う。

三つ目は事実認定の作業と法的妥当性の検討である。SW的には事実よりも、心情や関係性を重んじていくところがあるが、事実（と思われること）に、解釈や経験則によるゆがみがないか徹底して検討する姿勢を何度も教えられた。事実なのか解釈なのか基本的事実から付随する事実も積み上げ、事実を認定する作業はSWとはまったく違う世界である。

さらに福岡市児相では、従来では児童福祉法28条承認や親権喪失は困難と思える事例でも果敢に挑戦し、「子どもの最善の利益」の保障を司法判断そのものへも広げているのである。一極集中の現状でも「子どもの最前の利益」を追求する児相は、警察・検察・裁判官的にならざるを得ず、そのためには弁護士の常駐は必須ではないだろうか。さらに、将来の司法関与を展望する時、リーガルセンスと技術を養い、司法にも子ども家庭福祉の理念を広げるために必須であり、司法関与への一理塚と思う。

塩崎厚生労働大臣が、福岡市児相に視察で来所された際に直接訴えたが、その方向で児童福祉法の改正が行われたことには感慨深いものがある。しかし、それらは、人生の退路を断ってこの世界に飛び込み、真摯に活動（児相への苦言も沢山頂いた）して頂いた久保さんの存在があったからこそであり、このような人材を職員として任用できた福岡市は本当に幸せだったのではないかと思う。

8　これからの子ども家庭相談体制

これからの子ども家庭相談体制についての議論も進められている。児相と市区長村の役割をどのようにしていくかは大きな課題の一つである。今回の児童福祉法の改正で、支援は基礎自治体の役割との理念が示されたことの意味は大きいのではないだろうか。支援は身近であるべきである。身近な地域で、様々な関係機関などが連携しあって、生まれる前から自立まで、切れ目のない支援体制の構築の方向性を示していると思う。介入部門としての児相と支援部門としての市区町村と役割分担していくことは、今後の方向性として、ぜひ必要なことである。

○厚生労働省の展望

厚生労働省が示している「市区町村子ども家庭総合支援拠点」（厚生労働省2017）はその中核になると思われる。市区町村は、分離に至らぬ在宅での支援として「カウンセリング」など専門的支援が求められるとともに、要保護児童等の通告には、「子どもの安全に関する緊急度やリスク、支援のためのニーズを把握」などの調査を行うとされている。これは、従来の「市区町村の施策で対応できる事例を担当」するだけでなく、児相の持つ「専門的」機能をも担うものである。だからこそ、拠点施設の在り方や職員の体制なども社会福祉士や心理士など専門的体制が求められている。今年度の市区町村職員の研修項目の到達課題では、市区町村に求められる目標はかなり高い。「支援と指導を織り交ぜる面接」技術などは、相当な経験と「子どもを守る強い意志」が求められ、これまでは児相が担ってきたところである。そう考えると、市区町村は支援の役割であるが、これまで児相が担ってきた在宅による通所支援や再統合支援などの専門的支援も市区町村の役割とされ、児相は権限行使と措置などの役割になるのだろうか。これは、今まで批判的に言われてきた市区町村の「ミニ児相化」どころか、児相の支援部門を担う「児相化」を推し進めるものと思われる。

○福岡市こども家庭支援センター「はぐはぐ」の経験から

2016年6月から福岡市子ども家庭支援センター（はぐはぐ）で年間100件を超す相談援助を行っている。児相の通所指導と同じように心理職員と組んで並行面接を行い、子どもには遊戯療法などを行っている。学校や関係機関とも随時協議し、連携を図っている。その中で、福岡市児相も区役所も関与していないが、心中を考えるように追いつめられている親子、親に子どもへの拒否感が形成され苦しんでいる親子など、筆者からすると要保護児童と思えるような親子が地域や学校に多く存在することを知った。地域の身近な存在が故かもしれない。そう考えると福岡市の今後は、区役所に児相機能を拡充する方向もあると思うが、そこをさらに分担し、保護者のニーズがあり、専門的・継続的支援が必要な相談（育成相談など）は児童家庭支援センターが担い、区役所は地域や関係機関とのコーディネート的、また家庭へのアウトリーチ的SWを担い、児相の介入と措置などと三相構造にしていくことが現状では有効ではないかと思うようになった。自治体の規模など地域によっては、子ども家庭総合支援拠点そのものを児童家庭支援センターが担っていくこともあるのではないだろうか。

おわりに

児相に必要なのは、虐待対応の権限行使を的確にかつ迅速にできるセンスと技術を職員と組織が身に着け、その人材育成システムを構築することだと思う。筆者は5年間久保弁護士と一緒に活動してその感覚を育てて頂いたと思っているし、大阪市児相の経験からそのような組織づくりに取り組んできたつもりである。以前は確かに、保護者を慮ることも多かったように思う。親権を優先させていたこともあった。子ども達に申し訳ないかぎりである。今は、親権よりも「子の利益」と肌で感じることができる（まだまだ未熟ではあるが）。

だが筆者は弁護士でなければ警察官でもない。社会福祉士である。現在スクールＳＷｒとしても、支援のためにＳＷを行っている。でもＳＷｒが子ども家庭福祉分野で権限行使する役割を担うことには意味があると思う。なぜなら、子ども虐待の対応は保護者への処罰型対応ではなく、治療と回復を支援することが必要と思うからである。そのためには権限行使をしていても、支援に繋がる契機を目指してＳＷを小脇に抱える必要があると思う。それでも権限行使はＳＷでなく、法律を背景に警察官的、検察官的にやるべきではないだろうか。そうでなければ、子どもを代弁して最善の利益の保障を声高らかに主張することができないと思うからである。

〈参照文献〉

安部計彦／加藤曜子／三上邦彦編著（２０１６）『ネグレクトされた子どもへの支援―理解と対応のハンドブック』明石書店

イギリス保健省／イギリス教育雇用省／イギリス内務省著（松本伊智郎／屋代通子訳）（２００２）『子どもの保護のためのワーキングトゥギャザー』医学書店

大阪市中央児童相談所編（１９９５）『紀要』第７号

――（２００４）『紀要―津崎哲郎所長退職記念集』第11号

厚生労働省社会保障審議会児童部会（２０１１）「児童虐待防止のための親権の在り方に関する専門委員会」報告書

厚生労働省社会保障審議会（２０１６）「新たな子ども家庭福祉の在り方に関する専門委員会」報告（提言）

厚生労働省（２０１７）「市区町村子ども家庭総合支援拠点の設置運営等について」厚生労働省雇用等・児童家庭局通知　平成29年３月

後藤啓二（２０１１）『子どもを虐待から守る本』中央経済社

津崎哲郎／橋本和明編著（２００８）『最前線レポート 児童虐待はいま―連携システムの構築に向けて』ミネルヴァ書房

徳永幸子（２０１４）「親権法の変遷にみる親権概念―フランス、ドイツ、日本に焦点をあてて」『活水論文集』第57集

西澤哲（1997）『子どものトラウマ』講談社現代新書
日本子ども虐待防止学会編（2002）『子どもの虐待とネグレクト』4巻2号
――――（2005）『子どもの虐待とネグレクト』7巻2号
畠山由佳子ほか（2015）「日本における児童虐待ケースに対する区分対応システムの開発研究」平成25年度・26年度　学術研究助成基金助成金（基盤研究C）助成研究成果報告書
町野朔／岩瀬徹／紺本美和共編（2012）『児童虐待と児童保護―国際的視点で考える』上智大学出版
峯本耕治（2001）『子どもを虐待から守る制度と介入手法―イギリス児童虐待防止制度から見た日本の課題』明石書店

第2章

ツールとしての法律を使いこなす

久保健二〔福岡市児童相談所こども緊急支援課長〕

1 児童相談所常勤弁護士の軌跡

（1）誕生——全国初の常勤弁護士

筆者が弁護士業務を開始して1年数カ月が経過したころ、子どもの権利に関して熱心に活動している先輩弁護士から、「福岡市で児童相談所に常勤弁護士を置きたいという話がある。やってみる気はないか」との話を聞いた。

筆者は弁護士会の子どもの権利委員会に所属してはいたものの、児童相談所というものに深く関わっていたわけではなく、その業務についてもほとんど知識のない状態だった。弁護士になる前は、裁判所書記官として長年仕事をしてきており、ここに来て再び公務員になるなど考えてもいなかった。そのため当初は現実味のない話として先輩弁護士の話を聞いていた。

その後、先輩弁護士から熱心に誘ってもらう中で、「児童相談所の常勤弁護士は全国で初めて」という言葉も聞いた。「全国初」というと何やら良いことのようにも思えるが、翻って考えれば、まだ具体的にどのような業務をやるのかも分からないし、将来的な見通しもつかないということではないかと思うと、やはりおいそれとは踏み込めなかった。

しかし、先輩弁護士の熱い思いを聞くにつけ、次第に気持ちが傾いていった。また、裁判所書記官時代に少年事件や家事事件に携わり、また8カ月にわたって育児休業を取って子どもを養育した経験があったため、これらの経験が児童相談所の業務にも何かしら役立つのではないかと思った。最終的に児童相談所に勤務する意思を固め、特定任期付職員[1]としてまずは2年間勤務することになった。

（2）着任——職員の反応と様々な試みと

着任した筆者の業務は、対応困難な保護者との面接に同席して法的観点から説明すること、一時保護や立入調査など法的権限行使の現場に同行すること、職員からの法的相談に応じることなどだった（着任してしばらく経ったころからは、家庭裁判所に対する申立書等の書面作成や資料整理も担うようになっていった）。

筆者が着任する前にも、1カ月に2回、2名の弁護士が交代で児童相談所に来所して職員からの法的相談に応じていたし、一時保護の現場に立ち会ったり、緊急時には電話での相談にも応じたりしていた。そのため、児童相談所職員は弁護士にも慣れているだろうと思っていた。

しかし、筆者が着任した当初は、なかなか職員が相談に来ることはなく、遠巻きにして福祉の世界に入ってきた異物―弁護士―を値踏みしているように感じられた。なお、後日、児童相談所の職員に聞いたところでは、常勤弁護士は失敗すると思っていたとのことだった。

職員からの相談がないと、そうそう一時保護や立入調査があるわけではなく、これといってすることもなく、着任後2、3カ月は居心地の悪い状態が続いた。もっともこの期間は子ども福祉に関わる多くの書籍を読み漁ることができ、子ども福祉に関する知識を深めることができた。

その後、ケースワーカーとともに一時保護の現場に行ったり、一時保護したことを保護者に告知するため子どもの自宅に赴いたりすることが増えていった。突然子どもを一時保護されて憤っている保護者から「誘拐」だとか、「法律なんかクソや」などと罵倒されながらも、ケースワーカーと並んで、一時保護の告知をなし、今後のことや不服申し立てができることを説明することも多くなった。このように職員とともに業務

1　地方公共団体の一般職の任期付職員の採用に関する法律に基づき、高度の専門的な知識経験または優れた識見を有する者を一定の期間雇用するもの。

に携わっていったことで、徐々に職員から気軽に法律相談をされるようになっていった。

着任して間もないころ、ある職員から、「親権って18（歳）までですよね」と自信満々に尋ねられることがあった。あまりの自信のある言い方に、「そうだったかな」と思いそうになった。しかし、もちろん当時もまだ20歳になるまでは親権に服する。おそらく児童福祉法の対象となる児童が18歳未満であることからそのような誤解をしたものと思われる。それにしても、職員の法律知識のレベルに驚いたことを覚えている。

また、着任当初は、ケースワーカーが親権に振り回される姿を見ることが多かった。例えば、一時保護された子どもが、離婚した両親のうち非親権者父に会うことを希望しても、親権者母がこれに反対したら父と面会させないということがあった。これは、子どもの親に面会交流する権利（子どもの権利条約9条）よりも親権を重視するものである。このように親権が重視されることは他の場面でも見られた。これは、親権が親の利益のためではなく、子どもの利益のためのものであるとの考えが十分浸透していないところに原因があるのだろうと感じた。

このような状態に危機感を覚え、基礎的な法律知識を職員に身に着けてもらうためにテーマごとに法律知識をA4判用紙1枚程度にまとめたデータを毎月1回全職員にメール配信した。また、親権が子どもの利益のためのものであって、子どもの利益に反する親権の行使は許されないこと、そのような親権者の主張に漫然と従う必要はないことを、相談を受けたときや所内の会議のときなど機会あるごとに職員に伝えた。

このほか、行政職一般に言えることかもしれないが、職員が児童記録に記載した内容が事実なのか、評価なのかあいまいなことがあり、しかも、事実とされていることも裏付けがなかったり、現実に体験した者の話ではなく噂程度であったりすることもあった。このような状態では適切な判断はできないため、職員には客観的事実は何か、裏付けはあるかを問い続けた。

（3）現在——常勤弁護士の定着

着任してから丸6年が経過し、親権者が子どもにとって不利益になるような主張をしてきても職員が毅然と対応し、そのような主張に振り回されることも少なくなってきた。基本的な法律知識はもちろん、親権に関する理解も子どもの利益のためのものであることが職員全体に浸透しているように感じる。また、多くの職員が、客観的な事実が何であるかを重視するようになり、その裏付けをきちんと押さえる姿勢も見られるようになった。

子どもの福祉関係法令の内容をよく知らず、子どもの福祉のことに不案内だった筆者が6年間まさにどっぷりと福祉の世界につかることによって、子どもの福祉のことを少なからず理解することができた。そして、法律の世界と子どもの福祉の世界をつなげられるようになればと思えるようにまでなった。職員からも常勤弁護士がいない児相は考えられないと言われるほど信頼を得ることができた。これから新たな子ども福祉制度の構築に向けて力を尽くしていきたいと考えている。

なお、着任から5年間（当初2年間から更新していった）は特定任期付職員だったものが、6年目からは一般職員として採用され、現在にいたっている。

2 法的権限行使の現場——福岡市児童相談所の取り組みも交えて

第1章では、児童相談所が行う虐待対応の現場において職員が苦悩したり、思いが揺れ動いたりすることが述べられた。しかし、福岡市に弁護士が児相に配置されてからは、以前より一層法的（強制的）権限の行使である「介入」を前面に押し出した対応を推し進めるようになった。これにより、個々の職員が悩んで疲弊（最悪、バーンアウト）することも少なからず減った。以下、児童相談所の法的（強制的）権限行使の現場を実例も交えて紹介する。

（1）調査――関係機関の協力を得て

近隣住民や学校などから児童相談所に対して虐待通告がなされると（現行法上、虐待通告先として、児童相談所の他市町村、都道府県の福祉事務所がある）、児童相談所は速やかに子どもの安全確認をすることになる。

安全確認は、児童相談所の職員が子どもを直接目視してなすことを基本としているが、児童虐待防止法上、近隣住民や学校の教職員その他の者の協力を得ることも想定されている。

実際に、近隣住民から、子どもが親から叩かれているのではないかとの通告がなされた場合、子どもが学校や保育園に通っていれば、それらの所属施設に対して子どもの状況について問い合わせる。その際、子どもに傷あざが認められるということであれば、当該機関の職員等から親に対して傷あざができた経緯について尋ねてもらう。そして、親が子どもを叩いたために傷あざができたということであれば、所属施設から親に対して、子どもを叩くことの悪影響について指摘して、今後子どもを叩かないよう注意を促してもらうことがある。この点、学校（校長や教頭の姿勢によることも多い）によっては、親に対して注意することはもちろん、傷あざについて尋ねることも拒否し、それればかりか児童相談所が子どもに関わることにすら消極的な態度を示す場合がある。これは、親からのクレームや親とのトラブルを恐れてのことと思われるが、学校にも子どもの心身の健やかな育成の責任があることからすれば毅然とした対応が求められる。

なお、児童相談所や市町村は、虐待事案に限られず、子どもの福祉に関して「必要な調査」をする権限がある。しかし、この権限は一般抽象的なものであり、捜査機関が「公私の団体」に照会をすることができるのと同じような具体的な権限として規定されてはいない。そのため、児童相談所が病院やマンションの管理会社などの民間の関係機関・団体に子どもの安全確認のために照会しても守秘義務や個人情報保護を理由に回答が得られないことも少なくない。この点、2016年の児童虐待防止法改正によって、医療、福祉、教育の関係機関は、児童相談所長等の求めに応じて、子どもに関する資料を提供することができることとされた。

(2) 立入調査——家庭訪問、即強制介入

先に述べたとおり、安全確認は、学校や保育園においてすることが多いが、就学前で家庭保育の子どもについては家庭訪問をしてすることになる。

しかし、家庭訪問をしても保護者が応答しなかったり、子どもの安全確認を拒否したりすることもある。児童虐待防止法上、都道府県知事(児童相談所長に委任されていることが多い)は、児童虐待が行われているおそれがあるとき、当該子どもの住居に立ち入って、調査をしたり、居住者に質問をしたりすることができる(立入調査)。そのため前述のように家庭や学校等で子どもの安全が確認できないときは、その権限を行使して強制的に住居に立ち入ることがある。なお、「強制的に」と言っても、立入調査を拒否したときに50万円以下の罰金に処せられることがあるという間接的な強制にとどまる。そのため、子どもに危険が差し迫っていて緊急避難としてなされる場合は別として、施錠を破壊してまで住居内に立ち入ることはできないと考えられている。

小さな子どもだけで留守番をさせているとの通告がなされた実際の事例では、児童相談所のケースワーカーが住居に赴き、呼び鈴をならしたり、ドアをノックしたりしたが、応答がなかった。念のため、ケース

ワーカーがドアノブをひねったところ、施錠がされておらずドアが開いたため住居内に呼びかけたが返事がなかった。ケースワーカーからの電話連絡で児童相談所内の協議で立入調査の実施を決定し、直ちにケースワーカーが住居内に立ち入ったところ、おむつをした幼児が一人だけで雑多な物が散乱する室内に居た。子どもを一人のままにしておくことはできないため一時保護することとなった。

(3) 臨検・捜索——緊迫の現場

2008年より前までは、子どもの安全確認のための強制的処分としては、立入調査しかなく、これを拒否された場合でも、物理的強制力は行使できないと考えられていた（ただし、子どもの安全を守るためには立入調査に際しても施錠の破壊もできるとの考えは以前からあった。しかし、物理的強制力を行使できる臨検捜索が新設されたことによって、急を要するような場合に緊急避難としてするのでなければやはり立入調査における物理的強制力の行使はできないと考えるべきである）。しかし、それでは子どもを救えない事例があったことを契機として裁判所の許可状を得て物理的強制力を行使して立入等ができる臨検捜索が新設された。

実際の事例では、子どもが何カ月も学校に登校せず、子どもの安全確認もできなかったため、児童相談所のケースワーカーが家庭訪問をしたり、連絡をするよう自宅に手紙を投函したり、保護者に対して子どもと一緒に児童相談所に出頭するように求めたり（出頭要求）した。しかし、保護者は一切応答することがなかった。そこで、児童相談所は、立入調査を実施したが、これも拒否されたため裁判所の許可状をとるべく手続きを進めた。許可状請求をした当日には許可状が発付された。その翌朝、保護者が出勤のため自宅を出る時間に合わせて、児童相談所職員、警察官、立会人など10人以上の人員が自宅玄関の両側に待機した。玄関ドアが開き、保護者が外に出ようとした瞬間、待機していた職員等が一斉に玄関先に殺到した。ドアを閉じられないように職員が数人がかりでドアのレバーを抑えた。そのとき筆者は保護者に対して裁判所の許可状を示して、強制的に住居内に立ち入って子どもの安全確認を行う旨説明した。保護者は、職員らが住居内に立ち入ることを拒否したが、裁判所の許可状に基づく処分であり、拒否することはできないことを筆者が説明して最後は保護者の抵抗を実力で排除して住居内に立ち入った。その結果、無事子どもを発見することができ、一時保護するに至った。

(4) 一時保護――子どもを守るための切り札

①乳児の骨折

子どもが親に殴られて傷あざができているとの小学校からの通告、乳児が腕を骨折しているとの病院からの通告、親からの性的被害を訴える高校生本人からの相談または幼児が深夜まで一人で留守番をさせられているとの近隣からの通告を受けたときは、子どもの安全を確保したり、子どもの状況等を調査したりするために子どもを家庭から分離して一時保護を行うことがある。

子どもが小中高生だったり、保育園に入所したりしているときは学校等において、また病院に入院しているときは病院において、一時保護を行うことが多い。しかし、小中高生でも学校に登校していなかったり、乳幼児が家庭養育されていたりしているときは、家庭内で一時保護を行うしかない。

実際の事例では、乳児が上腕骨を骨折して病院を受診し、親は医師に対して子どもが寝返りを打ったときに骨折したか、または誤って踏んでしまったために骨折したのかもしれないと説明したというものだった。ところが、病院の検査では骨が折れやすいとの診断はされていない。また、法医学者に骨折のレントゲン画像等を提示して所見を求めたところ、相当強い力が加わったことによる骨折であり、寝返りを打ったり、誤って踏んだりして生じたものではないとの所見を得ることができた。明らかに虐待が疑われる事案だった。乳児は、病院での治療を終えて帰宅していたため、家庭内で一時保護を行うことになった。

保護者対応班として筆者とケースワーカー2名、子どもの移送班としてケースワーカー2名、親からの抵抗があったときの援助のために警察官等4名が子どもの自宅前に臨場し、移送班と警察官等は玄関の外で待機した。保護者対応班のケースワーカーがチャイムをならすと意外にも親は筆者らを家の中にすんなりと招き入れた。乳児は、居間の畳の上に敷かれた乳児用の布団の上に、腕を包帯で固定された痛々しい姿で寝ており、突然の訪問者を不安げに見つめていた。ケースワーカーが親から子どもが骨折した経緯について聞いていると、突然親が「虐待はしていない」と言って乳児を抱きかかえようとした。ケースワーカーの一人がとっさに親を押しとどめ、その間に筆者は乳児を抱きかかえて玄関の外側で待っている移送班に乳児を渡した。

このときは無事家庭内で子どもを一時保護することができたが、家庭内における一時保護は、親が子どもを抱え込んでしまうなどの行動に出る恐れもあり、非常に難しい。だからこそ、子どもを安全に保護するためには子どもが親と離れている場面で一時保護を行うことが多くなる。

②登校禁止

小学校から、在籍している子どもが入学して以来半年以上登校しておらず、学校も何度となく家庭訪問をして保護者と話をしようと試みたが、保護者は、子どもが学校に行くといじめられるなどと述べて子どもを登校させようとしないという情報提供があった。

そこで、児童相談所のケースワーカーも家庭訪問を試みた。しかし、保護者は、学校に対して回答しているという主張を繰り返し、また家庭内で問題集などをしていることから学校に行かせる必要はないと主張して子どもを登校させなかった。

教育委員会は、学校教育法に基づき、子どもを学校に行かせるよう督促状を送付した。それでも保護者は子どもを登校させることはなかった。

児童相談所は、1年近く子どもの学習権が不当に侵害されている状況をこれ以上続けさせることは子どもの利益を著しく害することになるとの判断のもと、一時保護を行うことを決定した。しかし、住居は強制的に立ち入ることが難しかったため、住居付近にケースワーカーらが警察とともに数時間待機して、親子が外出から帰宅したところでケースワーカーらが親子の間に割り入って無事子どもを一時保護することができた。

(5) 家庭裁判所への申立て

一時保護はあくまで一時的な措置にすぎないため(原則2カ月以内)、虐待環境が改善しなかったり、子どもが親を怖がったりするなど子どもを家庭において養育させることが適当でないときは、里親に委託したり、施設入所させたりする措置をとることになる。この措置は、親権者の意思に反するときはとることができない。しかし、親権者が措置に反対していても、子どもの利益のために里親委託や施設入所の措置をとることが必要な場合はある。そのときは、家庭裁判所の承認を得てその措置をとることになる。[2] このことが児童福祉法28条に規定されていることから、家庭裁判所の承認を得るための審判手続きを一般に28条審判と呼んでいる。

なお、福岡市では、家庭からの分離が必要な場合は可能な限り里親委託を優先して検討し、保護者が施設

2 親権者が反対している場合に里親委託や施設入所の措置をとるには、親権停止・喪失の審判を受ける方法もある。

入所を希望しても里親委託を勧め、強制的な分離が必要な場合は里親委託を求めて28条審判の申立てをすることもある。また、長期的な分離が必要なときは特別養子縁組の手続き（特に新生児について）を積極的に進める一方で、長期間にわたって施設入所している子どもが家庭に戻ること（家庭に戻れない場合でも養子縁組や里親委託）ができるように専任の係を新設して支援を推し進めている。

3 現行制度の問題点

(1) 複数の通告窓口――一つの窓口で虐待対応を迅速的確に

児童虐待防止法上、虐待通告は、児童相談所、市町村または都道府県の福祉事務所にすることとなっている。また、虐待は犯罪になりうるものであるから一般市民から警察に通報されることも現実には多く、警察も事実上の通告先となっている。

このように、虐待通告をする場合、通告をする者はどこに通告すべきか悩んだり、複数の機関に通告したりしなければならないことになる。[3] 実際に、児童相談所に電話をかけてきた通告者が、警察に通報していいか迷ったとか、警察に通報したが児童相談所にも電話をかけたなどと話すことも少なくない。警察が対象家庭に臨場したのに重複して、児童相談所職員等が同一家庭に訪問することも少なくない。これは限られた資源の無駄遣いであるとともに、対象家庭に過大な負担を課すことになる。

なお、警察が配偶者間暴力（DV）事案の通報を受けて臨場した家庭に子どもがいたときは、事案の内容が一過性の夫婦喧嘩であったり、子どもがDVの場面を見ていなかったりしても警察から児童相談所に対していわゆる面前DV事案として虐待通告（心理的虐待）がなされることが急増している。果ては、子どもが施設入所しており、家庭に子どもがいない状態でなされたＤＶであっても通告がなされたことがあった。面前ＤＶ事案の通告すべてが無駄とは言わないが、前記のような事例を見ると、警察から改めて児童相談所に通告する必要性は低いか、またはせいぜい情報共有をする程度で十分である。ところが、前述のとおり面前ＤＶを理由とする通告が急増しており、全国の児童相談所はその対応に人員を要するため、他の通告対応に支障を来たす事態も生じている。面前ＤＶ事案以外の事案においても、通告が必要なのか疑問のあるものも含めて多くの通告が警察からなされている[4]。

通告すべき虐待事案の緊急度や重症度に応じて、適切な対応ができる通告先に直接通告がなされれば、迅速に子どもの健全な成長・発達に資することになる。例えば、現に子どもが殴られている場合は、地域に多くの交番と人員を擁し、迅速に臨場することのできる警察[5]に直接通告（通報）した方が迅速な対応ができる。また、虐待により骨折をしている疑いのある場合も、傷害事件として警察に直接通報した方が速やかに捜査を開始することができる。このほか、家庭支援の必要性がある場合が多い、いわゆる泣き声通告や面前ＤＶ、またはネグレクトのように地域からの家庭支援が必要な場合は、家庭に身近で支援メニューを有している市町村に直接通告されることで速やかに支援へとつないでいくことができる。そうすることで、後述

3　一般の方にも虐待通告を積極的にやってもらうための方策として、全国共通ダイヤル１８９（いちはやく）が設定されているが、これはあくまで通告者のいる場所の最寄りの児童相談所につながるというだけで、ここから警察にもつながるわけではない。

4　児童相談所での児童虐待相談対応件数：２０１５年度10万３２８６件→２０１６年度12万２５７８件（＋１万９２９２件）、心理的虐待：２０１５年度４万８７００件→２０１６年度６万３１８７件（＋１万４４８７件）、警察等からの通告：２０１５年度３万８５２４件→２０１６年度５万４８１３件（＋１万６２８９件）（厚生労働省ホームページ「平成28年度児童相談所での児童虐待相談対応件数（速報値）」）。

5　警察は全国で定員26万人（２０１６年度）を超える警察官を擁し、全国に６２４８カ所の交番と６４３１カ所の駐在所を設置している（いずれも２０１６年４月１日現在）（「平成28年警察白書」）。全国の児童福祉司３１１５人、児童相談所２１０カ所（いずれも２０１７年４月１日現在）。警察官も児童福祉司もその全員が虐待対応をしているわけではないが、それでもその差は大きい。

（2）のとおりいきなり児童相談所職員が家庭訪問をして子育てに悩んでいる親を追い詰めることもない。

通告をする者がこのような違いを認識して適切な通告先を選択することは非常に難しいと言わざるを得ない。とにかくどこかに電話連絡すればよいと考えてもこれを責めることはできない。

そこで、通告をする者を悩ませることなく、子どもの利益を直截に擁護し、迅速かつ的確な対応が可能になるように、通告窓口を一元化し、その窓口に配置された虐待対応に専門性を有する担当者が事案の緊急度・重症度に応じて適切な機関に振り分ける制度が考えられる。先に述べた警察からの大量の通告についても通告窓口が情報を一元化して管理していれば、改めて警察が児童相談所に通告しなくても児童相談所が事案を把握できるし、事案に応じた適切な対応が可能となる。

（2）48時間ルール——見直しは必要ないだろうか

児童虐待防止法上、虐待通告を受けた機関が速やかに子どもの安全確認をなすべきことは先に述べた通りだが、厚生労働省の通知では、これを48時間以内になすことが望ましいとしている[6]。自治体によっては、24時間以内に安全確認をすることとしているところもある。

過去、虐待通告がなされたのにもかかわらず、児童相談所職員の専門性の不十分さもあって確実な安全確認をしていなかったことから子どもが死亡するなど重篤な状態に陥る事例があった。そこで、虐待通告がなされてから48時間以内に通告を受けた機関が一律に安全確認をすることで、当該機関の職員の専門性の差異に関係なく、子どもが重篤な状態に陥ることを可及的に防止しようとしたものである。

このようなやり方について子どもを守るためにはそれぐらいやって当然だとの考えもあるだろう。筆者も重篤な事案の発生を防止するための一つの方策としてこれをまったく否定するものではない。

しかし、虐待通告には様々なものがある。例えば、「いつも赤ちゃんが泣いている」、「あそこの母親は精神疾患で、子どもをちゃんと育てていないようだ」、「上の階の子どもが騒いでうるさい。親がちゃんとしつけをしていない」など虐待通告なのかと疑問に思えるような通告も少なくない。

とはいえ、48時間ルール（しかも直接目視を基本としている）のもとでは、通告後、場合によっては夜11時ころであっても通告先機関の職員が対象家庭に訪問して子どもの安全を確認することになるし、実際になされている。先ほどのような通告では、子どもの養育に悩んでいる親も少なくない。そのようなときに、通常訪問を受けるような時間帯ではない時刻に見知らぬ人物の訪問を受け、しかも子どもについて心配な情報を受けたため子どもを見せてほしいと言われるのである。訪問を受けた側の衝撃たるや想像に難くない。筆者も、昼間ではあったが、虐待通告に基づく子どもの安全確認のため家庭訪問に赴いた際、応対した母親が周囲から虐待を疑われているのかと言って泣き崩れてしまったことがあった。この他にも、子どもが泣いているとの通告を受けて安全確認に赴いた職員に対して、母親が、通告されないためには泣き声が聞こえないように子どもの口をふさぐしかないと悩んでいたこともあった。

このように、どのような事案であろうと一律の対応をすることには弊害も大きい。そこで、48時間ルールについては見直すべきであると考える。48時間ルールができた過去の経緯からすると、事案に応じて適切な安全確認や対応をしなければならないが、48時間ということに拘泥することなく通告の内容に応じて、例えば、安全確認の時期を「即時」、「3日以内」、「5日以内」と振り分けて対応し、それぞれに適切に対応することのできる機関についても適宜振り分けることが考えられる。このような体制をとるためには、虐待窓口

6　市町村に対して虐待通告がなされたときも48時間以内に安全確認の措置を講ずべきことが２０１６年10月31日の市町村児童家庭相談援助指針において規定された。それまでは児童相談所にのみこのルールが適用されていた（児童相談所運営指針）。

一元化と一体として考える必要がある。

(3) 裁判所の関与の希薄さ――子ども虐待対応において司法消極主義は許されない

子ども虐待対応に対してもっと裁判所が関与すべきことは従来指摘されてきたが、現行制度における裁判所の関与は、28条審判、親権喪失等審判、臨検捜索の許可状発付がある[7]、いや、これしかないといった方が良い。しかも、その限られた関与の中でも28条審判がほとんどといっても過言ではない[8]。

このように裁判所の関与が希薄な反面、現行法では、行政(児童相談所)の判断のみで子どもや保護者の権利を制限する手続きが多い。例えば、一時保護は子どもが家庭において養育される権利を一時的にしても(法律上原則2カ月以内だが、ケースによっては半年以上も)制限するものである。立入調査は、本来公権力が介入すべきではない家庭内に強制的に介入するものであり[9]、子どもの権利のみならず、保護者の権利制限にもなるものである。また、面会通信制限は、虐待があったことを前提として分離された保護者が子どもに面会や通信を行うことを制限する制度であるが、子どもが父母と面会交流する権利を制限することにもなる。さらに、保護者が子どもに接近することを禁止する接近禁止命令は、保護者の移動の自由を制限することになる。このような権利制限がいずれも行政機関の判断のみで実施されている。しかし、行政機関のみの判断では不当な権利制限となるおそれもある。そこで、不当な権利制限を可及的に抑止するために公平中立な機関とされている司法機関たる裁判所が関与することは当然の成り行きである。

子ども権利条約では、父母と子どもを父母の意思に反して分離するときは司法審査に従うことが条件とされている。そのため、条約批准以降、一時保護については裁判所が関与すべきであるとの指摘がなされてきた。ところが、児童相談所の体制が十分ではないとか、一時保護ができなくなり子どもを救えなくなるなどと主張して、裁判所の関与に反対する意見があったことなどからこれまで裁判所の関与が進むことはなかった。[10]

たしかに児童相談所の体制が十分ではないとしても、それは、裁判所の関与を否定する言い訳にすぎない。なぜなら、体制が十分でなければ、裁判所の関与を見込んで計画的に体制整備を図ればよかった。それなのに、わが国が子ども権利条約に批准してから20年以上にわたって十分な体制の整備をしてこなかったにすぎない。このような体制整備を怠った国、自治体の責任は大きい。20年にもわたる怠慢を裁判所関与に消極的になる言い訳にするのはもううんざりだ。そろそろ本気で裁判所の関与を考えるべきである。

なお、裁判所の体制にも留意すべきである。増え続ける子ども虐待に対応するためにはそれに応じた裁判官数を配置することももちろん、子ども福祉に疎い裁判官の質を高めることも必要である。

（４）体系化されていない法制度――将来を見据えた制度構築が必要ではないか

現行では、児童虐待防止法において、通告とそれに続く安全確認やそのための強制的な処分などは規定さ

7　２０１７年６月の改正では、２カ月超えの一時保護に家庭裁判所が関与したり、28条審判手続きにおいて裁判所が児童相談所に対して保護者を指導するよう勧告することのできる場合を増やしたりされたが、一時保護自体の司法審査ではない点、指導勧告があくまで28条申立てを前提としている点や保護者に直接命令するものではない点では不十分な改正であると考える。

8　全国の児童相談所の児童虐待相談対応件数は２０１５年度10万３２８６件、うち28条審判申立件数は２７７件、親権喪失等の申立件数（児童相談所長申立て）は51件、臨検捜索は制度が施行された２００８年４月から２０１６年３月までの期間でわずか９件にすぎない（福祉行政報告例）。

9　行政機関が間接的強制力を背景として立入調査を実施すれば通常一般人はこれに抵抗することはできないと考える。

10　２０１６年７月から２０１７年３月にかけて厚生労働省が開催した、児童虐待防止における司法関与の在り方に関する検討会においても、子ども虐待対応の現場の実情を知らない法学者や家庭裁判所裁判官等の構成員から一時保護の司法審査に対して非常に消極的な意見しか聞かれなかった。

れており、虐待対応に関して一定程度まとまった制度の態をなしているようにも思える。

しかし、一時保護は児童福祉法に規定され、家庭から分離された子どもたちの処遇のうち、里親委託や施設入所は児童福祉法に規定されているものの、社会的養育として最も重要な特別養子縁組の手続きは民法に規定されている。また、虐待対応において重要な役割を果たす親権制限については民法という私法分野の借り物で、同じように虐待対応においてよく使われる28条審判は児童福祉法（公法）に規定されている。このように虐待対応の制度は法律によってばらばらに規定されている。それだけではなく、子どもを里親委託等する必要があるのに親権者が反対している場合の手続きとして28条審判と親権制限審判があるが、両者の規定がそれぞれ公法と私法と異なっているためその解釈も異なるとの考えがある。子どもの最善の利益を保障しようというときに、法律の建付け方によって使い勝手に違いが出るというのもおかしな話である。

また、虐待対応について最も利用されるべき児童虐待防止法は、結局は行政（児童相談所）の判断に丸投げしていると言われても仕方ない規定ぶりになっている。この点、法律の規定に幅を持たせて児童相談所がやりやすいようにしたとも考えられるが、このあいまいさが虐待対応を難しくしていると考える。例えば、児童虐待防止法11条は、児童相談所等の指導に保護者が従わなければ、都道府県知事が保護者に対して児童相談所の指導に従うように勧告をすることができるとしている。[11] しかし、これに従わない場合でも、「必要があると認めるときは（一時保護をする）」「（里親委託等の）必要な措置を講ずる」（児童虐待防止法11条4項）とか、「必要に応じて……（親権制限の）請求を行う」（同条5項）というものであり、すべからく児童相談所長（法文上は都道府県知事になっているが、多くの自治体でこれらの権限は児童相談所長に権限が委任されている）がその必要性を判断しなさいというものである。これは、行政（児童相談所）の恣意的な判断に左右される非常にあいまいな規定であり、指導や勧告をされる保護者にとっても明確なモチベーションになりにくく、家庭環境の改善にも結び付きにくいため指導の実効性にも疑問がある。そこで、理想的には、保護者（親権者）が勧告にも従わない場合には（勧告に従わないことで保護者による養育が子どもの利益を害することが前提であるが）、原則として親権が制限されることになったり、子どもが一時保護され長期的に分離されたりすることとし、保護者がそれらの必要性のないことの反証に成功したときは例外的にそれらの処分がなされないこととすべきである。これによって、行政の恣意的な判断に左右されることなく、保護者にも明確なモチベーションが生じ、指導にも実効性があると考える。なお、最終的に子どもや保護者の権利制限にいたる制度になるためやはり司法の関与が必須だと考える。

そして、通告、安全確認、指導、勧告、一時保護、28条審判、親権制限、特別養子縁組または親子再統合という一連の流れを一体として捉え、子どもの家庭養育原則を基本として、統一的な解釈に基づいて進められるように、司法を中心とした体制を前提とした一つの法体系としてまとめることが適切ではないかと考える。

(5) 特別養子縁組制度の使いにくさ――「子どもの最善の利益のため」の基盤

子どもは家庭において養育されるべき権利を有していることから、これを保障するためにはその保護者に対して十分な支援がされなければならない。

11　多くの自治体において児童相談所長に権限が委任されており、児童相談所長が勧告をなすことになるが、そうすると、児童相談所長がなした指導に従わないから児童相談所長が自分の指導に従えという勧告をするという間の抜けた制度が厳然としてある。仮に児童相談所長に権限が委任されていない場合でも、勧告に従わなかったことに対する何らのペナルティも用意されておらず、言ってみれば「勧告した」というだけのものにすぎない。そのため、この制度の利用数はごく少ない（２０１５年度の勧告件数４件［福祉行政報告例児童福祉30表］）。ところが、前注10の司法関与に関する検討会では、この間の抜けた勧告制度をもっと使うべきだとの声が法学者からあがった。現実を知らない研究者の机上の空論にあきれるほかない。

しかし、十分な支援がされたにもかかわらず子どもが家庭において養育されることが子どもの最善の利益に反し、著しく不適当な場合、または親が子どものことにまったく関わろうとしないなど子どもが家庭において養育されることがもはや不可能である場合は、家庭における養育に次ぐ、永続的で安定した家庭を子どもに保障することになる（しなければならない）。そのような永続的で安定した家庭とは特別養子縁組である。

この点、普通養子縁組を同列で、または優先的に論じる者もいる。また、厚生労働省が開催した、「児童虐待防止における裁判所の関与及び特別養子縁組制度の利用促進のあり方に関する検討会」（検討会）では、普通養子縁組と異なり、実親子関係（といっても法的関係であってもちろん生物学的親子関係ではない）が終了することになる特別養子縁組に対する消極的意見が目立った。[12] しかし、子どもが15歳に到達するまでは、親権者の意向によって養子縁組がなされたり、それが解消されたりするし、養親子関係とは別に法的な実親子関係が二重に継続すること自体が子どもに安定した家庭を保障しているとは思えない。そのため、永続的で安定した家庭として普通養子縁組を特別養子縁組と同列に論じることはできない。[13]

ここで、特別養子縁組の要件は、①養子が原則6歳未満であること、②養親が夫婦で原則としていずれもが25歳以上であること、③原則として実父母が同意していること、④子の利益のため特に必要があることが規定されている。これらの要件については、特別養子縁組制度創設時から様々な議論があり、創設後もいくつかの問題点を指摘されてきたにもかかわらず、制度創設後30年近く何らの改正もなされないままになっていた。

まず、養子の年齢を原則6歳に限定する実質的な根拠はない。事実上、年齢が高くなると養子縁組をすることが難しくなることはあるかもしれないが、事実上の困難さがあるとしてもそのことが6歳に限定する根拠にはならない。２０１６年改正の児童福祉法は、等しく子どもの権利が保障されることを規定しており、年齢が高くなったとしても、その子どもに特別養子縁組が最適である場合には特別養子縁組の機会を保障すべきである。したがって、年齢要件を児童福祉法に定める子どもの年齢である18歳未満に引き上げるべきである。

次に、実父母の同意を原則としているのは、特別養子縁組の成立によって法的な実親子関係を終了させるという効果が生じることに配慮したものである。もっとも、実父母の同意がなくても法的な親子関係を終了させて、子どもに永続的で安定した家庭を保障する必要があるような例外的な場合、法律上は「父母がその意思を表示することができない場合、虐待、悪意の遺棄その他養子となる者の利益を著しく害する事由がある場合」には、実父母の同意を要しない。しかし、この例外的な場合にあたると判断されるには非常に高いハードルを越えなければならない。例えば、「虐待」という要件は、同じ民法（親族法）に規定されている親権喪失の要件にも同じように規定されているが、裁判実務では、特別養子縁組における「虐待」は親権喪失におけるそれとは異なり、前者の方が、より虐待の程度が高い場合と解されている。そうすると、子どもが生まれて間もないころから施設に入所して何年も親と交流することなく過ごしていたとしても、「虐待」とはいえないとの判断になり、親との交流がないままさらに施設での生活が続き、結果的に18歳まで施設にいてそのまま自立してしまうことも少なくない。特別養子縁組が法的な親子関係を終了させることから高い

12 検討会座長にいたっては、特別養子縁組を「劇薬」と表現している。この意味するところは不明であるが、現実に特別養子縁組によって実の親子のように生活している方々に対して極めて失礼な表現である。

13 児童相談所が関与した特別養子縁組成立審判における調査において、家庭裁判所調査官が申立人たる養親となる者に対して、将来子どもを養育することが難しくなったときに特別養子縁組と比較して容易に離縁することができるとして普通養子縁組を勧めたり、また児童相談所に子どもを返すことができるとして養子縁組を前提としない養育里親として養育していくことを示唆したりしたとの事案があった。当該事案における特殊な事情はあったとしても、このような理由でもって特別養子縁組を回避しようという態度を見るに、特別養子縁組が家庭養育原則を実現し子どもの利益のために定められた重要な制度であることの理解のなさと家庭裁判所調査官の見識のレベルを思い知らされる。

ハードルを設定してしまっているようだが、子どもの福祉のために創設された制度であるにもかかわらず、結局は、実親の利益にのみ配慮しているとしか思えない解釈である。したがって、前述のように高いハードルを設定するのは誤りであり、要件を子どもの利益擁護に特化したものに改正すべきである。もっとも、裁判実務における解釈を変更すれば問題はないのだが、子どもの福祉に疎い裁判官にそれを求めるのは難しいようである。

このような成立要件に関する問題の他に、手続きに関する問題もある。すなわち、特別養子縁組を成立させるためには当然のことながら養親がいなければならないが、手続き上、養親となる者の負担が大きく、養親になる者を確保することが難しいというものである。

まず、多くの場合、特別養子縁組の手続きに入るとき（児童相談所が関与する場合は、家庭裁判所への申立ての6カ月以上前に養子縁組里親に子どもを委託するとき）にはすでに実父母の同意が得られており、その後の家庭裁判所における手続きも実父母の同意があることを前提として進められるが、実父母の同意は成立審判が確定するまで撤回が可能である。そのため、前述の例外的な場合でない限り、特別養子縁組の審判がなされる前に同意が撤回されると却下審判がなされ、また成立審判がなされた後に同意が撤回されると、抗告審たる高等裁判所において却下決定がなされることになる。しかも、審判をする際、養親となる者が養子となる者を養育している状況（6カ月以上）を考慮することになっているため、長期間養育した後に同意が撤回されると、養親となる者は実子のように育てた子どもを奪われることになる（養子となる子どもにとっても実家庭で育てられるように生活していた環境から突然引き離されてしまうことになる。しかも、特別養子縁組が否定されても、実父母による養育環境が不適切のままであれば改めて里親委託や施設入所となるなど養育環境がたびたび変わり、子どもが振り回されることになる）。このように、養親となる者は6カ月以上もの長期間にわたって同意の撤回がいつなされるかわからない不安定な状態で養子となる子どもの養育をすることになる。

次に、特別養子縁組の審判を養親となる者が申し立てて成立審判がなされると、養親となる者の氏名、本籍、住所ばかりかその生活状況等が記載された審判書謄本が実親にも送達されるなど養親の情報が実親に開示されることになる。実父母が同意していて、養親の情報が開示されても特に問題が生じないと考えられるケースはともかく、実父母が同意していないケースにおいて、自分の情報が実親に開示されても養親になろうという者は少ないと考える。

さらに、法的親子関係を終了させる手続きの開始を養親となる者に強いることも養親となる者に負担を強いている。これらの負担について、養子をもらうのだからそれぐらいは我慢すべきだと考えるのは誤りである。先ほどから述べているように、特別養子縁組制度は養親のためではなく、養子となる子どもの福祉のためにあるものであり、家庭養育を保障できない子どもに対する公的責任としての社会的養育である。とすれば、一個人たる養親となる者に大きな負担を課すべきではなく、国等が子どもの最善の利益のためにこれを負担すべきである。

以上のような手続き上の使いにくさを解消するために、同意の撤回を制限する規定を新設すること、特別養子縁組の手続きを養子となる者の適格性判断と養親となる者の適格性判断の二段階に分けて前者について児童相談所長に申立権を付与することなどが考えられる。

(6) 体罰禁止のあいまいさ——虐待対応の障壁の一つ

わが国では、学校教育法において体罰禁止を明確に規定している。しかし、そのほかの法律において明確に体罰を禁止する規定は存在しない。また、民法は親権の効力として子どもを懲戒することができる旨の規定を置いている。[14]

そのため、親の子どもに対するしつけとしての体罰は許されるものとの雰囲気がわが国にはいまだ蔓延している。これらのことが、子どもに対する虐待であるにもかかわらず少なくない親がしつけだと主張する大きな要因になっている。そして、このことが虐待対応を困難にしている要因にもなっている。

体罰は、その名のとおり、身体に「罰」を与えることであって、相手が何かしら問題のある行動をしたことが前提となっている。しかし、仮に罪を犯したとしても犯罪者の身体に暴行を加える刑罰（死刑は別として）はわが国にはない。にもかかわらず、罰を与えられるのが子どもだからとか、罰を与えるのが保護者・親権者だからなどという理由で、問題行動をしたというだけで身体に暴行を加えるなどの罰を与えることが許されるわけがない。

国の姿勢も統一されているわけではない。例えば、厚生労働省は、「子ども虐待対応の手引き」において、殴る、叩く、蹴るなどを身体的虐待として掲げている。そして、しつけを理由とすることを除外していない。つまり、体罰と称しても子どもに暴行を加えることを許容していない。一方で、法務省は、親が子どもに対してしつけとして手を挙げることは許容している。このような状態では国として統一的に体罰をなくしていくことはできない。

法律で、学校以外の場面でも体罰禁止を明確に規定すべきである。海外では、体罰禁止を法令化している国も少なくない。[15]

(7) 児童相談所への警察官配置――それぞれの役割を認識して

現在、全国の児童相談所には、191名の現役・OB警察官が職員として配置されている（2017年4

月１日現在。厚生労働省子ども家庭局家庭福祉課調べ）。警察の捜査機関としての知見や経験を虐待対応に活かし、警察と児童相談所の連携を強化するという考えから警察官を積極的に児童相談所に配置しようという流れを警察庁・厚生労働省が作り出した。

現場の児童相談所では、警察との情報共有が円滑にできるようになったなどの声を聞くことがある。また、保護者対応において警察官が同席することで強面の保護者が声を荒げることがないなどの効用があるとの声も聞く。

これらの声は、いずれも理解できないものではない。しかし、そもそも真に児童相談所と警察との連携を強化するつもりがあるのならば、警察官が児童相談所内部にいるかいないかにかかわらず情報共有は図られるべきであって、警察官を配置する理由とすべきではない。また、保護者がいかに強面で声を荒げて不合理な主張をしても、本来、児童相談所としての判断を毅然と伝えるべきである。にもかかわらず、警察という実力を背景として保護者の主張を抑え込もうとするのは児童相談所としての責務の放棄である。

もちろん、虐待は犯罪に当たることが多いため、警察との連携が必要であることは理解できる。一時保護、立入調査、臨検・捜索など強制的介入をなす場合は、警察の援助を受けて実施することも多い。また、加害者の身柄拘束や事情聴取の経過など情報共有を図るべきだと考える。しかし、児童相談所は、子ども福祉の実施機関であり、相談機関であって、本来子どもや保護者の悩みに寄り添い、支援していくという福祉

14　２０１６年５月の児童虐待防止法改正では、親権者が子どものしつけに際して、監護及び教育に必要な範囲を越えて当該児童を懲戒してはならない旨の規定が入った。しかし、これは、民法において、親権者は監護及び教育に必要な範囲内で懲戒することができるとしていることを裏側から見た表現に変えているだけで、明確に体罰を禁止しているものではない。

15　２０１７年現在で52カ国になっている（子どもすこやかサポートネットホームページ）。

の実現を目的としている。一方で、警察は犯人検挙が最大の目的であり（この点、警察組織の中でも、まさに犯人検挙を目的とする刑事部と少年の健全育成という福祉的な目的も視野に入る生活安全部（少年課）とではそのスタンスも異なっていることを現場では感じる）、虐待事案への対応の姿勢もおのずと異なってくる。そうすると、児童相談所に警察官（しかも現役）が配置されること自体が児童相談所のあり方を変容してしまうのではないか。現実に、配置されている警察官の姿勢にもよるかもしれないが、虐待が犯罪であるとの認識から、児童相談所が虐待事案を把握した場合に、警察の活動へと直結してしまうことも考えられる。実際警察官をケースワーク部門に配置していない福岡市にあっても、児童相談所が虐待事案を把握した際、警察から情報を得ようとしたり、警察の援助を得たりするために警察に事案の説明をしたところ、証拠保全のためにという理由で警察が活動を直ちに開始することがあり、児童相談所のケースワーカーが関係者（子どもや保護者等）から聴取をしようとしてもこれが制限され、ケースワークがストップしてしまうこともある。また、児童相談所は警察との間で情報共有すべしとの厚生労働省の通知に基づき、児童相談所が把握している情報を警察に提供しているが、しばしば、児童相談所が警察に情報提供を求めても必要な情報が得られないことがある。一方で、警察は立件ができないと判断すると、その途端、捜査活動が停止または停滞し、関係者、特に保護者と児童相談所の対立関係だけが残されることも少なくない。

　虐待が犯罪に等しく、警察が初期段階から活動した方が良い場合があること、実際に、虐待ではないかという通報が警察（110番）になされていること、そのような通報に対して迅速に対応できる体制が警察には備わっていることを踏まえ、また児童相談所は福祉機関であることを考えると、迅速な強制介入が必要な重篤虐待事案については児童相談所ではなく最初から警察[16]が対応すべきである。そのためには、警察を虐待通告先機関に含めること、または先にも述べたとおり虐待通告窓口を一元化してその窓口から警察も含めた最適の対応機関に対応を振り分ける方法が考えられる。その際、警察の暴走による人権侵害を防止するためにも司法関与が必要である。

4 海外の状況

(1) 虐待通告窓口

アメリカの州やフランスなど海外では虐待通告窓口を一元化して通告を受けて対応している。[17] アメリカのある州では、まず通告内容によって調査を要するか否かについて判断し、調査を要すると判断したものについてはさらに緊急対応を要するものか否かに分けて対応している。

(2) 虐待対応の体制

例えば、アメリカ合衆国ロサンゼルス郡（人口約870万人）では、日本の児童相談所に相当する機関に所属するソーシャルワーカーは約3500人で、ソーシャルワーカー一人当たりの管轄人口は2486人である。[18] ちなみに、日本は、2017年4月1日現在、児童福祉司は3115人（虐待以外の相談の担当者も含まれてい

16 アメリカのCPS（児童保護局）のように、少なくとも福祉機関である児童相談所とは別の強制権限行使に特化した機関が対応すべきである。

17 アメリカのカリフォルニア州では、「児童虐待ホットライン（child abuse hotline）……で電話を受けるのは、hotline worker で……通告者に質問しながら、通告内容をコンピューターに入力し、標準化されたアセスメントツールを用いながら、その後の調査を実施するか否かを決定する」（町野朔・岩瀬徹・柑本美和共編［2012］『児童虐待と児童保護―国際的視点で考える』上智大学出版、48頁）。フランスでは、「虐待相談窓口として、全国要保護児童電話相談受付センター（SNATED）が、全国統一の電話番号で、24時間365日相談を受け付けている「もしもし119番」を展開している」（同書137頁）。

18 子どもの虹情報研修センター（2003）「アメリカにおける児童虐待防止の視察報告書」5頁。

る）で、総人口を1億2000万人とすると、児童福祉司一人につき4万人弱を管轄していることになる。[19]

（3）裁判所の関与

英米法系か大陸法系かまたは児童の権利に関する条約に批准しているか否かにかかわらず、先進国では子ども福祉を保障する場面において司法を中心とする制度を構築している国が多い。例えば、アメリカ（条約未批准）、イギリス、フランス、ドイツでは、詳細な仕組みは異なるものの、子どもと保護者を分離するとき、子どもの養育について保護者に指導するときなどに裁判所が関与する制度が構築されている。以下、一例を挙げる。

アメリカでは、「ER worker[20]は、子どもと保護のために裁判所の関与が必要と考えれば、CPC（Child Protection Center）が子どもを親と引き離して保護してから48開廷時間以内に、少年裁判所（Juvenile Court）に対して保護の中立てを行わなければならない（dependency petition）」[21]。

イギリスでは、「分離保護の権限は警察と裁判所にあり、警察は72時間のみ分離する権限が与えられており、72時間を超える保護についてはは裁判所の判断が必要となる」[22]。

フランスでは、親子の分離に関して、親の同意を原則としながら、親の同意が得られない場合は「少年判事の判断で、親子分離等の措置命令を行うことができる」、「親が同意せず、かつ緊急保護が必要な場合は、少年判事が命令を発し、警察（少年課）が子どもの身柄を確保し、施設に一時保護することができる。警察は令状に基づき、部屋の鍵を破壊し、調査や子どもの安全確認、保護を行うことができる。親の意に反する身柄保護等の強制執行も可能である」[23]。

ドイツでは、「緊急一時保護は基本的に家庭裁判所の役割」[24]であり、「親による子の養育の過程において、身体的虐待、精神的虐待、性的虐待、ネグレクトはもちろん、価値観の対立に起因する親と子の衝突、親の生活能力あるいは養育能力の低さ、アルコール依存や薬物摂取など、いかなる理由であれ、『子の身体的、知的もしくは精神的な福祉、または財産が危険にさらされており、かつ親が危険を防止しようとしないとき、または危険を防止できる状態にない』こと」を「子の福祉の危険化」として、「そのような状態にあるときは、『家庭裁判所が危険の防止のために必要な処置をとらなければならない』（ＢＧＢ１６６６条１項）とされ」、その手続きは職権で開始され、「介入的処置の決定は司法作用であり、家庭裁判所の決定による」、「とりうる処置については……公的援助を請求するようにとの命令、就学義務の遵守に配慮するようにとの命令」などが「例示列挙されている」。さらに、「子の福祉の危険化」に関する討議を行う期日には、「裁判官の方で親に、当面必要な一定の負担（例えば、『次の期日までには歯医者に連れて行く』、『毎日子を登校させる』、『部屋の清潔を保つ』等）を課すということもある」[25]。

　このように海外の一例を見ても、わが国の裁判所が子どもの福祉への関与がいかに希薄か、また、いかに無関心かが分かる。

19　厚生労働省は、児童相談所強化プランとして、児童福祉司の配置数を管轄人口4万人に1人以上とすることを基本とした財政措置を打ち出しているが、それでも海外の基準には遠く及ばない。

20　Emergency Response child welfare worker

21　町野朔・岩瀬徹・柑本美和共編（２０１２）『児童虐待と児童保護―国際的視点で考える』（上智大学出版）54頁。サンフランシスコ郡・市の取扱い。

22　子どもの虹情報研修センター（２００７）「イギリスにおける児童虐待の対応視察報告書」3頁。

23　子どもの虹情報研修センター（２００３）「ドイツ・フランスの児童虐待防止制度の視察報告書フランス編」41頁。

24　子どもの虹情報研修センター（２００３）「ドイツ・フランスの児童虐待防止制度の視察報告書ドイツ編」11頁。

25　岩志和一郎（２０１６）「親の養育権と児童保護の融和を目指して―ベルリンの点と、線と、網と」『家族〈社会と法〉』第32号、1頁。

コラム❷

守秘義務の壁を越えて
――「えがお館」の密着取材で見えたもの

河津由紀子

西日本新聞の児童虐待取材班が、福岡市こども総合相談センターに密着取材をしたのは２０１０年11月のこと。同年夏に起きた大阪2児死亡事件を受けてスタートしたキャンペーン報道の一環だった。

朝から晩まで3人の記者が交代で、同センターのこども緊急支援課に職員のように詰めた。職員の動きをメモしながら、河浦龍生課長（当時）にこれまでの経験や児童相談所の現状を教わり、職権保護にも同行。そのルポは他の児童相談所の事例も交え「もう泣かせない～児童相談所はいま」というタイトルで、２０１１年1月6～16日付本紙朝刊（全10回）に掲載した。

全国的に児童虐待通告や相談が増え続けていた当時の報道では、虐待件数は10年で2・5倍の約4・4万件（２０１６年度は12万２５７８件）。一方で児童福祉司数は同じ期間で１・８倍と、増員がケース数の増加に追いつかない状況が続いていた。慢性的な人手不足によって職員が次々に燃え尽き、ベテラン職員が育たないという悪循環が、都市部の児童相談所を中心に起きていた。福岡市も例外ではなく、センターの入っている「えがお館」は、市職員から「笑顔のなくなる『えがお館』」とささやかれていた。

私たちは密着取材に入るまで、そういった現状をあまり意識していなかった。というのも、守秘義務の厚い壁に覆われていた児童相談所に取材できるのは、子どもが亡くなったケースなど重大事件となった場合が多かったからだ。１人１００件の事案を抱えているような人手不足の中で、報道陣から受ける事件取材は、児童相談所にトラウマを植え付けるのに十分だったと推察できる。「なぜ守れなかったのか」という検証的視点で取材するからだ。

守秘義務の壁を越えて、実現したのがこの密着取材だった。記事化にあたっては大きな3つの約束があった。記事化の際は、①児童相談所を特定させない、②複数の児童相談所を組み入れる、③子どもを絶対に特定させない——というものだ。実際の取材でもケースについては詳しく教わったり見たりするものの、名前や住所は一切聞かなかったし、メモも取らなかった。知りたいのは〝内容〟だったからだ。そこで私たち取材班は、事件化していたケースの向こう側に、これまで命を救われた子どもたちが無数にいることを知るのだった。

掲載された連載は、仮名などで個人情報はぼやかしたものの、内容はリアルに描くことができた。読者の反響も大きく、寄せられた手紙で特集欄を作ったほどだ。

このことで守秘義務は遵守しながらも、児童相談所の体制の重要性を世間に知ってもらうことができる、と福祉現場に分かってもらえたのではないかと思う。児童相談所と報道——立場は違っても「子どもを守りたい」という思いは同じであるということも。

余談になるが、人手不足だからといって、えがお館の職員たちが暗澹たる表情で仕事をしているかといえばそうではなかった。

こんなことがあった。幼いきょうだいが保護されてえがお館にやってきた。すると、職員たちが一斉に立ち上がる。抱えている100件近い事案が気になって眠れなくなったり、着任後3カ月で体重が7キロ減ったりした職員たちが。そして、にこにこと「よう来たね」「もう大丈夫やけんね」と代わる代わる話しかけていた。子どもの表情が一気に和らいだ。

近年では、一旦えがお館にやってきたDV家庭のきょうだいが「母親が心配なので家に帰る」と訴えた場面があったそうだ。福岡県警少年サポートセンター（えがお館内）の少年育成指導官も混じって話し込み、こんなシュプレヒコールが上がったという。「お父さんを追い出すぞー!」

子どもの命を守るプロにして、エンパワメントのプロ。体制や支援のあり方など課題がないとは言い切れないだろうが、これこそ「えがお館」で働く人たちのリアルな姿であり、理想の姿なのだと思う。

●プロフィール●（かわず・ゆきこ）西日本新聞社記者。2005年入社。久留米総局、社会部を経て、現在生活特報部に所属。2010年から児童虐待に関するキャンペーン報道「命を守る」（取材班3～4人）を担当した。

第3章

子どもの長期入所からの脱却をめざして
――施設入退所調査に基づく家庭移行支援

福井 充
〔福岡市児童相談所
元児童福祉司・社会福祉士〕

「お前らのせいで俺は一匹狼なんじゃ」

ある青年から投げかけられたこの言葉が、すべての出発点となった。

1　子どもの権利はどこまでも

児童相談所は子どもの権利を保障してきたか。学生時代の私は、この問いにYesと答えただろう。当時、全国の児童虐待相談件数が初めて1万件を超え、２０００年には児童虐待防止法が制定された。児童の権利に関する条約[1]（以下、条約）を興味本位にめくっていた私は、「権限のある当局が……児童の最善の利益のために必要であると決定する場合[2]」は親子分離できる（条約9条1但書）という介入機能に目を奪われていた。

しかし、社会人としても生活保護ケースワーカーとしても3年目を迎えた２０１０年の春、冒頭の青年との出会いが、この視点に変化をもたらした。30歳を目前とした彼は、人生の様々な憤りを「お前らのせい」で「一匹狼」という言葉と拳に込めて、担当である私と福祉事務所の机にぶつけた。未婚の母は彼を出産直後に乳児院へ託し、その後、彼は児童養護施設で暮らしたが、16歳で高校を中退して社会に出た。就職した土木業は数カ月で辞め、10年ほど、日雇い寮と公園のベンチ、そして塀の中の暮らしを転々とし、生活保護受給に至った。前任者の支援で療育手帳（軽度知的障がい）を得てからの数年は、障がい者就労支援を利用していたが、職場での度重なる対人トラブルによって職業紹介先が徐々に狭まり、そのことがますます彼を苛立たせていた。なぜ「お前らのせい」なのかと尋ねると、彼は、施設職員のいない所で上級生から命令や暴力を受けて育ったこと、人間は信用に値しないことを教えてくれた。小学校の入学式で一度母を見た覚えがあるが、その後は連絡もなく、遠くにいるとの情報だけが記憶にあるとのことだった。施設を出て一匹狼になった、あんたにわかるか、と凄む彼の目は、私をにらみながら、私の背後にある何かに向けられているようでもあった。母の住民票は長らく職権消除されたままであり、行方を知る者はいなかった。施設生活で、彼と周囲の子どもがどういう関係にあり、施設・学校・児相等の大人がどう関わっていたかはわからない。母親が会いに来られなかった事情もあっただろう。しかし、0歳で家族と家庭を失った彼が、乳児期から長期の施設生活とその後の社会生活で孤独感を深め、他者への信頼感をもてずに30歳を迎えようとしていることは事実であった。生みの母と一緒に暮らす方策や、少なくとも交流を続ける方法はなかったのか。なかったならば、養子縁組[3]による新たな家族を持つことや、せめて親族や里親等の家庭で育つ経験を保障することはできなかったのか。親子分離を伴う子どもの保護が、子どもの権利保障のゴールではないことを印象づけられる出会いだった。児童相談所への異動希望を出すべきか逡巡していた（市内で続いた虐待死報道に接して二の足を踏んでいた）私は、この出会いによって、児相職員を募る庁内公募への応募を決めた。

親の不在、養育困難、虐待等からの分離は、子どもの権利を保障する過程の一つといえる。一方で、条約は、父母から分離されないことを確保すること（９条１）、分離後も児童の最善の利益に反する場合を除いて父母との関係と接触を維持すること（９条３）、代替養育は里親委託や養子縁組を基本とし、養育の継続性が望ましいこと（20条３）などを締約国に求めている。子ども時代は一度きりだ。これらの権利を保障するための支援は、分離措置後も見直し続けられなければならない。

1　Convention on the Rights of the Child（１９８９年国連採択、１９９４年批准）。
2　外務省邦訳 http://www.mofa.go.jp/mofaj/gaiko/jido/zenbun.html
3　特別養子縁組制度（１９８７年）以前にも普通養子による家族形成の可能性はあり、１９８０年の未成年養子の家裁の新受件数（連れ子養子除く）は４２２６件だった（司法統計）。

2 児童相談所の自己覚知

児童相談所とは何か。子育ての相談に乗る場所、児童虐待から子どもを守る人たち、子どもを施設に入所させる行政機関。いずれにおいても、その中心に置かれるべきは、子どもの最善の利益（児福法第2条1項）とされている。大人の満足のためだけに相談に乗るわけではないし、親が単に「悪い」人だから子どもを保護するわけでもない。子どもにとって養育がより良くなるよう相談に乗り、子どもの発達への影響や権利侵害の懸念から子どもの保護が決定される。同様に、施設措置[4]にあたっては、その子どもにとって施設入所やその継続が最善の利益であるかを適時判断しなければならない立場にあるが、現実はどうか。

（1）「どうせわかってくれん」「どうでもいい」

2011年に児童相談所に配属されてから、私は何度となく、「どうせわかってくれん」「どうでもいい」という言葉を耳にしてきた。ある時は、家出の末に身柄付き通告[5]されて一時保護所に来た少女に家族への思いを尋ねた場面、ある時は、身体的虐待から一時保護した小学生に希望の家[6]を聞き取った場面であった。加えて、乳幼児期から長く施設で暮らしている児童養護施設の小中学生からも、施設職員や児相職員等の大人に対する気持ちとして同じ言葉を聞くことがあった。中には乳児院から10年以上施設で暮らしている子どももいた。乳幼児の施設養育や、施設長期養育による子どもへの影響を示すいくつかの研究[7]は承知していたものの、目の前にいる熱心な施設職員の存在と、子どもたちが呟くこれらの言葉とのギャップに戸惑いを隠せなかった。

しかし、職員の熱意に頼らざるをえない配置基準の低さ、乳幼児の愛着形成をはじめとした子どもの発達ニーズに対する交代制勤務や集団養育の限界を知るにつれて、この戸惑いは、乳幼児の施設措置や、長期の施設措置を行ってきた児童相談所の支援のあり方に対する自問に変わっていった。子どもたちの微細な表情や言葉を観て意識的な関わり方を模索する施設職員に出会うたび、私は、施設養育、とりわけ地域小規模児童養護施設の強みは、思春期以降に入所する子どもたちが養育者と一定の距離感（養育者を頼りたいときに頼ることができる関係）や平穏な環境を保ちながら暮らせることにあると感じてきた。それでも、子どもにとって、大舎施設へ措置すること、未発達の乳幼児期や低学年から施設（地域小規模施設含む）に措置することの意義は見出せず[8]、措置責任を負う児童福祉司としての葛藤は深まる一方だった。

(2) 措置を伴うソーシャルワークの功罪

児童相談所はソーシャルワーク機関でありながら、措置機関でもある。1947年の児童福祉法制定後、

4　児福法第27条1項3号により、乳児院、児童養護施設等へ入所させる措置。2016年時点で、全国の児童養護施設入所児童2万7288人、乳児院入所児童2901人、里親委託児童4973人（厚生労働省2017）であり、代替養育が必要な児童の多くは、長年、施設に措置されてきた。
5　児童の身柄を伴った警察からの要保護児童通告（児福法第25条）。
6　「三つの家」モデル（ニキ・ウィルド／ソニア・パーカー／井上直美編著［2015］『「三つの家」を活用した子ども虐待のアセスメントとプランニング』明石書店）の一つ。
7　ボウルビィ（Bowlby, J.）は、特定の養育者との持続的、個別的で一貫性のある情愛に満ちた関係性の形成が心身の発達に最重要であるとし、乳幼児入所施設は十分な情緒的環境を提供できないとした。ティザード（Tizard, B.）らは、乳幼児期に施設養護された児童が、施設養護経験のない対照群に比べ、その後の行動や感情、仲間関係に問題を抱えること等を明らかにした。ラター（Rutter, M.）は、生後6カ月を超える施設養育による脳の発達への影響を明らかにした（以上、上鹿渡2016、日本財団2015）。また、日本財団による18カ国21件の研究レビューの結果、施設養護より家庭養護のアウトカムが良好であった（日本財団2017）。
8　低学年児童の挑戦的行動等によって里親家庭がみつからない、または不調となった場合に、里親漂流防止のため地域小規模施設へ措置することはあり得るが、委託可能な里親家庭が十分に確保できない現状での消極的な選択といえる。

臨床と措置の両面的役割が半世紀以上維持されてきた（網野２００７）。人（子ども・家族）と環境（養育環境・社会環境）の接触面に支援的に介入するだけでなく、特定の家庭状況や発達段階にある子どもを個別化し、何を目標にどのような養育を提供するかという環境そのもの（在宅指導、一時保護、種々の代替養育）をセッティングする措置権限を持つ。措置選択が子どもの権利に及ぼす影響は大きく、子どもや家庭の状況変化に応じた措置の見直しも欠かせない。たとえば、家庭復帰の見込みがなくなった施設入所児童に特別養子縁組や安定した里親養育を提供する措置が子どもの権利（法的永続性や養育の継続性）を保障することもあれば、措置の長期化が子どもの権利（父母に養育される権利等）を制限することもある。

条約批准後、子どもの最善の利益を一層考慮することを目的に、児童福祉法（１９９７年改正）が措置時の子どもの意向聴取等[9]を定めてから、20年が経過した。この間、措置・措置解除[10]・措置変更[11]等の権限を持つ児童相談所は、子どもを乳児院や児童養護施設に措置した場合、養子縁組里親[12]や養育里親へ委託した場合、措置せず（または措置を続けず）在宅支援とした場合に、子どもの権利（最善の利益）に及ぼす影響を、都度、十分に比較衡量してきただろうか。

（3）措置は何をめざしてきたか

子どもの発達上配慮されなければならない援助視点は、アイデンティティ、パーマネンシー、安全性、自尊感情とされる（林２００７）。とりわけ、保護下にある子どもの固有のニーズはアイデンティティとパーマネンシーに集約される（ソブン１９９８）。よって、代替養育の役割としては、家族とのつながりの継続や家族の情報を知って関係性に折り合いをつけていくこと（アイデンティティ獲得）を支援すること、養育の一貫性や永続性（パーマネンシー）によって養育者との愛着形成を保障すること、それらを通じ、自己否定感を抱えがちな状況にある子どもの自尊感情を維持することが期待される。これらの援助視点に目を向けた施設養育の実践者は、個別性を重視した小舎制養育[13]や家族支援ソーシャルワーク[14]等を発展させてきた。

では、福岡市児童相談所（以下、当所）は、措置した子どもたちに対し、家族との適切なつながりを保障する支援や、家庭復帰または特別養子縁組によるパーマネンシー保障、安定した家庭養育（親族、里親等）提供のための支援を、どれだけ行ってきただろうか。子どもを施設に措置した後、18歳で自立するまで、年数回の面接のみで「見守って」こなかったか。子どもと家庭の状況に応じた措置目標の見直しを十分に行えてきたか。司法関与によるチェックも子どもの権利擁護機関も乏しい日本の仕組み[15]のもとで、行政機関である児童相談所の代替養育措置は、子どもの権利を保障してきたのか。

このような内なる懸念に目を向け、乳児院及び児童養護施設（以下、施設）入所児童の措置状況の検証を始めたことが、当所が２０１６年４月に「家庭移行支援係」という耳慣れないチームを立ち上げる発端となった。

9　外務省 http://www.mofa.go.jp/mofaj/gaiko/jido/0111/11a_018.html
10　家庭復帰、自立（就職、進学）等の理由により施設等措置を解除（退所）する決定。
11　措置先（児童の養育場所）を変更する決定。乳児院措置を解除して里親委託とする等。
12　養子縁組によって子どもの養親となることを希望する里親。
13　飯田進（２００６）「随想 私の実践・研究を振り返って（67）小舎制養育研究会顛末記」、鉄道弘済会社会福祉部編『社会福祉研究』第96号、62－68頁。
14　北川清一（２０１０）『児童養護施設のソーシャルワークと家族支援』明石書店。
15　親権者等が措置に反対した場合の家裁承認（児福法第28条）申立ては、当所で年間10件前後であり、措置児童全体からみると限定的な司法関与である。第三者による権利擁護は未成年後見や非行の事例に限られ、措置に関し児童の代弁等を担う機関は未整備である。

3 施設入退所調査への道のり

（1）家庭養護推進は国連ガイドラインに近づけたか

私が児童相談所に配属される6年前の2005年から、福岡市の家庭養護推進は動き出していた。きっかけは必ずしも里親優先（条約20条）を意識したものではなかったが、NPOと共働した里親普及によって里親登録者が増えるにつれ、里親委託による子どもの変化を経験した当所職員の意識変革（里親への信頼、里親委託を選択する視点）や里親支援体制の強化が進んだ（藤林2011）。結果、2014年度末の福岡市の里親等委託率[16]は、国が2029年度目標値としてきた33％（厚生労働省2012）近くに達し、2004年度からの増加幅が全国一となった（厚生労働省2016a）。養子縁組里親への委託件数も増えてきた（第4章参照）。

条約を具体化した国連子どもの代替養育ガイドライン[17]（2項(a)(b)、60項）は、第一に①永続的解決策（permanent solutions：家族による養育に子どもを留めるか家族に戻す努力、それに失敗した場合は養子縁組等）を求め、永続的解決策を見出すまでの間や不可能な場合には、②代替の安定した家庭環境（stable family setting）の確保を求めている（子どもの村福岡2011）。これは日本の家庭的養護推進にも影響を与え（山縣2011）、国は2011年に里親委託優先の原則や養子縁組の活用を児童相談所に通知した（厚生労働省2011）。本市の家庭養護推進は、国連と国が求める養子縁組や代替の家庭養育を、一定程度、実現させてきたといえる。

しかし、この家庭養護推進の動きから施設入所児童が取り残されていないかが懸案となっていた。福岡市の家庭養護推進が、新たに代替養育措置を必要とする子どもへの里親選択を増やしてきた一方で、既に施設措置されている子どもの養子縁組や里親等への移行を伴ってこなかった可能性があった。

国連ガイドラインは「施設養育は、その環境が、子ども個人にとって、とりわけ適切で必要かつ建設的であり、その子どもの最善の利益に沿う場合に限られるべき」（21項）とする。きょうだい分離防止や緊急の場合には施設利用も許容される（22項後段）が、その場合も施設の目的は、一時的な養育を提供し、家庭復帰に積極的に貢献することや、養子縁組を含む代替の家庭環境での安定的な養育を確保すること（123項）とされる。このように永続的解決（家庭復帰・養子縁組等）や里親養育へ向けた一時的な施設利用を求める国連ガイドラインと当所の施設利用状況とのギャップを確認し、埋める努力が必要だと考えられた。いまだに福岡市の代替養育の3分の2を占める施設入所児童に対し、家庭復帰・養子縁組・里親等への移行支援が行き届いているかを検証する必要があった。

(2) マイクとの出会い

2014年4月からの半年間、オックスフォード大学博士課程のマイク（Michael King：第7章執筆者）が、実地研究のため当所にやって来た。出会って間もなく、彼の関心が、日本の里親等委託率の地域差や、その先進地としての当所の措置の判断基準等にあることを知った。当時、地区担当の児童福祉司として4年目を迎えていた私は、マイクが会議を観察して疑問に思ったことなどに答える中で、一種の緊張感を覚えるようになった。彼の質問の一部が、子どもの意見に欠ける方針決定や施設措置の根拠を問うものだったからだ。この緊張感は、次第に私自身の実践に対する疑念と英国の実践への興味を強めていった。加えて、「児童相談

16　里親等委託率（%）＝里親・ファミリーホーム委託児童数÷（乳児院入所児童数＋児童養護施設入所児童数＋里親・ファミリーホーム委託児童数）（厚生労働省定義）

17　Guidelines for the Alternative Care of Children（2009年国連採択）。

所は実践と政策が共存する場所だ」という彼の言葉や、社会政策・介入学部[18]という彼の意欲的な所属名が、4年前に福祉事務所で出会った青年から突き付けられた課題に対する私の中の不全感を呼び起こした。

マイクが福岡を去った翌月の2014年10月、当時の課長（第4章執筆者）が措置児童の課題に取り組む係の設置を考えていると知り、真っ先に手を挙げた。そして2015年4月、施設入所児童の状況把握や次年度以後の支援策検討の役割を持つ家庭支援・施設調整係（家庭移行支援係の前身）が設置され、施設入所調整を行ってきた主査のもとに、私を含めて児童福祉司2名が配置された。

(3) ムルヘア氏との出会い

2015年6月、英国に本拠を置くLUMOS財団[19]のムルヘア（Georgette Mulheir）氏[20]が福岡市の施設と当所の視察に来訪し、新たな係は、欧州の実践について学ぶ機会を得た。同氏は、子どもの施設ケアが中心であった中東欧の国々で、施設入所児童の家庭（実家庭や里親家庭）への移行を達成した実績から、家庭維持（入所予防）や家庭復帰に必要な地域サービス開発と、それを用いた移行支援の重要性を強調した。そして、第一段階として、家庭復帰と里親移行の対象となる児童の数や状況を把握し、移行に必要となる地域サービスの種類や里親の量を検討するため、施設入所の現状を集合的にアセスメントする必要がある、とした。この出会いが、当所の措置による施設入退所の全体像を調査する直接の誘因となった。

4 子どもの長期入所——家庭の欠如、剝奪、その固定化

2015年11月、当所は施設入退所調査（基準日2015年11月1日）を実施した。ムルヘア氏は、施設ケ

アから家庭と地域を基盤としたケアへの移行を実現した欧州での実践を10段階の手順にまとめており、手順の一つ「施設レベルの分析」に必要な調査項目を示している（Mulheir & Browne 2007）。今回の調査では、そこに示された項目にいくつかの項目を加え、児童福祉司と施設への質問紙による全数調査を行った。紙幅から、詳しい方法等は論文[21]や当所の事業概要[22]に譲り、本節では、調査結果を紹介しながら、子どもの長期入所の現状と背景を考察したい。

（1）家庭を知らない子どもたち

『しあわせな明日を信じて』（長谷川ほか２００８）という施設にいる子どもたちの作文集に、両親の拘禁によって生後2カ月で乳児院に入所した女の子（しほちゃん）が登場する。母親は釈放後に父と離婚。しほちゃんは、一年後の母による家庭引き取りを視野に児童養護施設へ措置変更となったが、乳児院で3回程度だった母との面会は児童養護施設入所後も進まず、結局、家庭復帰できないまま施設で小学1年生を迎えた。「しせつってきれいだから、ずっといたいな。だって、すきだもん。ずっといたいな」という作文の後に、担当職

18 Department of Social Policy and Intervention
19 『ハリー・ポッター』シリーズの著者J. K. Rowlingが２００５年に創設した国際ＮＧＯ。子どもたちが施設ではなく家庭や地域で暮らせるようにするため、地域サービスや里親養育の開発等の支援を世界中で展開し、モルドバ、チェコ、ブルガリア等での実績がある。
20 ＬＵＭＯＳ財団のＣＥＯ。ルーマニアで20万人以上いた孤児の多くに家庭を提供するなど約20年の実践から、２０１５年2月、Social Work Degree Guideより「世界で最も影響力のあるソーシャルワーカー30人」（the 30 most influential social workers alive）に認定された。
21 福井充／中村有紀／藤林武史（２０１７）「福岡市における施設入退所調査に基づく家庭移行支援の取り組み」『子どもの虐待とネグレクト』第19巻2号、２２２－２３０頁。
22 「施設入退所調査と英国研修に基づく『家庭移行支援』の試み―在宅支援と社会的養育の現代化を目指して」福岡市こども総合相談センター事業概要平成28年度版、34－63頁。

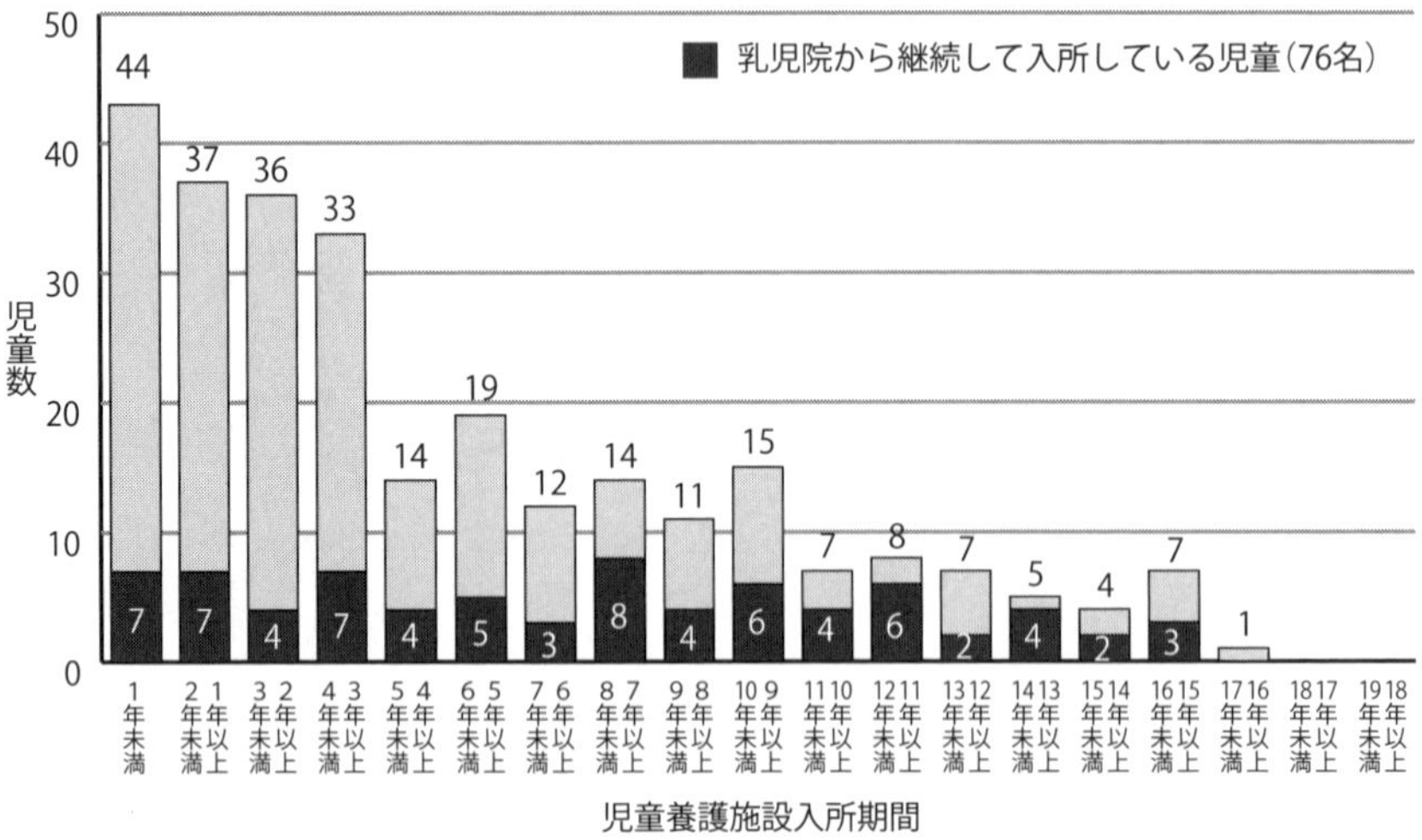

図3-1　児童養護施設に入所している児童の入所期間（N=274）（2015年11月1日現在）

員だった中西氏の観察経過が添えられている。しほちゃんは「それなりに流れに乗って生活している子」「おりこうさん」であり、過適応気味で目立たない。中西氏は、自分の遊びの時間を削ってまで他人のために時間を使う「子どもらしくない子」だと違和感を抱く。他の子どもへの興味は薄く、「見て！」と不特定多数の人に訴えかけるが、投げかけたことで自己満足という様子である。特定の人物にどうしても聞いてほしいという感じではなく、二者関係が希薄で作りにくい。自転車と段ボールが並んだスーパーを「お家かと思った」と語るなど家族イメージが育っていない。就学後、挑発的な態度や、職員を叩いてみたりドアを強く閉めてみたり、これまであまり見られなかった行動も出てきた（以上要約）。

　福岡市でも、しほちゃんのような行動特徴がみられる子どもに施設で出会うことは珍しくない。彼女のように子ども時代のほとんどを施設で過ごしている子どもたちにもよく出会う。図３－１は、当所の措置によって児童養護施設に入所している児童２７４名の入所期間（当該施設入所日起算）を表している。平均入所期間は５・０

年。57％（157名）が3年以上入所しており、6年以上入所している児童も33％（91名）いた。全国的にも、児童養護施設入所児童の60％が3年以上入所しており（厚生労働省2016a）、入所が長期化している。そして、本市では、この入所児童274名のうち76名（28％）が、乳児院から継続して施設入所していることがわかった。図3－1の黒色が示す子どもたちは、しほちゃんと同様、乳児院入所後に一度も家庭を経験しないまま施設で暮らしていることになる。[23]

乳幼児が家庭で育つ重要性は、特定の養育者による一貫した養育環境を確保できることにある。子どもは、乳児期から継続的で一貫性[24]のある養育者の応答や相互理解（互いの感情や考えに関心を持つこと）を通じて、養育者との愛着（アタッチメント）を形成し、人が応答的であることや、自分が愛される存在であることを経験する。この経験の繰り返しから、人や自分に対する健全な理解や期待のモデルが内在化され、かつ、自己効力感が獲得されることによって、他者の行動を予測し、自分を統制し、社会的に安定したコミュニケーションが可能となる（ハウ2001）。

当所が乳児院から継続して施設措置している76名のうち、37名は生後半年までに乳児院に入所していた。生後7～9カ月を「焦点化したアタッチメントの始まり」[25]とすると、この37名は愛着形成に必要な家庭養育がほとんど欠如（maternal privation）している。アタッチメントの欠如（ノンアタッチメント）は、対人関心の薄さや感情コントロールの困難を引き起こしやすい。生後半年以後に乳児院に入所した残りの39名や、幼児期に

23 しほちゃんの場合は、「少ない職員・少ない子どもたち・家庭により近い空間」で対人関係の作り方などを育て直すため、地域小規模施設への移行が進められていった（長谷川ほか2008）。
24 タビストック・クリニックの乳幼児観察では、大人では区別しにくいような微妙な匂い・光・肌触り等の一貫性も、乳児にとっては重要な意味を持つことが明らかにされている。
25 Fouts, G. & Atlas, P. (1979)〔平田ほか訳（2001）64－65頁〕。

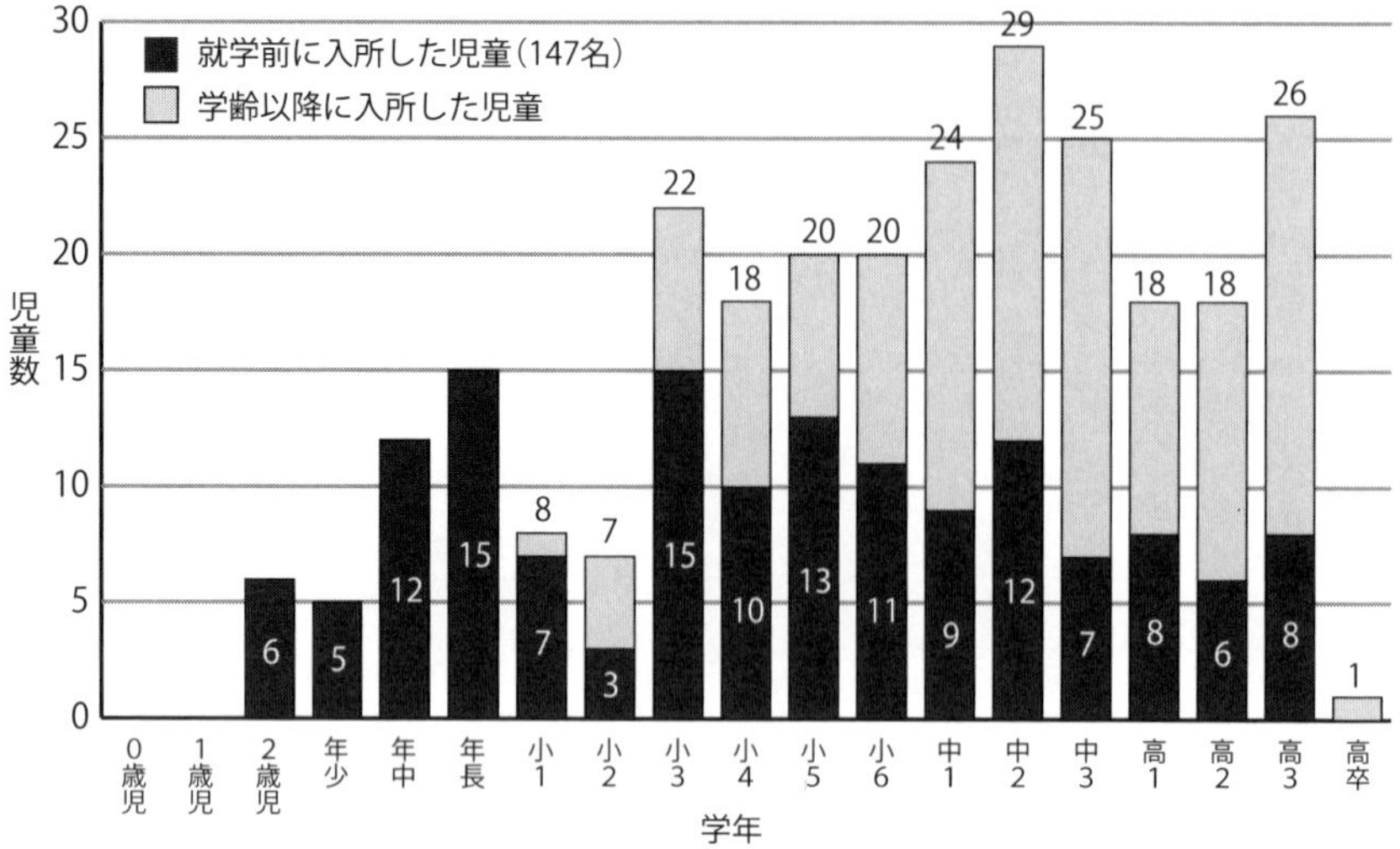

図3-2　児童養護施設に入所している児童の学年（N=274）（2015年11月1日現在）

児童養護施設措置となって継続入所している子どもたち（図３－２黒色）[26]は、乳幼児期に家庭養育を剥奪（maternal deprivation）されており、実家庭が応答的環境でなかった場合も多い。家庭養育の剥奪やまだら応答が招きがちな不安定（回避型・アンビバレント型）なアタッチメントは、過度な警戒心、依存と抵抗の相反する行動等による対人関係の困難を引き起こしやすい。[27]子どもたちに対して乳幼児期から施設措置を継続してきたことは、欠如した、または剥奪された家庭養育（十分なアタッチメント形成の機会）を提供しないまま放置してきたことになる。

(2) 家庭で育つチャンスを奪う施設間措置変更

当所が措置している児童養護施設では、３年以上入所している児童の37％、９年以上入所している児童の50％を乳児院からの継続入所児童が占め（図３－１）、長期になるほど乳児院からの継続入所割合が高かった。また、８年間（２００７年11月１日～２０１５年10月31日）に乳児院から児童養護施設へ措置変更された児童53名のうち85％が現在も継続入所していた。乳児院入所中に家庭復帰に至らなかった子ども[28]が児童養護施設へ措置変更されると、そのまま長期の施設入所となる傾向を示している。

よって、乳児院入所児童に対しては、将来的な家庭復帰目標を理由とした児童養護施設への措置変更を安易に選択せず、特別養子縁組や少なくとも親族・里親等による家庭養育を優先的に保障する必要がある。それにより、図3－1黒色の子どもたちは段階的に減り（16年後にゼロとなり）、施設入所長期化の予防に直結する。全国的に、1年間に乳児院から児童養護施設へ措置変更された児童（705名）は里親へ措置変更された児童（264名）を上回っている（厚生労働省2017a）。これは単に700名の問題ではなく、児童養護施設に入所し続ける児童として年々積み重なっている。全国の児童養護施設で暮らす3～6歳の子どもは5247名いる（厚生労働省2017a）が、そのうち1800～2400名ほどが乳児院からの継続入所ではないかと推計され[29]、その多くが家庭で育つ機会を得られないまま長期入所するのではないか、心配される。

26　正確には、図3－2黒色147名のうち、76名が乳児院から、71名が主に家庭から、幼児期（就学前）に児童養護施設入所となって継続入所している子どもたちである。

27　Ainsworth, M.D. (1978)〔平田ほか訳（2001）81－88頁〕。

28　2014年度の全国の乳児院退所児童2259名のうち家庭復帰等1165名・措置変更1094名。

29　2800名（年間700名〔乳児院から児童養護施設への措置変更〕×4年間〔3～6歳〕）に、入所期間1年以上5年未満の児童（全年齢）の平均継続入所率65・3（※）%をかけると1828名、当所が乳児院から児童養護施設に措置変更した児童（入所期間8年未満）の平均継続入所率85%をかけると2380名。※〔84・6（2014年3月1日時点1年未満4451名→2015年3月1日時点1年以上2年未満3764名）＋84・6×83・9（同1年以上2年未満3819名→同2年以上3年未満3205名）＋84・6×83・9×81・1（同2年以上3年未満3357名→同3年以上4年未満2721名）＋84・6×83・9×81・1×83・4（同3年以上4年未満2927名→同4年以上5年未満2441名）〕（厚生労働省2016a・2017a）÷4。

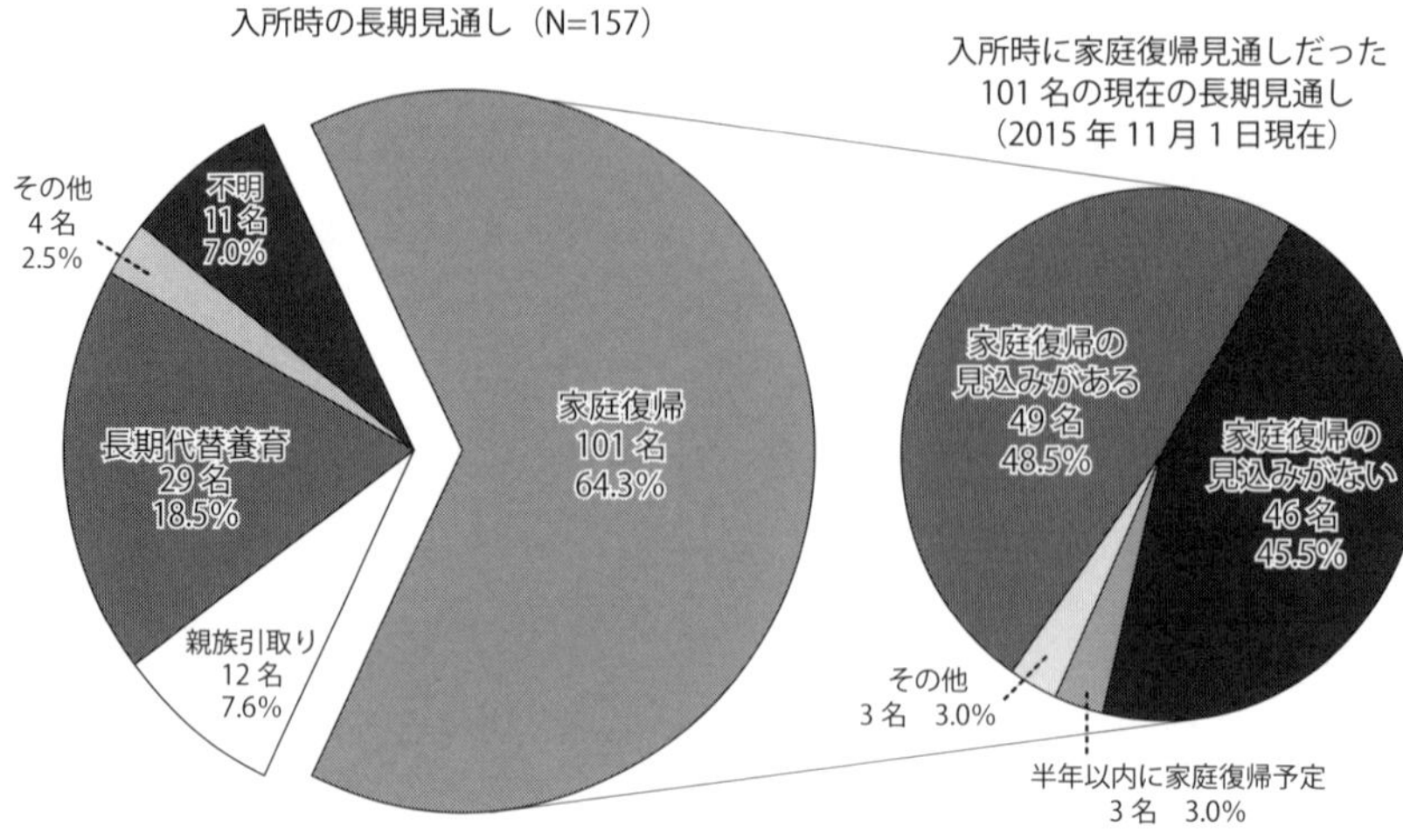

図3-3　長期見通しの変化（児童養護施設に3年以上入所している児童）（N=157）

（3）家庭復帰と長期入所を分ける3年の壁

小さい頃に家族イメージを持てなかった子どもも、成長とともに一般家庭との違いを知ることになる。中学生のミカさん（仮名）は、私との面接の中で、10年間暮らした地域小規模施設を「建物は家みたいだけど中身は家じゃない」と評した。彼女は、ホームの暮らしに一定の満足を感じているものの、施設の担当職員が5回変わったことを挙げ、母と暮らせないなら今からでも里親さんを探してほしいと強調した。ミカさんと母親は、乳児院入所中は面会が続き、児童養護施設への措置変更時は、母の経済的安定と面会継続による親子関係構築をめざしていた。しかし、ここ10年近く、親子の交流は一度も実現していない。

しほちゃんとミカさんの事例に共通するのは、児童養護施設入所後に結局は親子交流が進まず、家庭復帰が遠のいていった点にある。施設入退所調査の結果、当所の措置によって児童養護施設に3年以上入所している子どもたち（157名）の入所時の長期見通しは、64％（101名）が家庭復帰であった（図3−3左）。しかし、

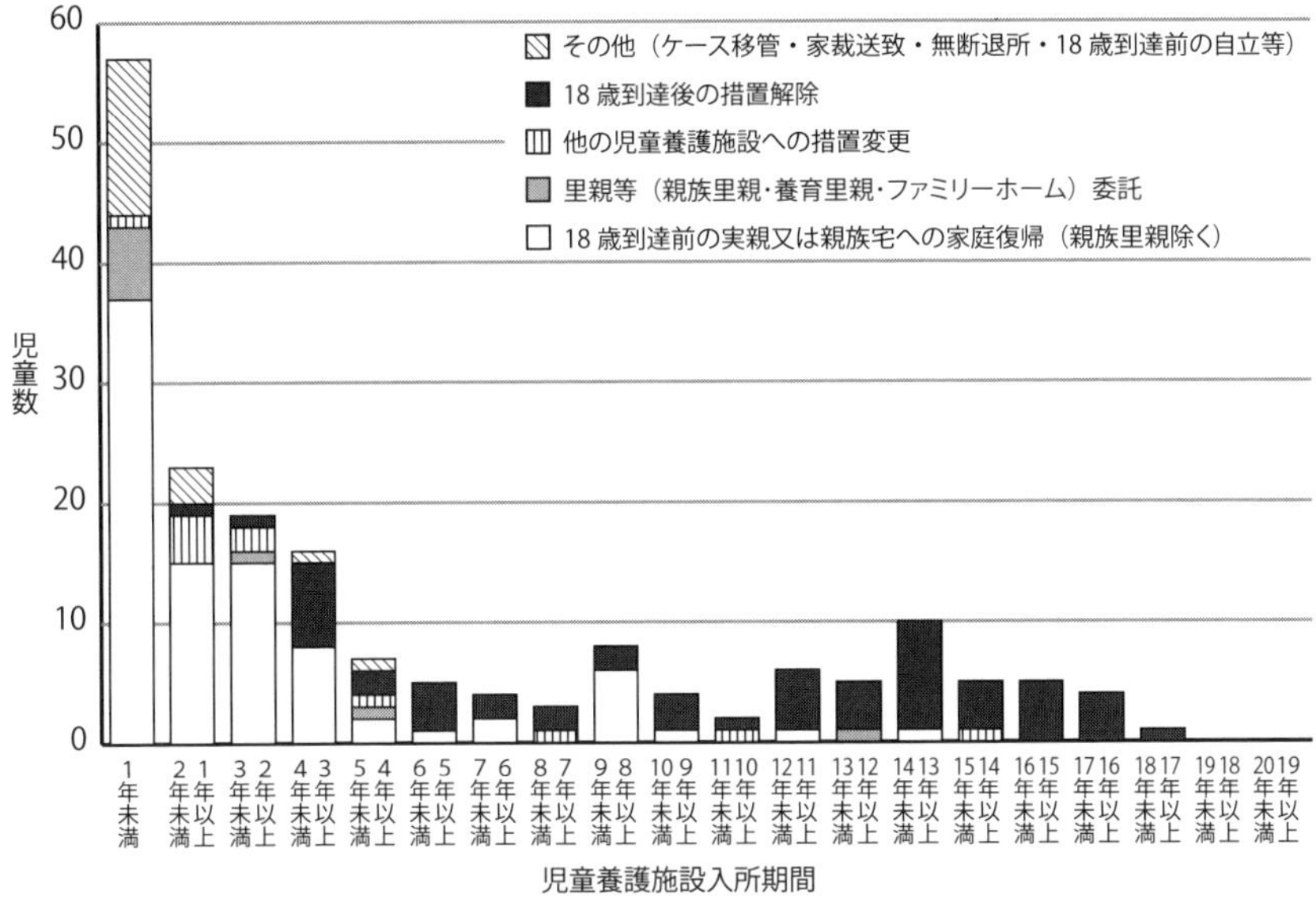

図3-4　児童養護施設退所児童（2012年11月1日～2015年10月31日）の退所理由と入所期間（N=184）

1年、2年と経つにつれ、親子の交流が減ることや、児童相談所や施設から親への接触が難しくなること（電話番号や住所が変わる、電話や郵便への返答がなくなる等）を私たちは経験する。児相や施設の担当交代によって親との連絡が遠のくこともある。家庭支援・施設調整係で長期措置児童を担当することとなった私ともう一人の児童福祉司は、日の高いうちはドキドキしながら何人かの家族の来所を待ち、日が沈む頃に子どもたちのいる施設へ通ったが、ドキドキして待った家族の7割ほどは来所がなかった。がっかりしながらも再び受話器を取り、筆を執り、足で稼ぐことにも必死になったが、家族との接触は難航した。

図3-4は、3年間（2012年11月1日～2015年10月31日）に児童養護施設を退所した（当所が措置解除した）184名の退所理由を示している。入所期間が長くなるほど家庭復帰となる児童数（図3-4白色）は減り、特に3年を

表 3-1　児童養護施設退所児童（2012 月 11 日 1 日～ 2015 年 10 月 31 日）の退所理由と入所期間
数字は児童数（カッコ内は％）

入所期間	18歳到達前の実親または親族宅への家庭復帰（親族里親除く）	左記以外の退所理由	計
3 年未満	67 (75.3)	32 (33.7)	99 (53.8)
3 年以上 6 年未満	11 (12.4)	17 (17.9)	28 (15.2)
6 年以上 9 年未満	8 (9.0)	7 (7.4)	15 (8.2)
9 年以上 12 年未満	2 (2.2)	10 (10.5)	12 (6.5)
12 年以上 15 年未満	1 (1.1)	19 (20.0)	20 (10.9)
15 年以上 18 年未満	0 (0.0)	10 (10.5)	10 (5.4)
計	89 (100)	95 (100)	184 (100)

超えると、退所児童に占める家庭復帰割合が５割を切っていた。表３－１のとおり、18歳到達前に家庭復帰した児童の75％が入所期間３年未満であった。一方、18歳到達後に措置解除（いわゆる自立）となった57名（図３－４黒色）の入所期間は、63％（36名）が９年以上、47％（27名）が12年以上、18％（10名）が15年以上であった[30]。全国調査（厚生労働省２０１６ｃ）でも、18歳到達前に家庭復帰した児童の69％が入所期間４年未満であり、４年を超えると家庭復帰割合が５割を切る（図３－５）。他の調査でも、家庭復帰ケースは入所期間３年以下が有意に多く入所期間４年以上になると満年齢での措置解除になる可能性が高かった（伊藤２０１６）。入所時の長期見通しが家庭復帰だった児童１０１名のうち、３年以上経った現在の長期見通しが家庭復帰のままである児童が半数（48・５％）に減っていること（図３－３右）も、この傾向を裏付けている。

当所の措置によって児童養護施設に３年以上入所している児童の家族交流状況は図３－６のとおりであり、年０回29名

30　超長期入所（15年以上）児童10名のうち７名は乳児院からの継続入所児童であった。

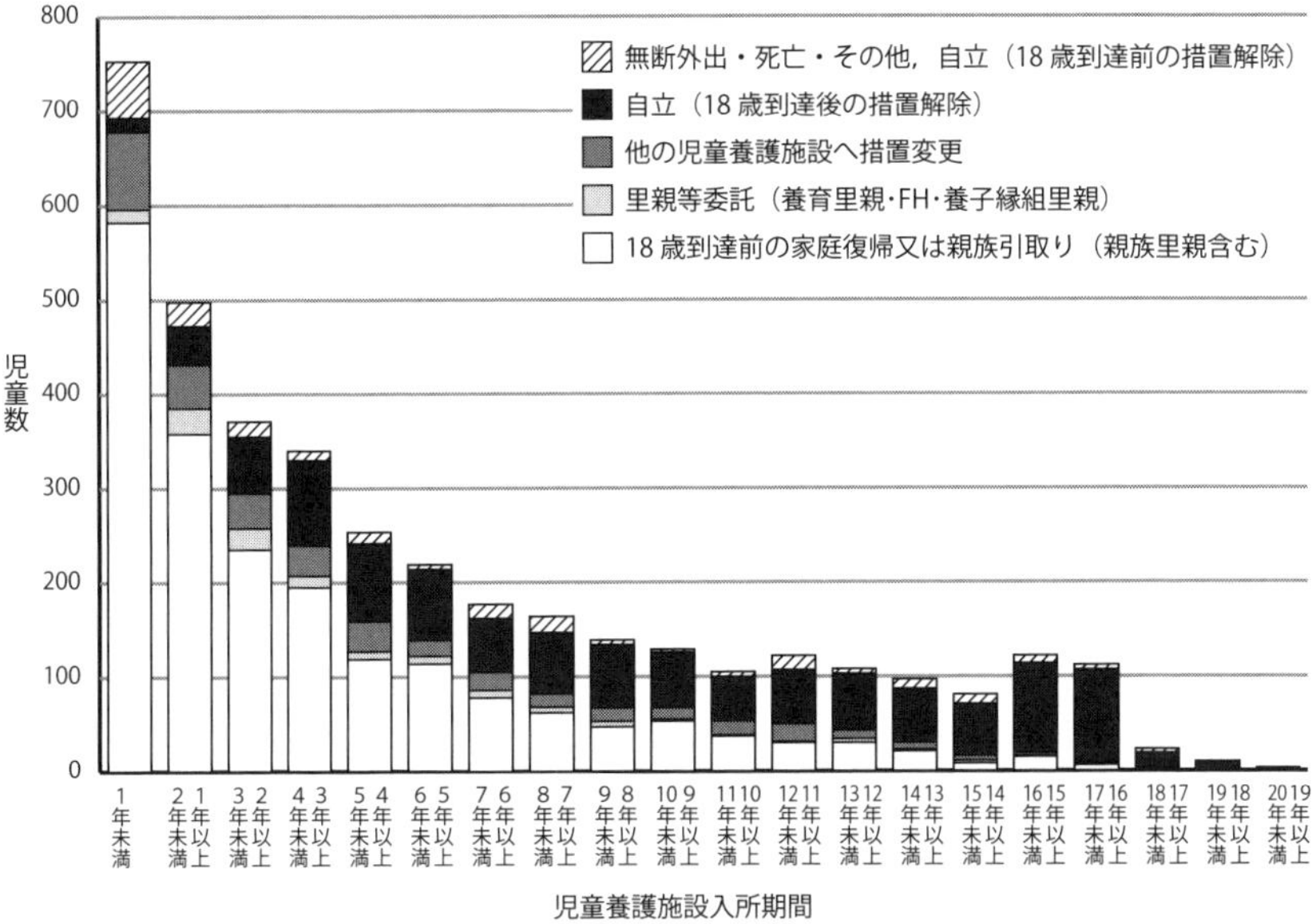

図3-5　児童養護施設退所児童（全国2015年度）の退所理由と入所期間（N=3,827）
※厚生労働省（2016c）より作成

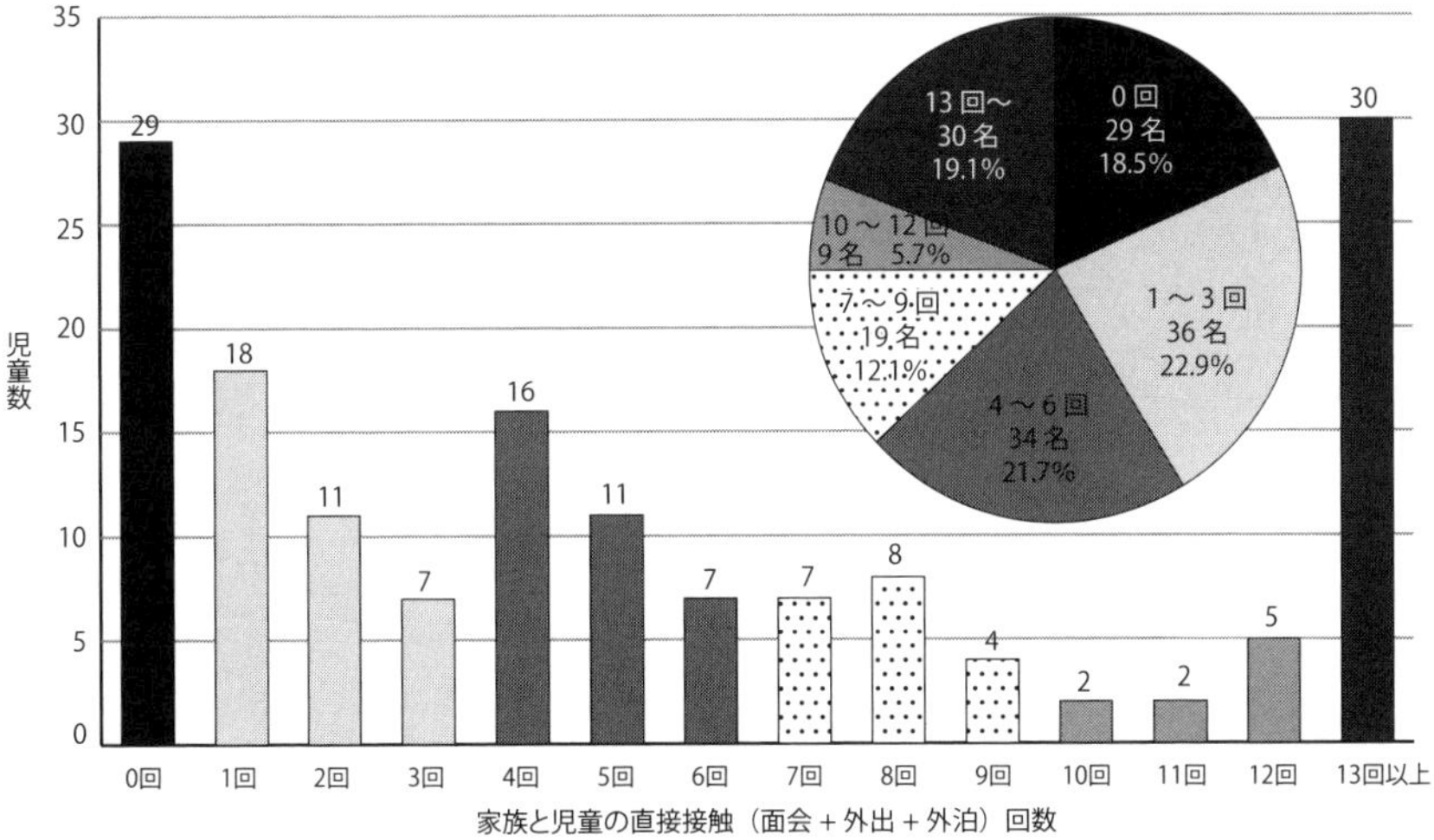

図3-6　1年間（2014年11月1日～2015年10月31日）の家族交流頻度
（児童養護施設に3年以上入所している児童）（N=157）

（18・5％）[31]を含む41％が年3回以下だった。よって、3年を超えて児童養護施設入所が続けば、自立まで長期にわたって家庭養育を経験しない（家庭復帰も里親等移行も少ない）傾向があるだけでなく、家族との関係も希薄なまま自立を迎える子どもたちを多く生んでいる。全国でも、児童養護施設入所児童のうち55％（1万6千人）が「自立まで現在のままで養育」の方針であり、18％（5396名）が家族との「交流なし」である（厚生労働省2015）。

この状況を変えるための支援の焦点は、大きく2つ考えられた。一つは、言うまでもなく、入所後3年以内の親子関係再構築支援や家庭支援によって家庭復帰の道を探ることだ。家族交流や家庭養育を妨げている家庭状況、養育力、親子それぞれの状態、内面、親子関係等をアセスメントして支援策や資源導入を講じ、再統合へ向けた最大限の支援を継続的に実施する。重要なもう一つの支援は、3年を超えて長期入所の可能性が高まった子どもや、最大限の支援の結果として3年経過前に家庭復帰見込みがないと判断できる子どもに対して、親族養育の可能性を探り、あるいは特別養子縁組や少なくとも里親等への移行を早期に保障することである。そのためには、入所初期（最長3年間）の支援による交流増加や家庭復帰が見込めない場合に、早期に支援計画を見直す場や仕組みの整備が必要だと考えられた。

（4）施設措置の固定化――里親移行の低調

「自分も年上から命令されてきた。普通の言い方がわからん」
「みんなから悪口を言われてる気がして視線も気になる。学校行くのはムリ」
「（親の家に）外泊中、家に一人でいるのが不安」

いずれも、特に虐待やネグレクトといった環境に晒されることなく乳児院に入所し、10年以上施設で暮らしてきた中学生が語った言葉である。ミカさんとは違い、3人とも小さい頃から親と会う機会をもち、定期的に外泊交流も重ねてきた。それでも、社会性（対等なコミュニケーション等）の困難さ、否定的・悲観的な認知（自動思考）、不安感等の脆弱性を抱えている。この3人の困難の背景として、小さい頃から上下関係のある子ども集団（学校だけでなく生活の場までもが集団）の中で育ち、モデルとなる大人との個別的なやりとりや承認される経験が不足してきたこと、肯定的な感情や捉え方、安心感の土台となるアタッチメント形成（安全基地の内在化等）が不十分であったことなどが考えられるが、個々人について環境因（施設養育）と遺伝的素因の関与度合いを厳密に判別することは難しい。だからといって、乳幼児期からの安定したアタッチメント形成が見込まれる里親等の家庭養育環境を保障しなくてよい理由にはならない。

前述のとおり、安定したアタッチメント形成には、特定の養育者との日々の相互作用によるモデルの内在化が重要であり、「親子関係づくり」のための時々の親子交流がある場合でも、里親等委託への早期移行が必要といえる。言語能力も、（環境の賑やかさからではなく）養育者が「子どもと応答的で双方向的なやりとりをすること」で発達する。[32] それにもかかわらず、当所が3年間に児童養護施設から里親等へ措置変更した児童は9名に留まり（図3-4）、児童養護施設に入所した子どもは、3年以内の家庭復帰と自立までの入所に二分されてきた。里親の不足が要因といえるが、里親委託に対する過去の当所の姿勢も影響してきたかもしれない。細々とでも家族交流がある子どもは、将来の家族再統合まで施設措置を続けていいのではないか、「里親の子になる」ことが親子関係を傷つけるのではないかという発想があったことを否定できない。

31 家族接触0回だった29名の入所理由（第一主訴）は、ネグレクト6名、養育者の精神障害4名、経済的困窮4名、養育者の行方不明3名、養育者の就労3名、身体的虐待2名、養育者の知的障害2名であり、当所が家族に面会制限をしている児童は0名だった。

32 Rutter (1993)〔平田ほか訳（2001）68頁〕。

しかし、里親養育の本質は「里親の子になる」ことではなく、家庭環境（family setting）にある。安定したアタッチメント形成は、実親子の関係構築の基盤にもなる。再統合を妨げるとすれば、それは家庭環境による養育が原因ではなく、里親養育の目標を児童相談所と里親がどう理解し、子どもや実親にどう説明し、親子の交流や絆をどう保障していくかという課題である。新規の措置に際して里親等委託の経験を重ねた現在、当所の児童福祉司は、保護者に対して、家庭養育で育まれる愛着、社会性、言語発達、自己効力感、家庭生活経験が、子ども、特に乳幼児の発達にとって重要であること、実親子の愛着形成や家庭復帰後の生活に良い影響を及ぼすことなどを説明している。今後は、既に施設に措置した子どもたちに対しても、このような働きかけによる里親等移行を実現する支援や仕組みをつくり、家族交流保障等によるアイデンティティの獲得と継続的な家庭養育の両方を保障していく必要があると考えられた。

（5）施設措置の固定化——特別養子縁組を阻む法制度

当所の措置変更によって3年間（２０１2年11月1日～２０１5年10月31日）に児童養護施設から養子縁組里親へ移行した児童は0名、乳児院から養子縁組里親へ移行した児童は9名であり、特別養子縁組は、その必要性に比べて低調に推移してきた。[33] その背景として、子どもにとっての必要性（子どもの養子縁組適格性）以外の要因が明らかとなった。

施設入退所調査の結果、２０１5年11月1日時点で将来的にも家庭復帰が見込めないと当所の担当児童福祉司が回答した児童は、乳児院に12名（全入所児36名の33％）、児童養護施設に１３６名（同２７４名の50％）いた。乳児院12名のうち、養子縁組里親委託が既に決定2名、父または母へ特別養子縁組未提案3名、父または母へ特別養子縁組提案したが不同意5名、その他2名だった。児童養護施設１３６名のうち特別養子縁組が適当であると担当児童福祉司が回答した児童は46名いたが、養子縁組里親委託予定は0名だった。46名の阻害要因の内訳は、児童の高年齢による養親候補不在または6歳以上のために特別養子縁組未提案が36名、父または母へ特別養子縁組提案したが不同意5名、その他5名だった。

つまり、乳児院と児童養護施設あわせて10名が父母不同意により、児童養護施設の36名が年齢要件等により、特別養子縁組を断念されていた。全国調査でも、特別養子縁組を選択肢として検討すべきであるが行えていない事案298件の障壁は、「実親の同意要件」（68・8％）「年齢要件」（15・4％）だった（厚生労働省2017b）。

全国的に、施設における里親委託対象児として認識されている子どもたちの多くは、家庭復帰の可能性がほぼない、本来養子縁組を検討すべき子どもたちである場合が多い（林2017）。また、未婚でひとり親の母が子を育てられない場合に、その親族が引き取る意思もないのに養子縁組を妨げ、施設入所されているという18年前の指摘（津崎訳2006）に当てはまる事例が、当所において相変わらず見られる。社会的養育の一つとして活用しやすい特別養子縁組要件や手続きの改革（6節）が望まれる。なお、普通養子縁組は、扶養や相続といった実親との法的関係が残ることや養親子の離縁の容易性から、親族等による特別な場合を除き、児童にとって永続的解決策とはいえない（岩崎ほか2017）ため、調査対象としなかった。

(6) 施設入所の背景——ネグレクト、経済的困窮、ひとり親

施設で暮らす子どもたちは、なぜ家族から離れることになったのか。入所予防や家庭復帰後の家庭維持に必要な支援策を考えるとき、入所理由が参考となる。当所の施設入退所調査によると、児童養護施設に入所

33　乳児院入所を介さない養子縁組里親委託（いわゆる新生児委託）を含めると、当所が支援した特別養子縁組成立件数は2013年度8件、2014年度8件、2015年度6件であり、以前より増加したが、必要としている児童数に対して低調である。

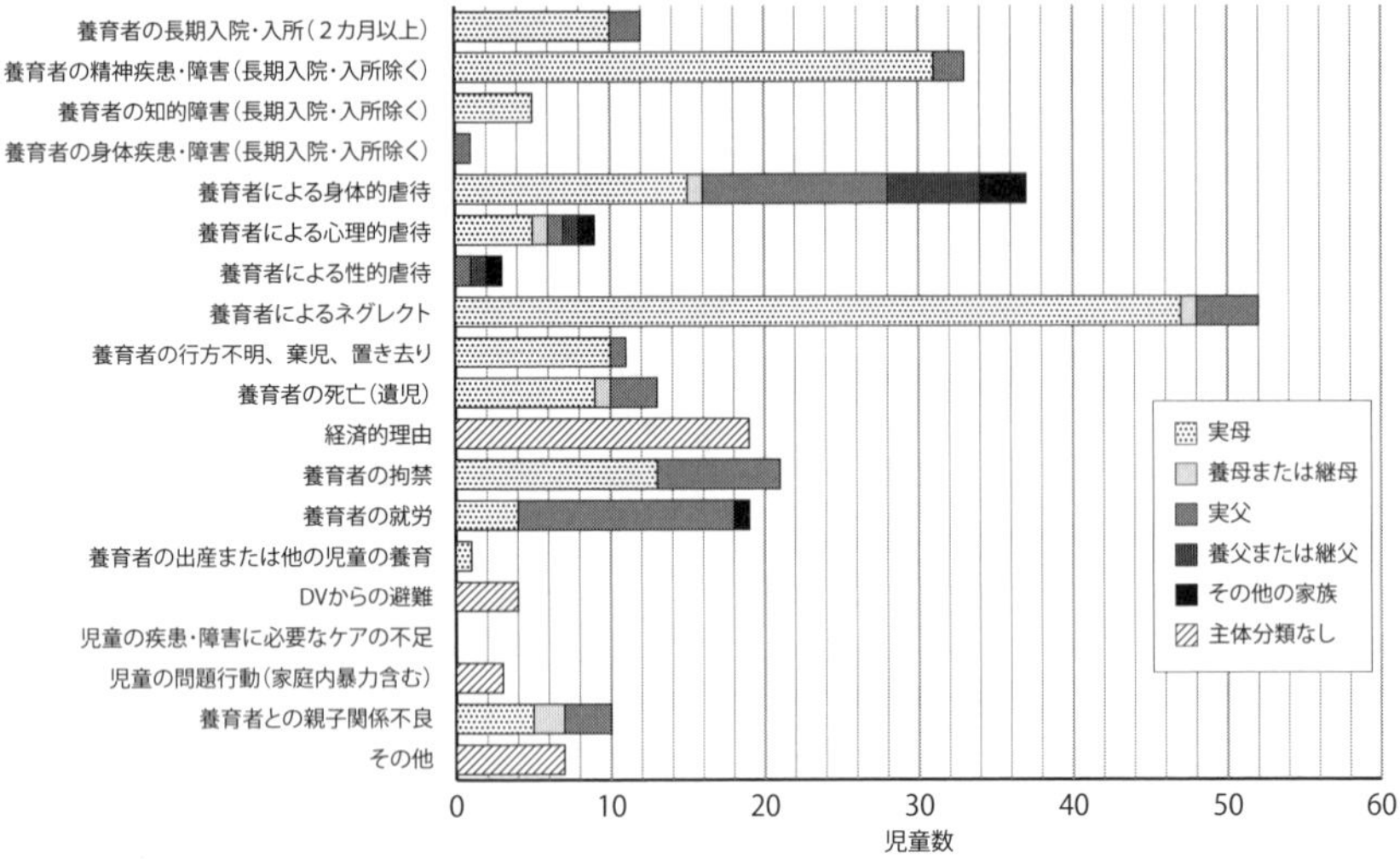

図3-7　児童養護施設に入所している児童の入所理由（第一主訴）（N=274）

している児童274名の入所理由（乳児院からの継続入所児は乳児院入所理由）となった第一主訴は、ネグレクトが最も多く、次いで身体的虐待、養育者の精神疾患・障害、養育者の拘禁、経済的理由、養育者の就労であった（図3－7）。ただ、ネグレクトや身体的虐待が結果であるのに対し、精神疾患や経済的理由は背景要因にもなり得るため、互いに択一選択に馴染まない重複性がある。そこで、入所時の①世帯所得、②家族構成、③養育者の精神疾患、④児童の年齢を別途調査した結果、①生活保護（36％）または非課税世帯（34％）であった児童は70％、②母子家庭であった児童は46％、③精神疾患診断のある親がいた児童は25％、④6歳未満であった児童は51％だった[34]。ネグレクトが第一主訴であった児童52名についてみると、①77％、②53％、③17％、④67％だった。経済的困窮やひとり親等の養育に不利な状況や、それらを背景とした乳幼児期のネグレクトが親子分離を招いていることがわかる。広島県の調査では、管内市町が受理した中度のネグレクト事例のうち、ひとり親世帯の割合は59・3％、祖父母・親族による「援助あり」13・

8%、祖父母・親族・行政による「援助なし」54・5%であった（清水2010）。東京都の調査でも、虐待相談受理総数の2割程度であった母子家庭が、入所措置をとった事例では6割近くを占めた（川松2009）。

全国の虐待死亡事例の34・1%がネグレクト事例であったこと（社会保障審議会2016）を考えると、効果的な地域サービスが不足している現状で親子分離措置がとられてきたこと自体は、子どもの安全を守る決定だったと思われる。しかし、経済的困窮、ひとり親、精神疾患、周囲からの援助の乏しさを考えると、親の努力に任せるだけで家庭復帰を実現することは難しい。親子交流継続のためのアプローチに加えて、親が子どもとの交流や支援者との連絡を主体的に続けられない場合も多い。養育力や具体的に必要な支援の丁寧なアセスメント[35]、行き届かない養育を補完して家庭維持を可能とする地域サービス（6節）が求められる。それらによって家庭の機能が向上することで、早期の家庭復帰や、その後の家庭維持が可能となり、結果として子どもの長期入所を防ぐことにつながっていくと考えられる。

5 家庭移行支援

ある日の所長室。「家庭復帰支援係？」「地域移行支援係？」「んー、違う」。施設入退所調査の結果が前節のとおり得られた2015年の年の瀬。次年度から発足させる係名の産みの苦しみを上司とともに味わって

34 3年間（2012年11月1日〜2015年10月31日）に施設入所した児童270名（既に退所している児童を含む）においても、入所時に3歳未満は105名（39%）、6歳未満は141名（52%）であり、新規に入所する児童の約半数を6歳未満の乳幼児が占めている。

35 米国のネグレクトアセスメントや三上作成のスケール（安部計彦／加藤曜子／三上邦彦［2016］『ネグレクトされた子どもへの支援』明石書店、103-125頁）が参考となる。

いた。係が担っていくべき使命に、いくつかの言葉を照らした結果、欧州の実践を参考に「家庭移行支援係」とした。

当所は「家庭移行」を、実親・親族・特別養子縁組・里親等の家庭養育への子どもの移行という意味と、大舎施設ケア中心のサービスから家庭を支える地域サービスへの資源移行（政策転換）という意味で用いている。本節では、児童相談所における前者（子どもの家庭移行）の実践について述べ、市区町村を中心とした在宅支援に関わりの深い後者（サービスの家庭移行）については、次節で触れたい。

(1) 見えてきた優先課題

施設入退所調査の結果（前節）から、施設入所児童に対して優先すべき支援の焦点が把握された。①乳児院入所児童に重点を置いた家庭（実親・親族・特別養子縁組・里親等）への移行支援による施設間措置変更の予防、②児童養護施設入所後（最長3年以内）の家庭復帰へ向けた親子関係再構築支援や家庭支援、③家庭復帰が見込めない（または入所後3年を超えて長期措置が見込まれる）児童養護施設入所児童の計画見直しと代替家庭（親族・特別養子縁組・里親等）への移行支援である。この3つの支援が機能すれば、長期入所は抑制され、子どもたちに永続的解決策や家庭養育を早期に保障することになる。

仮に、①がすべて実現し、かつ、幼児期[36]に施設入所した子どもに対して就学前まで[37]に②③の支援が完全に成功した場合、12年後には図3-2の黒色に相当する子どもたちはいなくなり（家庭養育となり）、児童養護施設は、学齢以降に入所した中高生を中心とする子どもたち（図3-2薄い灰色）の受け皿となる。家庭移行支援の当面の目標は、①〜③を核とした支援によって子どものニーズにあった養育を提供し、結果として施設養育短期化、家庭養育割合上昇を導くことといえた。

（２）家庭移行支援係の設置

２０１６年４月、前記①～③に焦点化した支援を強化するため、当所は家庭移行支援係（係長１名・施設担当児童福祉司３名[38]・嘱託員１名）を設置した。係の名称は「施設から地域を基盤としたケアへの移行に関する欧州共通ガイドライン」[39]（European Expert Group on the Transition from Institutional to Community-based Care 2012）に由来する。このガイドラインは、「施設で暮らしている個人（児童、障がい者、精神疾患のある者、高齢者）や、十分な支援なく地域で暮らしている人々のために、施設ケアから家庭と地域を基盤とした代替策への持続的な移行方法について実践的助言を提供」している。当所は、児童にとって家庭が担う機能を重視し、家庭移行支援係と名づけた。家庭移行支援は、ノーマライゼーションの理念を基礎に日本でも精神科長期入院者の地域移行や高齢者・障がい者の在宅ケア・コミュニティケアとして定着しつつある福祉実践を、要保護児童に広げ、「施設から家庭へ」の実現をめざす実践といってよい。「社会的養護を必要とする子どもたちに『あたりまえの生活』を保障していく」（厚生労働省２０１２b）取り組みともいえる。

（３）親子参画と司法関与による英国のパーマネンシー早期保障

家庭移行支援係発足２カ月前の２０１６年２月、私はロンドンにて、地方当局での児童保護ソーシャルワーカーの経験を持つ Naomi Deutsch 氏と話す機会を得た。[40]「連絡が取れない親との接触のため、どんな工

36　①がすべて実現すれば、児童養護施設には「乳児期」に施設入所した児童はいなくなる。
37　乳幼児は、発達を考慮し、最大３年とせず就学前の早期に家庭移行すべきである。
38　旧家庭支援・施設調整係から家庭移行支援係への変更にあたって児童福祉司１名が増員され、長期入所児童に限らず、より多くの施設入所児童を担当することとなった。
39　当事者団体とソーシャルワーカー等から成る European Expert Group が作成。

夫をしていたか」と私が尋ねたのに対し、彼女は「そんなことはあまり起こらない。連絡を取り続けるから」と応じた。「児童保護計画（在宅支援の計画）でも措置においても、すべてのプランの作成過程に親子が参加し、一緒に合意していくことに意味がある」とも言っていた。

英国の地方当局は、通告に続く調査の結果、児童保護登録が必要と考えられる児童の親に対し、会議（child protection conference）への出席要請と弁護士等の案内を通知する。[41] 初回の会議は通告後15日以内に開かれ、親、その弁護士、当局、児童保護委員会専門家、[42] 適切なら児童本人が出席し、児童の安全計画や在宅サービス計画が合意される。その後3カ月以内に開催される再評価会議では、必要なら親子分離のための裁判所命令（ケア命令等[43]）申立ても念頭に、親に対し、児童の安全への懸念、親の養育力評価と根拠、親に求めることや当局の方針が明示される。再評価の末、やむなくケア命令等を申し立てる段階となれば、当局は親に対し、養育を託せる親族・知人の提示を求める。[44]

代替養育措置にあたっても、ケア命令の家裁審問に、親、児童の訴訟後見人（Cafcass[45] から選出）、適切なら児童が参画する。措置後も、原則として親子面会を継続し、当局と親の接触が維持され、家庭復帰をめざすのか養子縁組へ移行するのかを考慮しながら支援が展開される。英国は、代替養育措置児童の7割以上が里親養育（foster care）されているが、[46] 里親養育それ自体はゴールではなく、原則として永続的解決（家庭復帰や養子縁組）までの養育の場と位置付けられている。国の児童法ガイダンス（Department for Education 2015a）は、地方当局に対し、措置後4カ月以内の再評価までにパーマネンスオプション（家庭復帰、近親者養育、養子縁組）を明示した永続性計画を立てること（permanence planning）を求めており、以後の再評価期限も定めている。[47] ケア命令下（代替養育措置の65％〔Department for Education 2016〕）では裁判所も同計画を考慮する必要がある。そのため、当局は、親子の交流状況、家庭への支援状況、その評価等を家裁に提出できるよう、面会センターや訴訟後見人の同席を活用した親子交流支援、家庭訪問やペアレンティングプログラムの斡旋等による家庭支援を継続している。

このように、評価期限を定めた国の具体的指針や司法関与が、在宅期（措置前）からの継続的な当事者参加、措置後の親子交流支援、家庭支援、計画見直しの頻度と実行性を高めている。このことが、措置期間（家庭復帰または養子縁組までの期間）の短期化にも寄与していると考えられ、家庭復帰も養子縁組も決まらないまま代替養育が延々と続くことを防いでいる。[48] 養子縁組制度の利用しやすさ（6節）やソーシャルワーカーの担当児童数（平均15人）（Department for Education 2015b）などの要因は無視できないが、法定の評価期限や

40 日本財団・ＬＵＭＯＳ共催の視察研修：日本財団（２０１７）英国視察報告書、及び註22。
41 Department for Education (2014) p52 Templates for Letter: Letter before proceedings
42 Safeguarding Children Board：２００４年児童法（Working Together to Safeguarding Children）により全英の地方議会に設置され、児童の安全確保や福祉増進に関わる多機関の戦略的方針決定や連携の評価等を担っている。
43 親子分離（里親委託等）の命令には、緊急保護命令（emergency protection order 原則8日）、短期ケア命令（interim care order 最大８週）、ケア命令（full care order）等がある。ケア命令は１９８９年児童法第１条（３）の Child Welfare Checklist ７項目（注22事業概要61頁に詳述）を考慮して決定され、命令により親責任（Parental Responsibility）を共有した地方当局は、子どもの社会的共同親（corporate parent）として、我が子に対するのと同じ配慮をもって支援や措置にあたらなければならない。
44 Department for Education (2014) p55 Templates for Letter: Letter of Issue
45 Children and Family Court Advisory and Support Service：家裁係属事案にて、子どもの声の聴取や最善の利益に適った決定の確実な実施を図る全国的な児童権利擁護機関。
46 ２０１６年3月31日時点で里親養育（foster care）されている児童は5万１８５０人（looked after children の74%）、２０１５年度の1年間に養子縁組された児童は４６９０人だった（Department for Education 2016）。
47 Section 31(3A)、Children Act 1989
48 ２０１１年度に家庭復帰した児童1万人の８割が措置期間1年以内であり、家庭復帰以外による措置解除では1年以内が26%（４４１０人）、3年以内が67%（1万１４７０人）だった。２０１１年度末に措置中の児童6万５０００人に対して同年度中の措置解除は2万７０００人（措

司法チェックという「お尻」が、子ども一人一人に早期の永続的解決（家庭復帰・養子縁組）を保障している。[49]

（4）ゲートキーパーとしての家庭移行支援係

日本では、親子参画や司法関与の枠組みは十分でない。当所の施設措置において（おそらく全国的に）、措置目標の設定や見直しは、入所時の児童相談所援助指針と年次の自立支援計画に委ねられてきた。[50] 担当福祉司と施設の個別協議は随時行われてきたが、定期化された当所と施設の会議（支援調整会議）は年1～2回であり、提出案件は入所児童の2割程度（協議時間10分程度）に限られていた。家族交流状況の把握や計画（家庭復帰か里親委託か施設継続か等）見直しに踏み込むか否かの判断は担当福祉司に任され、子どもの権利に関わる決定が不統一となるおそれや、児相や施設の担当交代が支援の停滞を招くおそれもあった。

そこで、ケースワーク（家庭移行支援等）の継続性を担保し、長期入所を予防するため、家庭移行支援係が、家族交流状況のモニタリングや、定期的な計画見直しのための個別協議開催などを主導することとした。

第一に、アラーム機能として、毎月、施設入所児童全員の家族交流の回数と変化を施設から提出してもらい、担当児童福祉司へ伝えることとした。必要に応じて詳しい面会の様子や家族の発言も把握する。交流頻度の減少は、家庭状況の変化（体調悪化、意欲低下等）のサインである可能性があり、家庭支援の強化や連絡確認の必要性、特別養子縁組や里親委託などの選択肢を検討する基礎資料となりうる。逆に、交流の増加は、家族の心境や意欲の変化、状況改善を示唆する。交流相手の変化は、サポート資源（親族等）の増加、家族関係の改善（母と祖母の関係が良くなり祖母の交流参加が始まる等）、家族構成の変化が背景にある場合がある。変化をとらえたタイミングの良い支援が、子どもの家庭復帰あるいは特別養子縁組・里親等移行の早期化につながると考えている。

第二に、すべての施設入所児童について年2回、約30分の担当者会議（出席者：担当ケアワーカー[51]、施設心理士[52]、施設FSW[53]、担当児童福祉司、担当児童心理司、当係の施設担当福祉司）を開催し、家庭移行視点での計画見直しの機会としている。児童相談所運営指針は、施設養育の全般的報告を年2回程度徴するよう定めており、当所ではこれまで、自立支援計画等の書面報告、「課題のある」児童についての随時報告や支援調整会議により、養育状況を確認してきた。全児童について具体的な支援を協議する定期的な場はなかった。高齢者居宅介護では、利用者全員について、介護認定・更新・変更に伴うサービス計画の策定や変更時に随時、サービス担当者会議がもたれ、関係者が顔を揃える。高齢者支援の経験を持つ当係の児童福祉司[54]が、措置児童の一部にしか個別協議が行き届いていないことに疑問を持ったことが、担当者会議実施の契機となった。会議では、直近半年間の家族交流状況、子どもの状況や認識、家庭状況等を共有し、今後半年間、子どもと

49 置開始もほぼ同数）を占めた（Department for Education 2013）。また、自立以外の理由による措置解除児童の多くが家庭復帰か養子縁組への移行であった（Department for Education 2016）。つまり、3年を超える長期里親（long-term foster care）が一定数利用される一方で、代替養育の流動性は高く、多くの子どもに対して家庭復帰や養子縁組による早期の永続的解決が保障されている。英国教育省が2011年に発行したAn Action Plan for Adoption（Department for Education 2011）は、養子縁組成立時の児童年齢が上がるほど予後が悪いという研究結果を支持し、親子分離（里親委託等）開始から養子縁組成立までの期間を短縮するよう地方当局に求めた。現在、地方当局は、家庭復帰と養子縁組の計画を同時並行で進めるコンカレント計画（concurrent planning）により、家庭復帰を断念した際にタイムラグなく養子縁組へ移行する支援を発展させている。

50 親子関係再構築支援ガイドライン（厚生労働省2014）は、児童相談所援助指針や自立支援計画に親の意見を反映することや親に説明することの意義を示しているが、親が参画する協議を位置付ける法的規定はない。

51 児童の養育を直接担当する職員（児童指導員、保育士、看護師、社会福祉士等）。乳児院の担当者会議は当所で開催しており、施設側は心理士とFSWのみの出席となっている。

52 心理療法担当職員。

53 家庭支援専門相談員（ファミリーソーシャルワーカー）。

54 即戦力確保のため、福岡市は2012年度から社会人経験者（社会福祉）を採用している。

家庭にどのような関わりや支援をしていくかを検討する。施設長期養育を暗黙の前提として話し合いが進むことがないよう、施設担当福祉司が司会となり、家庭復帰の見通し、親族養育の可能性、特別養子縁組・里親等委託の必要性などの措置目標の検討を欠かさないようにしている。

第三に、入所初期からの持続的な家族関係再構築支援のため、家族参加による三者協議（家族・施設・児相）を実施している。これまでは、入所後1カ月頃に施設と児相の二者協議を行ってきたが、家庭移行支援係設置後は、親の意に反して措置したばかりの28条審判事例や面会制限している事例を除き、原則として入所後1～3カ月頃に1回、三者が集まって協議（入所経緯や家庭状況の共有、家族の意思確認、目標・交流計画・支援内容の決定）を実施している。家庭復帰のためには入所早期（児童養護施設の場合、最長でも3年間）の支援が重要と考えられるため、入所初期からの家族参画による的を射た家庭支援や養育参加意識の維持向上を図っている。それでも交流増加や家庭復帰が見込めない場合には、担当者会議等による定期的な計画見直しによって、家庭復帰以外の選択肢（親族養育・特別養子縁組・里親等委託）を検討することになる。担当者会議で三者協議開催を合意した事案でも随時実施するほか、従来から実施していた家庭復帰前の三者協議に、施設担当福祉司が司会として同席するケースも増えている。精神疾患等に悩む親への過度なプレッシャーとならないよう、事案ごとに、参加人数や進行方法、質問の仕方、方針の提示方法を事前に打ち合わせているが、過剰に配慮しすぎて不明瞭な会議とならないよう、極力、施設や児童相談所が伝えたいこと、聞きたいことを明示し、家族と一体となったチームとして子どもの今後の養育を話し合えるようにしている。

地区担当福祉司だった4年間に私が担当として施設に措置した児童26名のうち、私自身の担当期間内に16名を家庭移行（家庭復帰11名、里親等委託5名）できたのに対し、前任から引き継いだ施設入所児童30名のうち家庭移行できたのは4名（同3名、同1名）に留まった。自戒を込めて言うと、施設入所時に担当であった児相や施設の職員が「家庭から入所している子」と認識していた子どもについて、引き継いだ職員は「施設の子」と捉えかねない。福祉司の人事異動が3～5年スパンであることと、家庭復帰を阻む「3年の壁」も無関係ではないかもしれない。担当交代を前提とした支援の仕組みが求められる。将来的には英国のような親子参画の枠組みや司法の定期チェックが法定されることが望ましいが、それらが乏しい現状において、家庭移行支援係は、施設措置の入り口から子どものライフサイクルを見通した出口（永続的解決や家庭養育の保障）へ向けた支援の継続性を担保するゲートキーパー的役割をめざしている。

（5）足で稼ぐ家庭移行支援ケースワーク

家庭移行支援係が発足した春、私は路上で地図とにらめっこしていた。家庭移行支援係の児童福祉司は、ゲートキーパーとしての進行管理業務に加え、担当施設の児童を中心に一人50名程度受け持ち、ケースワークを行っている。私は前年度の家族の来所率の低さを教訓に、西へ東へ、足で稼ぐことを重視した。家庭復帰へ向けて支援を進めたい家庭、子どもを引き取る可能性のある親族、里親委託の同意を得たい親を重点的に回った。実際に家で話すことでわかる家庭の状況や本音があり、記録からは読みとれなかった日常の営みや生活スタイル、家族の強みを確認できた。施設で暮らしている我が子のために、ベランダから鯉のぼりを泳がせている家もあった。里親委託同意を得るために訪ねた先は不在が多く、通知（里親委託方針であること、委託に反対なら連絡がほしいこと等）の投函が常だったが、親権者の「意に反しない」委託[55]へ向け、児相の方針を示すことに意味があった。夏には、子どもたちの面接（生活状況、今後の希望、家族や生い立ちについ

55　児福法上、親権者の積極的な里親委託同意は不要と解釈できるが、「意に反する」場合は委託への家裁承認を要する（第27条4項、第28条）ため、意向確認が必要である。

ての認識や知りたいことの確認、子どもの権利に関する説明と権利侵害の有無の把握、施設や児相に対する要望の聴取等）のため、２週間ほど、一日のほとんどを児童養護施設で過ごし、「ここに泊まったら？」と子どもから言われた。秋には、家庭復帰へ向けた再アセスメント（子どもの特性、親子関係等）や家族会議のための通所、家庭復帰後に関わる関係機関への連絡を進めた。冬には、先方の反応に対する一抹の不安を寒空に重ねながら、転入予定先の学校、区役所や市町、児相、病院等へ足を運び、過去と現在の子どもや家族の状況、課題、家庭復帰後に必要となる支援内容などを伝えて回った。

このような日常は、在宅の養護・非行・育成・障がい相談を抱えていた地区担当福祉司の時代には考えられなかった。急を要する一時保護、保護した子どもとの面接や家族関係調整、在宅の親子を支えるための定期通所や関係機関との連絡等に追われ、担当している施設入所児童のことは気になりながらも後回しとなり、支援を進められないもどかしさを感じていた。以下、専任の係設置によって「痒い所に手が届いた」と思われる支援内容を３つに絞って紹介する。

第一に、親族への調査とアプローチが充実した。入所に際して親族に対する協力依頼や養育可能性の調査を拒む親権者は多く、それは施設を利用後に再び自ら養育したい思いの表れでもある。しかし、子どもからみると、親に近しい親族のもとでの安定した生活が可能であれば、施設入所よりも家族との心理的結びつきや親子関係を維持できるメリットがある。国連ガイドラインも拡大家族や知人等による養育（kinship care）を家庭養育に位置付けているが、世界的にみて日本は親族里親の活用割合が極端に低い（津崎２００９）。改めて親族調査を徹底したことで、子どもと親族の交流開始や親族養育につながった事例があった。たとえば、祖母の退職を機に祖母と子どもの交流が徐々に増え、祖母及び親権者との話し合いを重ねた結果、祖母への親族里親委託に至った事案があった。

第二に、児童心理司と協力した計画的なアセスメントと親子交流支援を実施できた。年度末の家庭復帰をめざし、年度当初から子どもの心理面接を行うことで、子どもの特性や家族イメージ、親に対する気持ちや愛着、家庭復帰への意見や復帰にあたって望むこと等を丁寧に把握し、親への助言や家庭復帰後のサービス選択に活かすことができた。また、心理司の視点を踏まえて施設や親から情報を得ることで、子どもの行動（自立した行動、困らせる行動）、その背景（前後の状況、捉え方、思い）、外泊中の様子などを、より正確に把握できた。これにより、外泊交流時に取り組む課題（たとえば困らせる行動が出やすい場面設定）を親とともに考え、その際の関わり結果を踏まえて次の外泊時の関わり方を相談することや、施設で上手くいった関わり（たとえば選択的無視等）を親に伝えることができ、計画的な親子交流を支援できた。

第三に、施設と協力して家族や関係機関（区役所や市町、学校等）への段階的な引継ぎを行えた。年度末の家庭復帰へ向け、夏～秋口の段階から、現在の学校や施設での子どもの様子（成長がみられる点、職員が困る場面等）を細かく親に伝えて共有することで、電話や外泊での親子交流時に、日常に踏み込んだ会話を親子が重ね、親子関係を築いていった事例があった。都度、当係福祉司と施設職員が協議し、親子関係づくりに活きる話題選び（親が子どもを褒められる出来事を多く伝える等）、誰がどの場面で伝えるか（褒めポイントは担当ケアワーカーが子どもの目の前で伝える等）、伝え方（順番・強弱等）を決めていった。また、引き取り予定の家族が、子どもが通っている児童精神科での医師説明に同席した事例や、児相から早い段階で家庭復帰先の教委や学校へ連絡して必要な情報等を確認し、現在の学校での行動や対応方法を細かくまとめた資料（学校と施設が作成）を引き継いだ事例もあった。現在の子ども本人の暮らしや周囲の関わり方を家庭復帰後にもそのまま活かすような、連続性のある支援を行うことができた。

（6）代替養育チーム（家庭移行支援係・里親係）による家庭移行支援

「（施設にいる）○○ちゃんが行けそうな里親さんはいますか」「こういう（希望・状況・家族構成等の）里親さんがいます。マッチしますか」

家庭移行支援係と里親係の間でよく交わされる会話である。両係は事務所内で隣接しており、施設養育や里親養育の支援、里親登録・研修、施設から里親への移行などを担う11名（家庭移行支援係5名、里親係6名）のチームを形成している。里親移行支援においては、両係が一体となって、施設で里親等委託を待っている「里親待機児童」のリスト化による漏れのない把握、定期的な委託先検討、段階的な交流によるマッチング等を行っている。

英国の自治体の社会的養護チームは、主に、里親（fostering）チーム、養子縁組（adoption）チーム、施設チームで構成され、個々の子どものニーズに最適な養育の提供をめざしている。加えて、親の養育力向上やアセスメントのため、里親チームは、里親への親子措置[56]、施設チームは、親と乳幼児が一緒に入所してペアレンティング等の支援を受ける親子施設[57]を担当している。日本でも「新しい社会的養育ビジョン」（厚生労働省2017c）が示した親子入所（乳児院親子訓練等）や親子里親による養育支援が始まれば、当所の代替養育チームは、そのような社会的養護措置下での支援業務を加えた社会的養護チームとして発展していくだろう。

（7）家庭移行支援係設置後の変化

家庭移行支援係のゲートキーパー的機能やケースワークによって、どのような変化が生じているか。執筆時点（2017年8月）で係設置から1年5カ月であり、変化を述べるには心もとないが、目立った3つの変化を紹介したい。

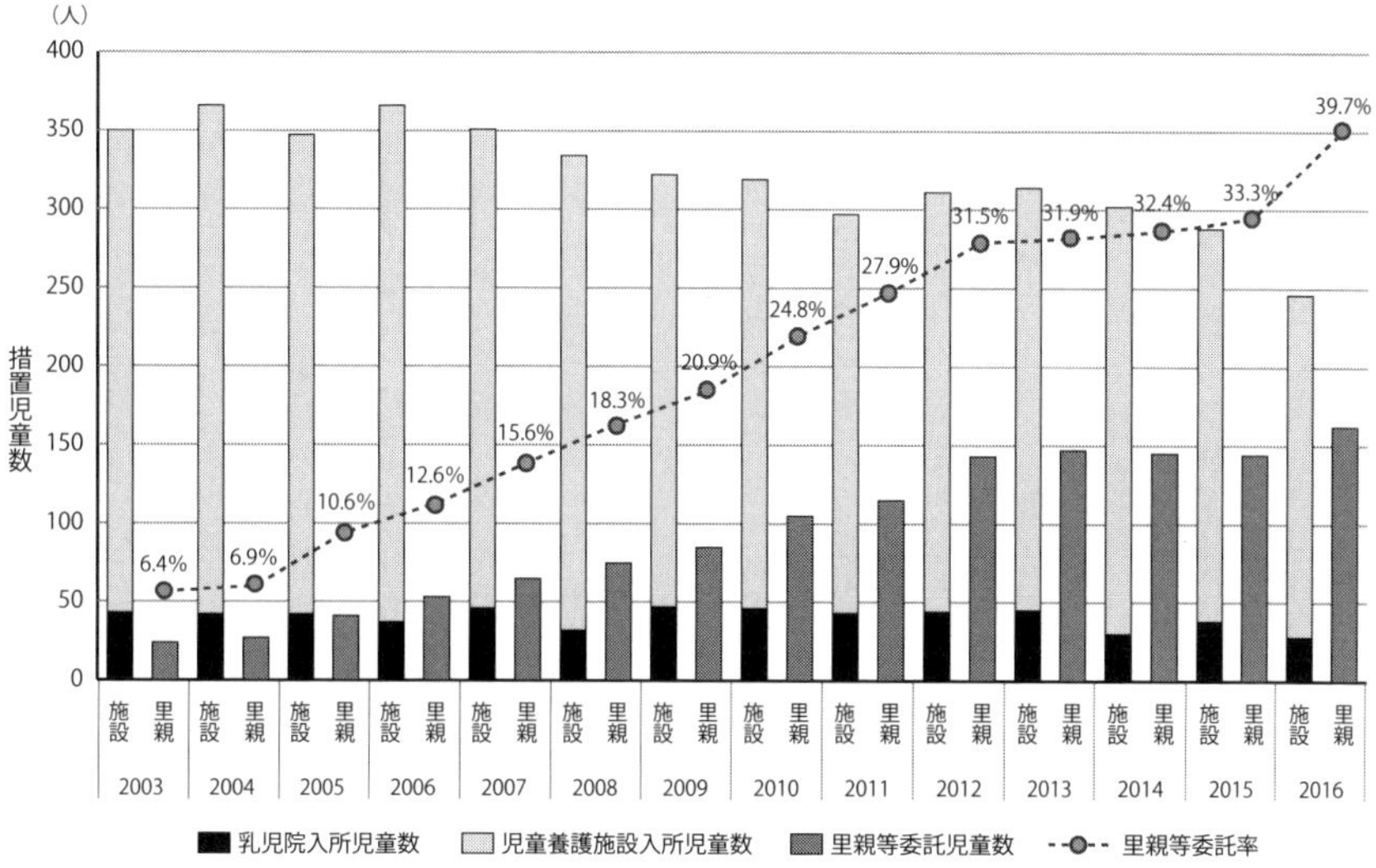

図3-8　施設措置児童数・里親等委託児童数・里親等委託率の推移
（毎年度末3月31日時点で措置されている児童数）

第一に、図3－8のとおり、ここ3年横ばいだった里親等委託率が上昇に転じた（2015年度末33・3％→2016年度末39・7％）。施設入所している児童数が減り、里親等委託されている児童数が増えた結果である。その要因は、①施設への新規入所数が例年比37％減（2013－2015年度平均90名→2016年度57名）だったのに対して退所数が例年並み（同97名→同101名）だったこと、②新規入所数（＝最も家庭復帰率の高い入所後1年以内の児童）が減ったにもかかわらず施設からの家庭復帰数が例年並み（同47名→同50名）だったこと、③乳児院から児童養護施設への措置変更が減り（同6名→同1名）、乳児院と児童養護施設からの里親等移行が増えた（同7・7名→同14名[58]）ことが挙げられる。

56　parent and child foster care placements（West Sussex County Council 2014）
57　residential family centre（Department for Education 2014b）
58　14名中、4名が親族里親委託、3名が養子縁組里親委託だった。また、14名中、9名は地区担当福祉司、5名は家庭移行支援係がケースワークを担当した児童だった。

親子分離ではない選択肢への支援努力が、①新規入所減少につながった可能性はあるが、養護相談受理総数を踏まえた経年比較は行えていない。確実にいえる一因は、新たな措置において施設ではなく里親等を選択した数が増えた（２０１３－２０１５年度平均30名→２０１６年度38名）ことだ。特に6歳未満の乳幼児では、２０１５年度の里親等措置割合が25％（新規措置した65名中16名が里親等委託）だったのに対し、２０１６年度は41％（同56名中23名）だった。②には、入所期間5年以上（従来は家庭復帰率の低い児童）の家庭復帰数が例年の２・７倍だったこと（２０１３－２０１５年度平均３名→２０１６年度８名）が影響している。８名全員が、家庭移行支援係が直接担当した児童だった。③施設間措置変更の減少と施設から里親等移行した児童の増加は、家庭移行支援係による乳児院入所児童の進行管理と里親移行ケースワーク、里親待機児童に対する里親係との積極的なマッチング、それらに伴う所内全体の意識向上などの影響が考えられる。

第二に、それぞれの施設の状況を把握しやすくなった。施設担当福祉司は、施設に出かけることが多く、日常的に施設職員と触れ合い、熱い思いや悩みに接することも少なくない。本体施設や地域小規模施設それぞれの子どもたちの状況も目に見えるようになり、施設にとって支援が必要な点や、施設ごとの強みなどを把握できるようになった。里親等委託先のみつからない児童や高年齢児童の措置先施設を地区担当福祉司が検討する際、当係も同席し、児童の特性や必要なケア等を踏まえた入所打診を行いやすくなった。施設との意思疎通が円滑となったことは、より丁寧な子どもや家庭への支援につながる。施設側の変化として、ＦＳＷを中心に、交流状況（頻度・様子・変化等）の積極的把握と当所への随時連絡、交流が途絶えがちな家族への働きかけの増加、家庭引き取りをめざす親との意識的な情報共有（児童の得意不得意、施設・学校での関わり等）などがみられる。

第三に、家庭復帰のために有効な社会資源や、足りない地域サービスが浮かび上がってきた。家庭移行支援を専任とする当係は、家庭復帰に有用な既存の地域資源や必要なサービス（ニーズと資源のギャップ）に気づきやすい。たとえば、子どもの個別訪問支援を実施するＮＰＯと連携した家庭復帰事例が増えている一方で、「〇〇なサービスがあれば親子が一緒に暮らせる」と感じる事例も散見される。既存の地域資源情報を収集・共有するとともに、地区担当福祉司、区役所、スクールソーシャルワーカー等の在宅支援者と協力したニーズ把握やサービス検討、それに基づく関係部署との情報交換を行っている。

6 家庭移行支援がめざす新しい社会的養育
――市区町村の在宅支援と連動した子どものコミュニティケア

２０１６年６月公布の改正児童福祉法は、児童の権利主体性を明確化し（第1条）、児童が家庭（実父母、親族等）で養育されるよう保護者を支援すること、家庭での養育が困難または適当でない場合は家庭における養育環境と同様の養育環境（養子縁組、里親、ファミリーホーム）で養育されるよう必要な措置を講ずること（第3条の2）を、国と地方公共団体に求めた（厚生労働省２０１６ｃ）。改正法を具体化した「新しい社会的養育ビジョン」（厚生労働省２０１７ｃ）は、乳幼児の家庭養育原則の徹底に加え、在宅での社会的養育（社会的サービス等によって家庭養育を支え、在宅児童の発達を保障すること）を担う支援メニューの充実を求めている。本節では、もう一つの意味の家庭移行（大舎施設ケア中心のサービスから家庭を支える地域サービスへの資源移行）が実現され、在宅支援と家庭移行支援が一体となって、より多くの子どもたちの発達を支える将来像について、考えを示したい。

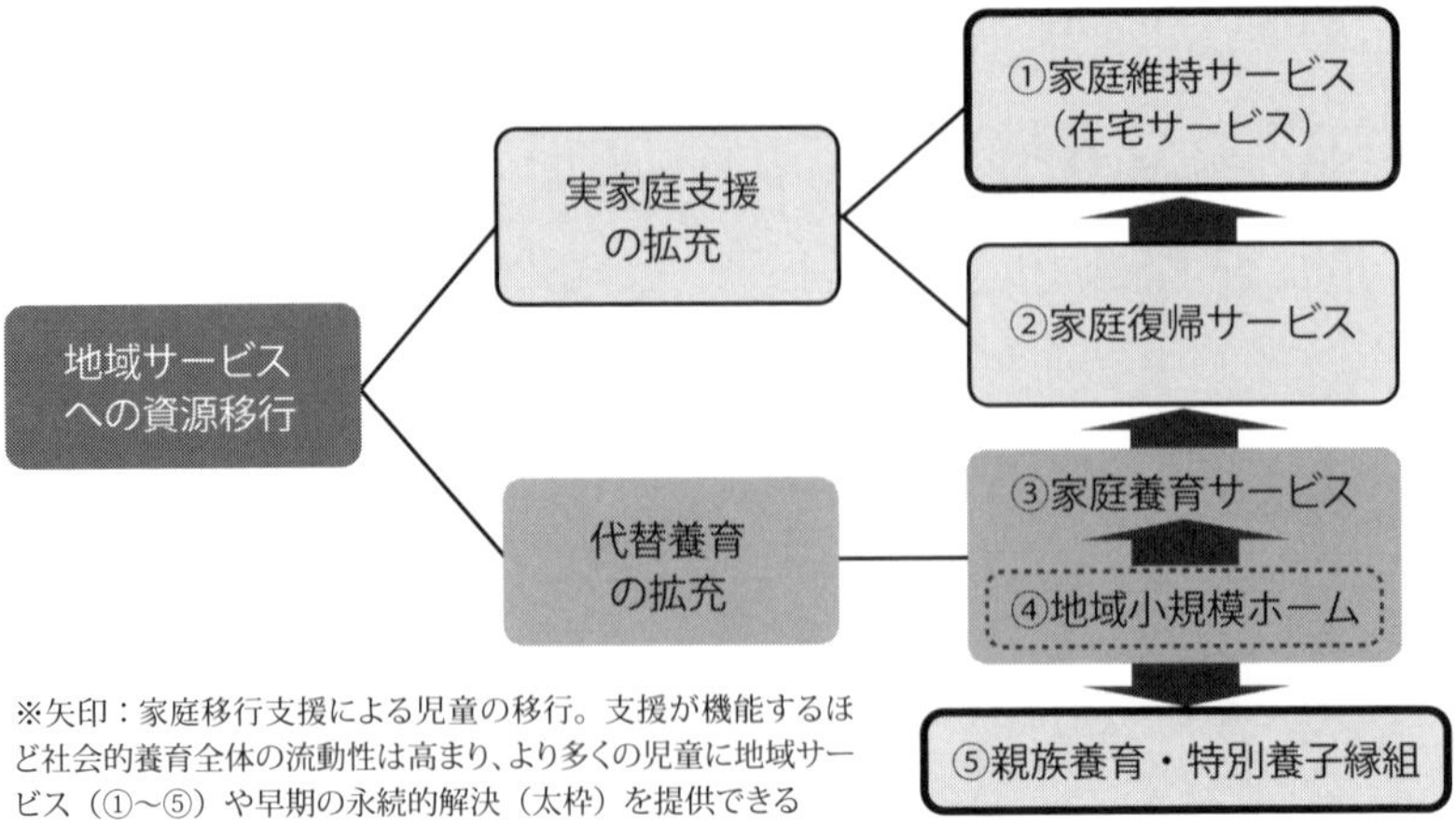

※矢印：家庭移行支援による児童の移行。支援が機能するほど社会的養育全体の流動性は高まり、より多くの児童に地域サービス（①〜⑤）や早期の永続的解決（太枠）を提供できる

図3-9　地域サービス（①〜⑤）と家庭移行支援（矢印）の連動イメージ

（1）措置抑制ではなく、社会的養育の拡大と流動性向上

家庭移行支援の目的は、代替養育を利用する子どもを減らすことではない。係設置初年度の施設入所児童数減少と里親等委託率上昇は評価できるが、不十分あるいは不適切な在宅養育下で発達を保障されていない子どもの潜在性を考えると、代替養育措置数全体の抑制を家庭移行支援の目標とすることはできない。日本の18歳未満人口に対する社会的養護委託人口の割合は[59]、イングランドの3分の1以下、ドイツの4分の1以下、カナダの6分の1以下など国際的に低く（津崎2009）、子どもたちに対し、代替養育を活用した支援を十分に届けられていない懸念がある。

そこで、子どものニーズに合わせて徐々に減っていく大舎施設ケアの貴重な資源（人材・経費）を、このまま失ってしまうのではなく、地域で家庭養育を支える、または提供するサービス［後述（3）①〜⑤：図3－9］へ移行し、実家庭支援（在宅での社会的養育）と代替養育の両方のキャパシティ拡大、質の向上に活かしていくことが考えられる。乳児院と児童養護施設の専門性は、親子入所等による養育支援や、里親養育機関化による里親養育の提供・支援、思春期以降の児童に対する地域小規模ホームでの自立支援などに向かっていくことが期待される。

そして、家庭移行支援（図3－9の矢印）は、在宅養育と代替養育の間の流動性を高め、必要な場面では代替養育（③④）を活用しながらも、その固定化を防ぎ、できる限り短期間で家庭復帰［(④⇓）③⇓②⇓①または④⇓②⇓①］、親族養育・特別養子縁組［(④⇓）③⇓⑤または④⇓⑤］による永続的解決へつなげることをめざしていく。

(2) 正当な努力（Reasonable Efforts）としての家庭復帰支援・家庭維持支援

在宅支援のない家庭復帰は不幸を再生産しがちだ。施設不適応から、やむなく家庭復帰とした少女が、結局は家庭にも居場所をみつけられず、家出の末、生活費の拠り所を売春や違法な風俗業、見知らぬ男性に見出していく例は後を絶たない。その結果、若年での無計画な妊娠、出産に至り、再び我々との接点を持った時には、身も心もボロボロという事例もある。親が感情的に家庭引き取りを主張し、支援を導入できずに再統合となる事案の中には、親の精神状態や家計の不安定さから、親だけでは子どもに必要な養育を提供できず、生活リズムが乱れ、不登校、ひきこもりとなっていく例がある。また、親子の合意で家庭復帰となっても、根本的な親子関係が未形成の場合、その調整役となるような有効な支援をみつけられないまま、親子関係不良で再措置となる事案もみられる。

米国の連邦法[60]は、州に対し、子どもの家庭外措置を防ぐことや子どもを家庭復帰させることを目的とした

59　児童人口1万人あたりの代替養育（乳児院・児童養護施設・里親・ファミリーホーム）措置児童数は全国18・8名（2016年10月1日）、福岡市16・8名（2017年4月1日）である。
60　Adoption Assistance and Child Welfare Act of 1980

援助・サービス提供の努力水準として「正当な努力」（Reasonable Efforts）を求めている。子どもの家庭外措置にあたっては、家族維持のための「正当な努力」が行われたことを示す州の援助活動記録や、再統合のための「正当な努力」を示す援助計画を裁判官がレビューする（畠山2015）。

家庭移行支援の一つである家庭復帰支援は、親族養育・特別養子縁組等の永続的解決へ方針転換する前段階の努力であり、また、家庭復帰後の家庭維持[61]支援は、再措置を防ぐための努力といえる。しかし、それらの努力が方針転換や再措置を許容するだけの「正当な努力」といえるためには、ケースワーク上の訪問や電話相談による助言や心理的支援に加えて、家庭復帰・家庭維持のための十分な地域サービスの開発と導入が欠かせない。英国のブリストル当局による在宅支援を追ったドキュメンタリーでは、3歳の男の子への食事や寝具の提供が不十分なネグレクト家庭が登場する（BBC2014）。地方当局は、ベッドを無償供与[62]したほか、物を投げる子どもへの関わり方を学ぶ親子セッション（30時間）や小児専門家の訪問サービスを提供し、合意期間（4カ月）内に状況が改善しなかったため、ケア命令（親子分離）を申し立てた。親子分離の後も親子交流支援や親へのアプローチなどの努力を続け、最終的に、養子縁組へ移行した。

2017年6月の児童福祉法一部改正により、28条（親権者等の意に反する代替養育措置の家裁承認）申立て事案において、裁判所の勧告下での保護者指導が創設された。これにより、勧告下での保護者指導の結果が、その後の代替養育措置に対する家裁承認時の考慮要素となりうるが、指導だけをして改善はすべて保護者の努力に任せるというのでは、支援・指導の正当性を維持できない。ネグレクト状態や虐待的な関わりを改善する物理的なサービスの提供があってこそ、指導に基づく「正当な努力」が尽くされたといえる。市区町村や児童相談所の「正当な努力」を可能にする地域サービス（支援メニュー）の充実が求められている。

（３）コミュニティケアの拡充（地域サービスへの資源移行）

「正当な努力」のため、どのような地域サービスが必要か。ムルヘア氏は、施設ケアから地域サービスへの資源移行によって拡充する「代替サービスのデザイン」として、予防、再統合、拡大家族への措置、代用家庭、特別な居住型ケア、治療的サービスの６つを挙げている（Mulheir & Browne 2007）。この分類と英国のサービスを参考に、有用と思われる代表的なサービスを①〜⑤（図３－９）に分類した。

① 家庭維持サービス

子どもの発達を保障する適切な実家庭の環境を維持するために、市区町村による在宅支援（必要に応じて児相の指導措置の市町村委託[63]）の下で導入することが想定されるサービスがこれに当たる。これまで、一時保護の適用外だが他の介入手段もない在宅事例の支援に市区町村は苦心してきた。子どもにとっても「分離か見守りか」という両極端な支援環境は好ましくない。今後は、市区町村が把握した要介入事例について、一定の事実に基づく市町村指導委託を児相に求め、あるいは裁判所勧告下指導の適用を受け、指導計画に則って以下のようなサービスを導入、定期評価していくことが、重要な支援手段（分離前段階の努力）になると思われる。法も、市町村指導委託を在宅支援強化の一環と位置付けている（厚生労働省２０１６d）。

61　畠山は family preservation を「家族維持」と訳しているが、ここでは、子どもの発達保障のための「家庭養育機能」という意義（髙橋２００７）を重視し、「家庭維持」を用いる。

62　英国の児童部局による親子分離予防のための金品給付は、１９６３年児童青少年法に基づく予防事業に遡る。当時の地方自治体児童部は、予防事業の一部として、寝台・寝具や衣服の支給、電気料金支払や家賃補助のための金品給付を行っていた（ホルマン２００１）。

63　児童福祉法改正（２０１６年６月公布）により、児童相談所による指導措置の委託先に市町村が加わった（児福法第26条１項２号）。児童相談所の責任の下、児童や保護者に対し、市町村による養育支援等を受けるよう指導する措置を行うことが可能となった（厚生労働省２０１６c）。

当所における最大の施設措置理由は、低所得やひとり親が重複したネグレクトだった（図3－7）。周囲の援助が少ないひとり親家庭の要保護児童の養育を補完するサービスが分離予防効果を持つと考えられる。全国調査（安部ほか2016）によると、ネグレクトは、発達の遅れ、病院未受診、子や家の不潔、子どもの放置、食事不提供、不登校など、子どもの年齢によって様々な様相が生じる。関係良好な祖父母等の親族が近隣にいれば得られる援助（食事の準備、保育所等の送迎、登校送り出し、一時預かり等）を、要保護性（ニーズ）に応じて公的に保障するホームヘルプサービス（養育支援訪問事業「育児家事援助」の民間委託等）やショートステイの拡充が望まれる。施設入所児童の中にも、それらのサービスが整えば家庭復帰可能な子どもたちがいる。

また、当所の家庭移行支援による家庭復帰後、NPOによる子ども向け訪問支援（学習支援・相談助言）が、子ども自身の生活力獲得や親子の緩衝材となっている事例が増えてきている。NPOは、柔軟に、きめ細やかに地域で活動しており、不登校となった子どもを居場所へつないだり、親と学校の調整役や親の身近な相談相手となっている例もある。生活困窮世帯やひとり親世帯向けの子どもの学習支援事業などの活用による子ども訪問支援の充実が家庭維持効果を生むと考えられる。

加えて、前述の親子入所による養育支援にも家庭維持効果が期待できる。英国では、平均12週間、親の養育力獲得やアセスメントのための親子施設措置が利用されている（Department for Education 2014b）。親の自立支援など母子生活支援施設のような機能も有するが、入所児童の半数以上が乳児であり、主な機能は、訓練を受けたソーシャルワーカーによる授乳・沐浴・安全確保等の基本スキル、愛着形成や発達を促す関わり方の実演・助言である。アセスメントの結果、入所した子どもの33％が親子生活継続可能、52％が親子分離すべきと判断されている（Department for Education 2014b）。福岡市の現状では、特定妊婦等が出産した乳児について、判断材料の乏しい段階（親の生育歴等のリスク情報しかない段階）で、在宅支援とするか親子分離するかの選択を迫られることがある。分離した場合、親子面会等の限られた場面での養育力の獲得支援や評価は困難を極め、措置（乳児院入所等）長期化の一因にもなる。一方で、リスクを多く抱えたままの在宅生活は児童の安全に反する。そこで、一定期間（社会的養育ビジョンの提示は最大6カ月）、親子入所訓練の場を確保することが、在宅と分離の中間策、あるいは家庭復帰前の中継的支援となる。最終的に親子分離になったとしても、家庭維持や家庭復帰のための「正当な努力」となる。乳児院での親子訓練導入、母子生活施設の機能拡大、婦人保護施設の活用（例：東京都慈愛寮[64]）、NPOの参入等が考えられ、里親への親子委託（West Sussex County Council 2014）もあり得る。

これらに次いで、通所型のペアレンティングプログラムや精神科医療（依存症プログラム等）の充実にも分離予防効果が期待できる。図3－7のとおり、ネグレクトに次ぐ入所理由（第一主訴）は、父母の身体的虐待、実母の精神疾患だった。施設入退所調査によると、入所時に精神疾患診断のあった親（65名）の主な疾患内訳は、アルコール・薬物等依存症16名、うつ病・双極性障害・気分障害15名、統合失調症9名、不安障害・パニック障害・強迫性障害8名、解離性障害4名、境界性人格障害等の人格障害4名であった。たとえば、市区町村は親参加による在宅支援計画の立案や進行管理等のソーシャルワークに徹し、体罰に依らないスキル獲得等のプログラムは児童家庭支援センター等に、親の依存症治療プログラムは医療機関や精神保健福祉センター等にオーダーするなどの分担が考えられる。

以上のようなホームヘルプサービス、子ども訪問支援、親子訓練、通所プログラム等については、本市に

64 細金和子（2017）「産前産後の母子支援―婦人保護施設慈愛寮の支援から」『子どもの虐待とネグレクト』第19巻1号、59－65頁。

限らず、既に人材やスキルを蓄積しているＮＰＯ等の民間団体や医療機関が存在する。近年、子どもの居場所づくりや食事提供を行う地域住民の主体的な動きもみられる。これらの多様な支援主体と、ニーズを発見しやすい公的ソーシャルワーカー（市区町村、児相、学校、社協等）が結びついた地域の基盤（連絡網・顔の見える関係等）を各地に築くことが、子どものニーズにあった地域サービスや大人の関わりを届ける仕掛けとなり、地域のコミュニティケア力（課題深刻化の予防的機能）を最大化すると思われる。健康な大人の関わり等のソーシャルキャピタルの増加は、モデルとなる大人との交流を通じた健全な愛着や人格の形成が期待できるだけでなく、保護者自身に相談相手がいることを通じた子どもの健康な発達にもつながると考えられている。[65]

② 家庭復帰サービス

家庭移行支援は家庭復帰サービスの一部といえるが、家庭移行ケースワークとして行う家庭支援、家族交流支援、家族参画協議だけでは充たせないニーズがある。家庭復帰目途は立っていないものの関係再構築が必要である親子の裾野は広く、複雑な生い立ちや課題を抱える親自身へのサポートも必要である。親子分離を機に、子育て観や養育方法、親自身の人生などを振り返り、子どもとの関わりを捉え（学び）直せるような技術的・心理的支援が必要となる。その意味で、親子関係再構築のための親支援プログラム（加藤２０１４）や、親子交流前後の親面接による助言等をきめ細やかに実施できる児童家庭支援センターや民間支援機関等への委託（厚生労働省の親子関係再構築支援事業）が考えられる。

里親委託中の子どもと実家族の交流支援も重要だ。家族交流があることを理由に里親委託を選択しないという状況は避けなければならない。里親等委託をすればするほど、当所の児童福祉司は、土日等を使った親子交流の日程調整、立ち合いで首が回らなくなる。交流がある親子は「施設に任せた方がいい」という安易な発想につながらないよう、親子交流の機会保障を児相の直接業務から分離する試みも必要だろう。英国では、離婚により別居している親子の面会交渉等に用いられる面会センター（Child contact centre）[66]を利用した面会、Cafcass 訴訟後見人（注45参照）の立ち合いによる面会、里親支援機関のソーシャルワーカー等の移送による外出交流など、柔軟な交流支援が行われている。

③ 家庭養育サービス

当所では、家庭移行支援によって養育里親への移行を要する子どもの捕捉率が上がっており、里親拡大が急がれる。児童人口に対する代替養育措置割合が先進諸国並みに上がれば、さらに多くの里親が必要となる。英国では、里親のリクルート、訓練、支援を担う民営・公営の里親養育機関（fostering agency）が発達しており、アウトカム評価に基づく機関同士の競争が、里親の量と養育の質を担保している。また、急な保護に対応する緊急里親[67]、短期里親、長期里親、治療的里親、少年司法里親など豊富な種類の里親供給にも民間機関が寄与している。当所が乳幼児里親リクルート事業を委託している既存の里親養育機関等を活用する方法や、全国乳児福祉協議会がモデル提示している養育里親事業（全国乳児福祉協議会２０１５）の発展型として乳児院が里親養育機関へ転換（資源移行）していく道もあり得る。里親の量の拡大により、多くの地域にショートステイ里親が根付けば、コミュニティケアを担う重要な社会資源（一時預かり先）となっていく

65　東京都足立区の調査によると、生活困窮世帯でも非生活困窮世帯でも、保護者に相談相手がいない家庭のほうが、心の発達（思いやりや気づかい等）が懸念される子どもや逆境を乗り越える力が低い子どもの割合が高かった（足立区２０１６）。
66　National Association of Child Contact Centres: https://www.nacc.org.uk/what-we-do
67　英国における一時保護は緊急里親（emergency foster care）が利用される。たとえばロンドン市内の当局では、３～４週間のうち１週間程度の当番制であり、通常の里親委託よりも支給される手当が高い。

だろう。

里親は、日本においても英国においても、家庭という閉鎖的な養育環境等による課題（関係の硬直化や孤立による疲弊等）がしばしば指摘され、また、被虐待経験の結果として、受容的な家庭環境に抵抗するかのように（あるいは安心感を得られた回復過程の中で）「手に負えない」行動を繰り返す子どももいる。[68] 私がオックスフォードシャー当局で出会ったベテランの里親リクルーターは、里親に必要とされる素質の一番目に「ユーモアセンス」を挙げた。里親自身が過度なプレッシャーを感じて孤立し、笑える余裕すら失ってしまわないよう、開かれた里親養育を可能とする日常的で十分な量の支援が不可欠である。多様性と愛着のある家庭養育のメリットを活かすため、日本でも、里親に寄り添ったソーシャルワーカーを擁する里親養育機関や児相内部の里親支援部門への資源移行が目下の課題といえる。子どものケアニーズ（＝養育の難度）や里親のスキルに応じた措置費の加算等[69]への資源配分も一考に値する。

④ 地域小規模ホーム

家庭養育サービスを補完する地域小規模ホームの拡充（大舎からの資源移行）も欠かせない。英国は、概ね12歳以上の児童のうち、攻撃的行動、精神的課題、学習困難等を抱える児童[70]や里親を望まない児童など、代替養育の9％を定員3～6名のホーム（children's home）で支援している（Department for Education 2014c）。私が英国で視察したEaling children's homeは、児童6名に対して直接ケア職員が12名おり、常時3名の勤務体制が、職員の忍耐力や回復を支え、不信感を抱きがちな児童との個別的関わりを可能としていた。当所も、里親家庭では養育困難な児童や里親を望まない児童を施設措置することがあるが、そのような子どもにとっては、刺激の少ない落ち着いた環境での個別支援が有効であり、地域生活への自然な移行のためにも、地域分散型のホームの充実が望ましい。新しい社会的養育ビジョンも、施設は、最大6名定員で常時複数の職員体制とすることを原則としており、地域社会の一員となる時期が近づく思春期以降の子どもたちを支えるコミュニティケアの資源として、必要な数や体制の整備（大舎からの資源移行）が待たれる。

⑤ 親族養育・特別養子縁組

当所が力点を置きつつある親族里親や親族による養育里親は、他の先進国に比べて日本での活用が進んでいない（津崎２００９）。全国的に活用を進める必要がある。

また、当所調査でも全国調査でも、特別養子縁組が適当な子どもは存在するが、親の不同意や6歳未満要件等の手続上の障壁によって、法的に永続性が保障された家庭を提供できていない。日本の特別養子縁組成立件数は漸増傾向だが、年間５４２件（２０１５年度司法統計）であり、長期里親委託が養子縁組の代替的役割を担っている（林２０１７）。英国では２０１５年度に４６９０人の児童が養子縁組され、新たに２９４０人が養子縁組へ向けて措置された（Department for Education 2016）。出生千人あたりの日本の他児養子縁組数は米国の30分の1に過ぎない（森口２０１６）。

英国では、永続的解決のための養子縁組手続の第一段階として、子どもへの重大危害や親の不存在等の証

68　25年間で１００人近い子どもを預かってきた里親キャシー・グラスに委託された8歳の少女ジョディは、保護されてから4カ月で4回も委託先を変更され、5カ所目となるキャシーの家でも、キャシーが養育継続を諦めかけるほど激しい言動をみせた（グラス２０１３）。

69　たとえば英国トラフォード当局は、年次評価や訓練受講に基づく認定によって里親のスキルをband1～5に区分し、里親手当額に差をつけている（Traford Council 2016）。

70　Children's homes 入所児童のうち、特別教育ニーズを持つ児童は38％、治療を要する精神上の困難を持つ児童は62％、過去6カ月内に攻撃的行動のあった児童は74％だった（Department for Education 2014c）。

明により、親責任者の同意なく養親候補者への措置（placement for adoption）を許可するプレイスメント命令（placement order）の申立て権が、地方当局にある。第二段階として、同命令に基づく措置下での安定した養育の結果、養親候補者が養子縁組命令（adoption order）を申し立てる。親が同意している場合には、地方当局はプレイスメント命令を得ることで同意撤回を制限でき、養親候補者への安定した措置を実現できる（久保２０１７）。このような二段階手続きの導入が、社会的養育としての特別養子縁組の利用を促進すると思われる。

（４）ライフストーリーの保障と家庭移行準備

「ぼくが妹とケンカしたから施設に来た」

家庭復帰に向けた支援にあたり、まずは子ども自身が施設入所の理由をどう理解しているかを尋ねた時の返答だ。この男の子は、ひとり親である母が、アルコール依存症によって養育困難となり、入院治療も必要となったために施設入所した。入所前、母親が布団で休んでいる間、確かにきょうだい喧嘩は絶えなかったが、それが家を離れる直接の理由ではなかった。

家庭移行支援は、子どものライフストーリーと密接に関わる。生活場所が施設から家庭や里親へ移動することは、子どもの人生にとって、決して殴り書きでは済まされない１ページとなる。なぜ家から施設に来たのかを子ども本人なりに理解することは、どうして今回、家に帰れそうなのか、なぜ親や児童相談所が、家族が一緒に暮らせるようになったと考えているのかを、一連のストーリーとして理解することにつながる。自分のせいで施設に入所したと感じている場合には、子ども自身の理解力、発達や認知の特性に応じて、丁寧な説明や修正が必要になる。一文字一文字を確認しながら物語を紡ぐ作業は、アイデンティティ獲得の支援となり、家庭復帰後の家族関係や定着度合いにも作用し得る。

里親との交流を始める際にも、現状として実家族と暮らせないことや、施設から里親家庭へ移動する意味などに対する子どもの理解が重要となる。それらをわかりやすく伝え、表面的でない子どもの気持ちや理解度、ニーズを把握することが、支援者本位の里親移行となることを防ぐ。里親移行の時期が決まってからも、里親への移動を子どもが肯定的なライフストーリーとして位置付けられるような移行準備と移行後の定着支援が必要となる。「『育ちアルバム』作成の手引き[71]」等をもとに、子どもが主体となって、歩んできた道すじ（実家庭~施設生活）を再確認し、次の道すじ（里親家庭）へつなげていく支援が求められる。LUMOSの里親移行実践では、心理職の関与のもと、Moving to My New Home[72]というツールを用いて、人生の振り返り、移行決定プロセスの説明、子どもの気持ちや要望の聞き取り、新たな養育者や同居人を知る作業、自己紹介などの段階的な移行準備が行われる。当係でも、これを参考とした取り組み事例があり、他の事例に広げていくことが今後の課題である。代替養育チームの強みを活かし、施設と里親の情報共有（生い立ちの事実・理解等）をバックアップすることも、移行後の子どもの自然な定着を支えることになるだろう。

これらの支援は、家庭移行時に急に始めるのではなく、一時保護による親子分離や措置の初期段階から、すべての子どもたちに広く保障されることが望ましい。退所前にご飯をかきこむようなライフストーリーワークが消化不良を招いた事例もある。長期入所の末に様々な想像が膨らんでから整理するのではなく、いつでも聞き、何度も咀嚼できる安心感が、肯定的な自己認識の獲得につながる。措置される理由や措置が続く理由を最も知っておくべきなのは、措置される子ども自身に違いない。

71 社会的養護における「育ち」「育て」を考える研究会（国立武蔵野学院HP参照）。
72 LUMOSのHP参照：https://wearelumos.org/content/moving-my-new-home-ii

２０１７年４月、家庭移行支援係には心理職（児童心理司経験者）が配置され、係長のもとに児童福祉司４名体制となった[73]。今後、初期段階からの幅広いライフストーリー保障や、「いつでも聞ける」日常的な環境づくり、それらのための施設ケアワーカーや施設心理士、担当児童心理司との連携が期待される。自分の生い立ちが未整理の段階で将来に対する意見を持つことは難しい。人生を咀嚼することは、今後の人生に関わる家庭移行に対する理解や意見表明につながる。子どもの意見を尊重した家庭移行支援の実現にとって、重要な課題である。

おわりに——ソーシャルワークにも根拠と評価を

私は、児童相談所に配属されて6年、子どもと親それぞれの特性や生育歴等の個別性に応じた支援を行う乳児院職員、献身的かつ意図的な関わりによって子どもの変化を促す児童養護施設職員に多く出会ってきた。感覚的には、この職員に、幼いこの子を育ててもらいたいと思う場面もある。しかし、調査の結果は、将来的な家庭復帰を目的とした乳幼児の施設措置や、その結果としての長期入所が、家庭で育つ機会を子どもから奪ってきたことを示した。家族との交流も希薄な多くの子どもたちが、家庭経験のないまま自立を余儀なくされてきた。この点で、児童相談所の措置は子どもの権利を保障できてこなかった。

家庭移行支援は、根拠に基づくソーシャルワーク実践（Evidence-Based Social Work Practice）の要素を含んでいる。支援の現場では、経験に基づく判断が重要となる場面が多いが、子どもの権利に強く影響する措置決定やその見直し、それらについて児童相談所としてめざす方向性（支援方策・体制等）の決定においては、当事者である子どもたちや、未来の子どもたちに説明できる根拠が求められる。今回の施設入退所調査に基づく家庭移行支援が、その第一歩目となりえたかどうかは、本稿を読まれた方々の感想と、5年後、10年後の子どもたちの声を待ちたい。

家庭移行支援がエビデンス・ベースド・ソーシャルワークといえるためには、支援の結果を可視化していく必要がある。心理療法やトラウマ治療、ペアレンティングプログラム等の分野で進む臨床的根拠に基づく実践は、結果分析を繰り返して発展してきている。家庭移行支援においては、本稿で示した調査結果の経年比較等に基づく効果測定や、同様の項目の全国的なデータベース化による調査研究が考えられる。その際は、単に施設入所児童数の減少を指標とするのではなく、必要な児童への確実な特別養子縁組、家庭養育や地域小規模施設への措置割合の増加、家庭復帰・親族養育・特別養子縁組までの代替養育措置期間の短期化（流動性向上）、家庭復帰率[74]等を好指標とするべきだと考える。

また、個別のアウトカム評価も欠かせない。家庭復帰の3分の1が問題未解決型であるとの調査結果（伊藤２０１６）もあり、家庭移行支援によって家庭復帰や里親移行した子どもたちについての検証が課題として残る。自立によって当所が措置解除した子どもたちの状況も未検証である。これらのアウトカム評価を各自治体で実施していく努力は必要と思われるが、英国のOfstedのように、児童相談所等の実践やその結果を評価する第三者評価機関の設置も一助となるだろう。

73　よって児童50名×4＝約２００名（乳児院・児童養護施設入所児童全体の8割）を家庭移行支援係が担当。
74　退所児童のうち、安全で良好なアウトカムを伴った家庭復帰数の割合。

〈参考文献〉

足立区衛生部こころとからだの健康づくり課・国立研究開発法人国立成育医療研究センター研究所社会医学研究部（２０１６）『子どもの健康・生活実態調査 平成27年度報告書』
安部計彦／加藤曜子／三上邦彦編著（２０１６）『ネグレクトされた子どもへの支援―理解と対応のハンドブック』明石書店
網野武博（２００７）「児童福祉法60年の歩み」高橋重宏監修『日本の子ども家庭福祉―児童福祉法制定60年の歩み』明石書店、23－25頁
伊藤嘉余子（２０１６）「児童養護施設におけるアフターケアの課題：退所理由に焦点をあてて」『社会問題研究』第65巻、17－30頁
岩﨑美枝子／藤林武史（２０１７）「特別養子縁組の機会保障をめぐって」『子どもの虐待とネグレクト』第19巻1号、45－53頁
加藤則子ほか（２０１４）「児童相談所における保護者支援のためのプログラム活用ハンドブック」平成24～25年度厚生労働科学研究費補助金（政策科学総合研究事業）
上鹿渡和宏（２０１６）『欧州における乳幼児社会的養護の展開―研究・実践・施策協働の視座から日本の社会的養護への示唆』福村出版、28－53頁
川松亮（２００９）「児童相談所から見る子ども虐待と貧困」子どもの貧困白書編集委員会編『子どもの貧困白書』明石書店、233－236頁
グッドマン、ロジャー著（津崎哲雄訳）（２００６）『日本の児童養護―児童養護学への招待』明石書店、281頁、Roger Goodman (2000) *Children of the Japanese State: The Changing Role of Child Protection Institutions in Contemporary Japan*, Oxford University Press
久保健二（２０１７）「養子縁組手続きの流れ（英国）」第11回特別養子縁組制度の利用促進の在り方に関する検討会提出資料
グラス、キャシー著（塩川亜咲子訳）（２０１３）『ジョディ、傷つけられた子―里親キャシー・グラスの手記』中央公論新社
厚生労働省（２０１１）「里親委託ガイドラインについて」（平成23年3月30日厚生労働省雇用均等・児童家庭局長通知）
――――（２０１２ａ）「児童養護施設等の小規模化及び家庭的養護の推進について」（平成24年11月30日厚生労働省雇用均等・児童家庭局長通知）
――――（２０１２ｂ）「里親及びファミリーホーム養育指針」（平成24年3月29日厚生労働省雇用均等・児童家庭局長通知）
――――（２０１５）「児童養護施設入所児童等調査結果」（平成25年2月1日）
――――（２０１６ａ）「社会的養護の現状について」（参考資料）平成28年1月
――――（２０１６ｂ）「社会的養護の現状について」（参考資料）平成28年11月

―――（2016c）「里親支援専門相談員等の調査結果」
―――（2016d）「児童福祉法等の一部を改正する法律の公布について」（平成28年6月3日厚生労働省雇用均等・児童家庭局長通知）
―――（2017a）「社会的養護の現状について」（参考資料）平成29年3月
―――（2017b）「特別養子縁組に関する調査結果について」（平成29年1月13日現在）
厚生労働省・親子関係再構築支援ワーキンググループ（2014）「社会的養護関係施設における親子関係再構築支援ガイドライン」（平成26年3月）
厚生労働省・新たな社会的養育の在り方に関する検討会（2017c）「新しい社会的養育ビジョン」平成29年8月2日
子どもの村福岡編（2011）『国連子どもの代替養育に関するガイドライン―SOS子どもの村と福岡の取り組み』福村出版
清水克之（2010）「児童相談所から見る子ども虐待と貧困」松本伊智朗編著『子ども虐待と貧困』明石書店、57－59頁
社会保障審議会（児童部会児童虐待等要保護事例の検証に関する専門委員会）（2016）「子ども虐待による死亡事例等の検証結果等について（第12次報告）の概要」平成28年9月
全国乳児福祉協議会（2015）『よりよい家庭養護の実現をめざして』
ソブン、ジューン著（平田美智子／鈴木真理子訳）（1998）『児童福祉のパーマネンシー―ケースマネジメントの理念と実践』筒井書房、Thoburn, J. (1994) *Child placement: Principles and practice*, Arene Press
髙橋重宏／山縣文治／才村純編（2007）『子ども家庭福祉とソーシャルワーク第3版』有斐閣、13－18頁
津崎哲雄（2009）『この国の子どもたち―要保護児童社会的養護の日本的構築』日本加除出版、181－182頁
日本財団（2015）「チャールズ・H・ジーナ特別講演『乳幼児の養育にはなぜアタッチメントが重要なのか―アタッチメント（愛着）障害とその支援』報告書」
―――（2017）「社会的養護のアウトカムに関する系統的レビュー報告書」
ハウ、デビッド著（平田美智子／向田久美子訳）（2001）『ソーシャルワーカーのためのアタッチメント理論―対人関係理解の「カギ」』筒井書房、Howe, D. (1995) *Attachment Theory for Social Work Practice*, Palgrave
長谷川眞人監修、日本福祉大学長谷川ゼミナール／NPO法人「こどもサポートネットあいち」編（2008）『しあわせな明日を信じて』福村出版、61－81頁
畠山由佳子（2015）『子ども虐待在宅ケースの家族支援―「家族維持」を目的とした援助の実態分析』明石書店、90－93頁
林浩康（2007）「子どもの権利と児童養護」山縣文治／林浩康編著『社会的養護の現状と近未来』明石書店、113－117頁

―――（２０１７）「要保護児童を対象とした養子縁組の現状とその課題」『子どもの虐待とネグレクト』第19巻1号、８－15頁
藤林武史（２０１１）「福岡市における家庭的養護拡大の取り組み」子どもの村福岡編『国連子どもの代替養育に関するガイドライン―ＳＯＳ子どもの村と福岡の取り組み』福村出版、１８１－１９５頁
ホルマン、ボブ著（津崎哲雄／山川宏和訳）（２００１）『社会的共同親と養護児童―イギリス・マンチェスターの児童福祉実践』明石書店、２１６－２２２頁
森口千晶（２０１６）「養子制度の発展の日米比較―社会的養護としての養子縁組を考える」第９回特別養子縁組制度の利用促進の在り方に関する検討会提出資料
山縣文治（２０１１）「社会的養護の現状と国連ガイドラインの影響および課題」子どもの村福岡編『国連子どもの代替養育に関するガイドライン―ＳＯＳ子どもの村と福岡の取り組み』福村出版、１３１－１５４頁
ＢＢＣ制作（日本語字幕版松本伊智朗監訳）（２０１４）『ＢＢＣ 子どもたちを守るために―Protection Our Children』（全３巻）、丸善出版
Department for Education (2011) An Action Plan for Adoption
――― (2013) Data Pack -Improving permanence for looked after children
――― (2014a) Court Order and Pre-Proceedings for local authorities
――― (2014b) Residential parenting assessments: uses, costs and contributions to effective and timely decision-making in public law cases
――― (2014c) Children's homes data pack
――― (2015a) The Children Act 1989 Guidance and regulations—Volume 2: care planning, placement and case review
――― (2015b) Experimental official statistics: Children's social work workforce during year ending 30 September 2015 for England
――― (2016) Children looked after in England (including adoption) year ending 31 March 2016
European Expert Group on the Transition from Institutional to Community-based Care (2012) *Common European Guidelines on the Transition from Institutional to Community-based Care*
Mulheir, G. & Browne, K. (2007) *De-Institutionalizing and Transforming Children's Services: Guide to Good Practice*, University of Birmingham Press (WHO Collaborating Centre for Child Care and Protection)
Trraford Council (2016) Information for Foster Carers: Payment for Skills Scheme for Foster Carers
West Sussex County Council (2014) Parent and Child Foster Care Placements Policy

第4章

里親養育・養子縁組の発展というストーリー

瀬里徳子
〔福岡市児童相談所里親係長
臨床心理士〕

1 里親制度推進のはじまり

(1) 子どもの行き場がない!

2003年5月5日、福岡市の児童相談所である「福岡市こども総合相談センター」は開所した。従来からある子どもに関する相談窓口を集約し、あらゆる子ども相談に対応できるセンターとして組織を再編した。中核の機能である児童相談所部門も体制が強化され、里親専任の主査が置かれ、一時保護所の定員も児童相談所単体で設置されていた当時の20名から30名に増やされた。

ところが、2003年、04年当時、世の中が不況となった影響や虐待などにより、養護相談が増加し、定員を増やしたはずの一時保護所が満杯、家庭で暮らせない子どもたちの生活の場の確保が困難な状態となった。当時、市内の児童養護施設は定員が100名前後の大舎制が3施設であったが、どこも満杯で、仕方なく市外や県外の施設に福岡市の子どもたちを措置せざるを得なかった。遠くは鹿児島の施設に措置された子どもも複数いた。子どもの生活・教育の場を保障するためには仕方がなかったが、遠方になると保護者との交流は途切れがちになり、児童相談所の関わりも少なくなりがちであった。

遠方の施設に措置された子どもたちは、実親と別れ、住み慣れた家や学校、友達と離れ、ことばも異なる遠い地に行かざるを得なかったのである。当時の私たち職員は、それが子どもにとってどんなに辛い体験であるか、思い量る余裕がなかった。一時保護所に長く留めるよりも(次々に家庭で暮らせない子どもたちがやってくるので一時保護所に留めることもできなかったのであるが……)学校に通える、生活の場を提供することを大優先で措置を進めていったのである。

しかし、「子どもの最善の利益」という視点で考えた時に、このままではいけない、何とか福岡市の子どもは福岡市で暮らせる体制を作らなければならない、と誰しもが考えた。が、市内に施設を新設するのは非常に困難であると思われた。

そのような状況のもと、カナダの社会的養護の現状を視察する海外研修があり、こども総合相談センターの職員も参加することができた。カナダの里親制度の状況を目の当たりにした当時の名誉館長の坂本雅子氏（後に、ＳＯＳ子どもの村ＪＡＰＡＮを創設する一人となった）は、帰国後、日本ももっと里親制度を推進することに真剣に取り組むべきであることを、たびたび職員に訴えた。

そこで、社会的養護を必要とする子どもたちの養育の場として、施設の新設等ではなく、里親を増やす、という方針を決定するに至ったのである。

（2）市民との共働

こども総合相談センターの方針としては、「里親制度の推進」を目指すことになったが、では、具体的に何をどう進めるのか。２００3年のセンター開設時に里親担当主査を設置し、それまでは兼任だった里親業務に専任の職員を配置していたが、当時の登録里親は43世帯、家庭で暮らすことができなくなった子どもたちを新たに委託できる里親さんは、ほぼ0に等しい状況であった。

２００4年12月、第10回日本子ども虐待防止学会が福岡で開催されることになり、同時に市民フォーラムも開催された。市民フォーラムの参加は１００人を超え、その関心の高さが窺われた。そこで、里親制度の推進にも民間団体や市民と力を合わせるという新たな手法を導入してはどうか、という考えが提唱されたのである。

社会的養護の担い手である里親を増やすことは、本来的には自治体の責任の下、展開されるものであるが、制度の普及や啓発においては市民目線での展開、市民との共働が有効ではないだろうか、との考えである。

ところが、２００４年当時、里親制度に関する活動を実践している民間団体はどこを探しても存在しなかった。そこで、市民フォーラムを主催した子どもＮＰＯセンター福岡に業務の委託を打診したのである。子どもＮＰＯセンター福岡は、元々子どもの文化活動や健全育成関連の活動を実践しており、その分野では実績のある団体である。しかし、社会的養護は未知の分野であり、こども総合相談センターの打診を受けるべきか否か、ＮＰＯの内部でも賛否両論がありずいぶん議論を重ねられたと聞き及んでいる。が、最終的に、子どもたちのためには重要な業務であると思われるので、ＮＰＯに丸投げではなく、行政とＮＰＯが協力して一つの目的のために共に知恵や力を出し合う「共働」であれば引き受けてもよい、という条件で業務を受託していただくことになったのである。

（3）「新しい絆」プロジェクト

このような経過をたどり、２００５年度から福岡市の新たな里親制度推進の取り組みが始まった。当初3年間はモデル事業として取り組み、その成果をもって事業化するに至ったのである。

ＮＰＯとの共働による事業、といっても何をどのように進めていくのか、初めは皆手探りの状況であった。そこで、ＮＰＯから実行委員会方式で進めていくのはどうだろうかとの提案を受け、実行委員会が組織された。このメンバーは、児童相談所（行政）職員、里親会、ＮＰＯ職員はもとより、ＮＰＯに関連のある人々や里親に関心のある市民などで、非常に緩やかな組織である。

いわゆる里親委託等推進委員会はフォーマルな組織であるが、この実行委員会は同じような機能を持つインフォーマルな組織ということができる。自由度を高くする中で、従来にない里親制度の普及・啓発を目指そうとした。NPOからまず指摘を受けたのが事業名である。とかく行政における事業名は、内容はわかるが堅苦しく長いものが多い。市民に広めていくには、とにかく「市民に馴染みやすいイメージが必要！」と、事業名「新しい絆プロジェクト」、実行委員会を「ファミリーシップふくおか」と名付けることになった。職員は、何か素敵なことの始まりを感じ、ワクワクした気持ちになったのである。

「新しい絆」とは、家族と暮らせない子どもと、迎え入れる新しい家族である里親との絆、さらにはその新しい家族とそれを支える人々のつながりをも含めて「新しい絆」と位置付けて命名されたものである。

「新しい絆プロジェクト」の大きな事業のひとつが、年に2回開催している市民フォーラムである。その主な内容は、里親に関する基調報告、基調講演、トークセッションである。基調報告や講演は、「ファミリーシップふくおか」で検討し、その折々に知りたいこと、もっと学びたいこと、必要と思われることなどでテーマを設定し、講師を選定している。トークセッションには里親や元里子、時には実子に登壇いただき経験談を披露していただくのであるが、当センターの所長藤林武史氏のファシリテートの下、毎回笑いあり、涙ありの心温まるひと時になっている。この感動が市民の中に染みわたっていくことで普及・啓発が進んでいることを実感している。このフォーラムのチラシには「きずなくん」というマスコットキャラクターが毎回変化して登場している。

マスコットキャラクター「きずなくん」

2 児童相談所内部の改革

（1）職員の意識変革

「新しい絆プロジェクト」の活動により普及・啓発が進むことで、新規登録里親が順調に増加していった。社会的養護が必要な子どもはまず里親委託を検討する、という方針は今でこそ当センターにおいて当たり前になってきたが、プロジェクト始動当時はこの方針が職員には十分浸透していなかった。子どもの支援方針を検討するたびに、所長はじめ幹部職員からの里親委託提案がなされ、徐々に職員の意識変革が進んでいった。

担当の子どもを里親委託した児童福祉司は、里親養育で子どもがのびのびとかわいらしく、まさに子どもらしく成長する姿を見ると、次の子どもも里親委託を！　と考えるようになり、児童相談所全体が子どものために里親養育を選択するという発想にシフトしていった。始まりは必要に迫られての里親委託選択が、10年を経過するとともに子どもの最善の利益を保障するという理念に基づいた選択へと変化していったのである。しかし、里親養育は委託すれば目的を達成するものではなく、委託後の里親・里子支援が重要であり、支援の充実がなければ関係不調に陥りかねないのである。

里親養育は施設養育とは異なり、個々の里親家庭という私的な空間で行われる公的養育であるため、その支援にはかなりの時間とエネルギーを要する。日々新たな相談や関係機関からの通告に対応している地区担当の児童福祉司のみで、丁寧かつ十分な支援を提供するのは困難であることは、児童相談所の職員であれば誰しもが納得する事実である。

里親養育を成功させるためには、里親専任の職員体制の整備が必須なのである。

(2) 体制強化のあゆみ

当センターの開設当時、担当の主査1名であった里親支援体制が、2005年度、NPOとの共働による里親制度の推進スタートに当たって嘱託の里親対応専門員(里親推進員)が1名増員された。事業全体の統括は担当主査が担い、具体的な個別の里親支援を里親対応専門員が担うこととした。よって、里親対応専門員は保育士、社会福祉士等の有資格者で、実務経験があることを採用条件として公募した嘱託職員である。

その後、新規登録里親の増加、それによる委託児童の増加に伴い順次、職員、嘱託職員を増員し、現在は係長を含め職員3名、里親対応専門員3名の計6名で里親業務に専任している(表4-1参照)。嘱託職員である里親対応専門員には、勤続10年以上や5年以上のベテランの職員がいる。

表4-1　職員数の変遷

	職員	嘱託員
2003年度	1名	—
2005年度	1名	1名
2006年度	2名	1名
2010年度	2名	2名
2012年度	2名	3名
2013年度	3名	3名

交代がないことの最大のメリットは、里親との長い付き合いの中で相互の信頼関係が形成されることだ。また、経験の蓄積によって、日々の養育に対するタイミングのいい助言や介入が可能であり、経験豊富な里親対応専門員の存在は大きい。職員が担う業務の主なものは、普及啓発、認定のための調査業務、研修全般にわたる企画などである。これらは直接的な里親支援ではないものの、里親養育の現状をどれだけ把握しているか、里親が困っていること、悩んでいることなどを敏感にキャッチすることにより必要な研修やサービスの提供が可能になるため、制度の推進には職員の経験の蓄積も必要であると常々感じている。里親養育は、里親と児童相談所や里親を支援する機関等とのチームによる

養育であり、それには相互の信頼関係が無くてはならないのである。

人口150万人規模の自治体の児童相談所で、里親専任の職員6名体制というのは、他都市に比べればかなり手厚い状況である。しかし、委託児童数が150人を超える現在では人手が足りない状況になっている。それは、里親養育は里親家庭というプライベートな空間で営まれる公的養育であり24時間365日の日々の養育を支えることが重要であるからだ。経験の浅い里親や、子どもの委託直後は特に細やかな支援がなければ里親の負担感は増大し、養育の不調を来しかねないからである。

(3) 新たな取り組みの成果と様々なチャレンジ

2005年度に「新しい絆」プロジェクトに着手し、2017年度で13年目に突入している。10年を経過し、登録里親世帯数ならびに委託児童数は飛躍的に増加した。その経緯は表4-2に示すとおりである。2016年度末には162人の子どもを里親家庭やファミリーホームに委託することができ、いわゆる委託率は39・7%となった。2015年度から2019年度までの子ども施策の目標を定めた「第4次福岡市こども総合計画」における2019年度末の委託率の目標値40%に迫る結果になっている。

また、厚生労働省のまとめによる里親制度推進の取り組み状況の報告に、委託率増加幅が大きい自治体として、福岡市は取り上げられた。2014年度までは増加幅が全国1位であったため、他の自治体からの問い合わせや視察が相次いだ。しかし、2015年度末においては、静岡市が全国1位となり当市は3位となっている。

表4-2　里親登録数、委託児童数、委託率の推移（年度末の状況）

	2004	2005	2006	2007	2008	2009	2010	2011	2012	2013	2014	2015	2016
里親登録数	43	51	64	76	77	73	85	98	114	130	127	143	163
委託児童数	27	41	53	65	75	85	105	115	143	147	145	144	162
委託率(%)	6.9	10.6	12.7	15.6	18.3	20.9	24.8	27.9	31.5	31.9	32.4	33.3	39.7

確かに、委託率が高くなるということは社会的養護を必要とする子どものうち里親等の家庭で暮らすことができる子どもが増えたということなので喜ばしいことであるが、恐らくどこの自治体の担当者も委託率を上げることを意識して委託をしているのではないと思う。なので、委託率は結果でしかない、と筆者は強く思っており、増加幅が3位になったことでどこかホッとした気分になった。

里親制度の推進をNPOとの共働で実施していく、という取り組みは、2005年当時においては画期的なことであった（実は既にイギリスでは自治体だけではなく、フォスタリング・エージェンシーが里親業務を推進していたことを約10年後に知ることになるのだが）。そして、表4-2のように確実に成果を上げることができた。だからこそ、厚労省も注目し、当市の取り組みをいろいろな機会に取り上げたと思う。このこと自体が新たなチャレンジであったが、その後も里親制度の推進において様々なチャレンジを続けている。

①ファミリーグループホーム

2009年度、里親制度の改正によりファミリーホーム制度が創設されることになった。これに先駆け、当市においては2005年度に「ファミリーグループホーム」として養育里親の経験者が児童を5～6名まで受託する仕組みを取り入れた。里親家庭を少し大きくしたものとしてスタートしたので、常駐の養育者はすべて養育里親である。

2009年度に新たに制度化されると、当市のファミリーグループホーム（当時は4ホーム）はすべてファミリーホームへと移行した。その後も年々順調に増加して現在13のファミリーホームが里子養育を担っている。

当初は、何といっても複数の子どもを委託できるので、兄弟児も委託しやすく、家庭養育を保障したい子どもを次々に受託した。養育里親の中にもファミリーホームへの移行を希望される方が順次申請に至った。

②特別養子縁組の推進

現在の特別養子縁組制度においては、対象児童は6歳未満、実親の同意は必須要件であるが、将来的に家庭引き取りが見込めそうにない児童は、根気強く実親の同意を求め特別養子として養親候補者に委託するようにしている。2005年度から2016年度までに特別養子縁組が成立し、法的にも親子となった児童は44人である。毎年3～4人の児童が養親との間に縁組を結んでいることになる。

その多くは2歳未満での委託で、乳児院からの委託変更である。しかし、5歳であっても可能性があれば筆者たちは望みを捨てず縁組成立を目指している。

その1例を紹介する。子どもがかわいいと思えない実母の相談に担当児童福祉司が対応していた。実母は、育児に行き詰まるとショートステイを利用するなどで頑張っていたが、一緒にいると虐待しそうで怖いとの訴えがあり、少し距離を置いて今後のことを考えるために子どもを一時保護した。引き取らなければいけない、という思いにさいなまれるものの、いざ引き取るとなると拒否的な感情が湧き前に進めない状況であった。担当児童福祉司は、今であれば特別養子縁組も可能であることを実母に説明し、それは子どもにとっては賢明な決断であることも告げた。二転三転はしたが、子どもの満6歳の誕生日の2カ月前に、実母は養親にわが子を託す決断をした。それからバタバタと里親担当が養親候補者を選定し打診したのである。そもそも、4～5歳児を希望する養親候補者は多くはなく、その中からこの子どもにピッタリであろう候補者を選定するのであるが、この事例の場合、子どもの6歳の誕生日までの期間が非常に短いことが障害となり、そんな短期間では決心がつかないと複数の里親に断られた。この里親に断られたら特別養子縁組は無理と思われた時に、「受託したい」「これもご縁、自分たちの子どもとして是非育てたい」という里親にたどり着いた。その時には誕生日まで1カ月を切っていた。それから、面会、外出、外泊を重ねていただき誕生日の3日前に委託ができた。

いわゆる〝試し行動〟もみられたが、幼稚園にも通い始め少しずつ親子の絆を築いていった。勿論、この年齢になれば自身の身の上に起こっていることはわかっているので、子どもに対しても養育が実親から養親へ引き継がれることを、絵本にまとめて説明を繰り返した。限られた時間制約の中、最後まで諦めないことで委託できた事例である。

また、同じ5歳児だが、養子縁組前提で委託できなかった子どももいる。その子は乳児院で生活しており、実母が年に1~2回は面会・外泊に遠方から来ていた。家庭への引き取りはまだ無理ということで、児童養護施設に措置変更となった。その頃から実母の面会が遠のき、やがて連絡も取れなくなった。担当児童福祉司は何度も所在調査をし、住民票のある遠方の土地まで調査に赴いたが、会えなかった。まったく消息がつかめず1年、2年と経過したため、子どもが5歳に到達した時点で養子縁組前提の里親委託を検討した。養親候補者を探したが、実親の同意がなく、縁組が成立しないかもしれない。それどころか、ある日実親が現れて交流を望むかもしれない。という背景を受け止めたうえで受託したいという養親候補者を探し出すことができず、子どもは6歳の誕生日を迎えた。特別養子縁組はできなかったが、養育里親による養育中である。

③新生児里親委託の取り組み

特別養子縁組を前提とした新生児の里親委託は、愛知県が先進的に取り組んできたことはここで言及するまでもなく周知の事実である。愛知県の取り組みを基に、毎年「赤ちゃん縁組伝達講習会」が全国各地で開催されているが、この講習会に参加した当センターの里親担当者が研修報告をしたことから、当市でもチャンスがあればチャレンジしよう、という思いに至った。具体的な手続等に関しては、愛知県に学んだ。

方針決定して半年後、出産を間近に控えた妊婦から、「産んでも育てられない」という相談があった。児童福祉司と里親担当者は実母とすぐに面談し、生まれた赤ちゃんを養親候補者に託す、という方法があることを説明した。実母は了解し、養親候補者の選定に取り組んだ。養親候補者には、これまでの妊娠の経過は順調であるが、生まれてくる赤ちゃんの性別はわからない、疾患や障がいの有無もわからないが、それでも受託の意志は変わらないかを確認し、了承を得た。

出産予定病院の産科にも生まれ来る赤ちゃんの対応について協議し、協力を依頼した。産科の助産師がよく理解してくれ、出産後の実母のケアや養親候補者への沐浴指導等も配慮して頂いた。こうして2013年1月、当市で初の養子縁組を前提とした新生児委託が実現した。

現在までに11人の新生児を委託し養子縁組が成立したが、中には赤ちゃん出生後に実母の意志が翻り委託に至らなかった事例もあった。赤ちゃんにとっては実の親に育てられることが何よりなので、筆者らも実母の翻意を受け止め母子を応援したが、落胆される養親候補の方にはかける言葉もなかった。赤ちゃんを待ち望んでいらっしゃった養親候補者の思いと期待がひしひしと伝わってきた。

新生児委託には、飛び込み出産での赤ちゃんを養親候補者に委託する事例もある。この場合は、出産の翌日に産院から連絡が入ることが多いので、養親の選定や産院との連携など、限られた時間の中でスピーディーな対応が求められる。養親さんもバタバタと赤ちゃんを迎え入れることになるので、委託後の支援が重要になる。

④広報用ＤＶＤ「あたりまえのことは、いちばん大切なこと」の作成

里親制度の推進・啓発にあたって、従来から「出前講座」などには取り組んでいたが、市民の方に里親養育の実際を伝えるよい方法がないものか、と模索していた。勿論、里親さんに体験談を語っていただくことも実践していたが、もっと違うツールがないものか、視覚的に伝えられるものが……。制度の説明だけではなく、里親子のありのままの様子を伝えられるものが……。そこで、当市の里親家庭の日常を撮影したＤＶＤを制作することになった。

広報用なので、実親の目に触れることも想定し、実親が見ても受け入れられるもの、ということに配慮した。また、親権者の理解と同意が得られた子どもに出演してもらった。ファミリーホームの場合は、撮影できる子どもとそうでない子どもがおり、撮影に工夫を要した。

実際の制作にあたっては、制作会社を公募しコンペにて決定した。さらに、里親委託等推進委員会の代表と当センターの職員、それに制作会社のメンバーからなる制作実行委員会を組織し、ＤＶＤのコンセプトならびに具体的な内容につき協議しながら作り上げた。２０１３年度、ほぼ1年をかけて「あたりまえのことは、いちばん大切なこと」が完成した。出前講座等の研修時にはこのＤＶＤも視聴していただき里親養育の実際を知っていただくようにしている。

3　里親委託が増加する過程で見えてきたこと

(1) 適切なマッチング

「適切なマッチングは最大の里親支援である」といわれる。里親担当をしていると日々実感することである。しかし、実際はこのマッチングが非常に難しいのである。適切なマッチングを行うためには、各登録里親の人柄、生活スタイル、信条や強み・弱み、家族構成など可能な限りの情報を収集し、さらに、里子の年齢、性別、背景など子どもの情報もできるだけ収集したうえで、里親・里子のマッチングを進めなければならない。里親、里子双方の醸し出す雰囲気にも我々は注目している。

里親係の6人の職員間では常に里親に関する情報を共有し、より良いマッチングを目指しているが、どこか職人芸的なやり方になっており、何とか客観的に判断できる方法がないか、職員の異動があっても、誰が担当してもできる方法がないか、と思うが未だによい方法を見いだせない。

さらに、里親一人一人のことをよく知るための情報収集の仕方も今後の大きな課題と考えている。登録に至るまでの間、ガイダンスから認定前研修、家庭訪問調査等において、「社会的養護」の理解、「里親養育は家庭というプライベートな場で営まれる公的養育」であるという理解を深めていただけるような内容に改善していく必要性を痛感しているところである。

また、里親養育は里親と児童相談所を含む里親を支援する機関との共同体で、チームでの養育であるという認識を持っていただくことも重要であると考える。里親が全責任を負わなければならないということではなく、子どもや里親を取り巻く人々からなるチームで養育していく、ということへの理解を求めていくことも重要である。

このようなことを実践していくためには、日常的な里親との交流が不可欠であるが、それにはやはり職員体制の充実は避けられない。イギリスでは一人の里親ソーシャルワーカーが担当するのは十数世帯と聞いているが、きめ細かな支援を実現するには、やはり里親ソーシャルワーカーの質と量の確保が喫緊の課題である。

当センターにおけるマッチングの実際は、まず、里親への打診であるが、原則ご夫婦で話を聞いていただくようにしている。センター側は担当児童福祉司、担当里親対応専門員、里親係長で、必要により担当児童心理司が同席する。受託の可否については、その場では回答を求めず、持ち帰っていただきご夫婦、ご家族で相談の上回答をいただく。必要に応じて、センター職員が実子の意向を確認することもある。

受託の意志確認ができたら子どもとの面会である。この際、子どもには「里親」がどのような人なのか、なぜ里親と暮らすのかを子どもの年齢に応じて絵や物語にして説明をする。面会後に再度子どもと里親の意思確認の上交流に進む。ほとんどの場合、交流に進むが、中には、会ってみたけど何かしっくりこない、との感想を述べられることもある。そのような場合は無理に交流に進まない決定をすることも重要であると考えている。

（2）里親支援にどう取り組むか

当センターでは、里子を受託している里親には担当の里親対応専門員（嘱託職員）が配置され、里親の様々な悩みや疑問などに対応している。また、里子には担当の児童福祉司と児童心理司がおり、通常この3人の職員で情報共有しながら里親・里子の支援に取り組んでいる。勿論、大きな方針に関わる場合には援助方針会議等に諮り所長以下の職員で検討している。

特に、経験の浅い里親への委託直後は、電話による状況確認や訪問を心掛け里親の不安等に対応している。里子の背景や行動特徴などについては、児童相談所が収集している情報を可能な限り提供し理解を求めている。交流から委託後まもなくは「いい子ですよ。順調です！」と里親から報告を受けることが多い。しかし、いずれ多かれ少なかれいわゆる「試し行動」が出現すること、それへの対応については繰り返し伝えるようにしている。しかし、一時保護所や児童養護施設など集団の場では見られなかった行動が、里親家庭では出現することも筆者らは多く経験している。家庭という環境において、特定の養育者との関わりだからこそ子どもが表現しだすことがあるのだ。そのような可能性も含めて的確なアセスメントが求められているし、子どもの状況の変化に迅速に対応できる里親への支援が必要と考えている。

このように、里親への個別の対応も必要不可欠であるが、それを担うのは児童相談所だけではなく、里親を支援する機関にも期待するところである。里親にとっては支援を受ける機関が複数あると利便性が高まると思われる。よって、今後は里親を支援する機関の充実、ならびに機関間の連携が大きな課題である。

さらに、登録前から委託中、委託解除後を通しての里親研修のあり方についても内容の充実が望まれる。2016年度から、子ども家庭支援センター「SOS子どもの村福岡」との共働で、イギリスで開発されたフォスタリングチェンジ・プログラムを実施している。週1回、12セッションのプログラムであるが、里親の子どもへの理解、具体的な接し方の習得など、日々の里親養育において実践的で有効な研修であるとの手ごたえを感じている。認定前研修も含めて、このような実践的な研修プログラムの開発が今後はさらに必要であると思われる。

(3) 新生児里親委託を実践して

生まれた産院から養親の家に退院していく特別養子縁組前提の新生児里親委託を現在まで11例経験した。委託に際してはまさに時間との闘いのような状況である。ほとんどの養親は、赤ちゃんの養育が初めての方で、抱くことすらおぼつかなく、職員がはらはらしながら見守ることも多い。でも、赤ちゃんと初対面時の養親夫妻の表情、退院時の嬉しそうな様子に触れ、我々職員も幸せな気分を味わわせていただいている。

実親にも、子どもへの思いだけでなく現実的にどうしても養育が困難であれば、育てたいと思っている養親に託すことも子どもにとっては良い選択である、ということを理解していただけるよう支援していきたいと思う。

ただ、縁組前提での新生児委託を実践していくには、産科医療との連携は不可欠であるし、ひいては妊娠相談の充実も不可欠である。

医療分野との連携に関しては整理を要する点が多々あるが、筆者らが最近経験した事例では、病院がとても理解を示し、母児同室にせず実母の断乳手当や養親候補への育児指導に取り組んでいただいた。このように理解のある医療機関で実績を積んでいくことも大切である。

当センターでの実践例はまだ少なく、初事例の子どもが来年度小学校入学であるが、これまで順調に特別養子縁組が成立しており、不調に至る事例はない。「普段は、自分が産んでないことを忘れている」との感想を述べる里親も複数である。告知の問題はあるが、生後すぐからの養育により親子関係の構築が自然に営まれており、多くは子どもが満1歳のお誕生を迎える時には特別養子縁組が成立している。

今後も特別養子縁組前提の新生児委託に取り組んでいきたいと考えているが、予期せぬ妊娠などで悩んでいる女性にいかにこの制度を伝え理解してもらい、実母も支えられる仕組みづくりをどのように進めるか、これも今後の大きな課題である。

(4) 子どもにとっての里親養育

2011年に「里親委託等ガイドライン」が示された。これには「子どもの最善の利益」を保障するために里親養育を推進することが提唱されており、里親養育への認識が深まったといえる。筆者らも認定前研修の時から折に触れ「こどものための里親養育」ということを伝えている。最近は、養子縁組里親を希望する方でも、「実子に恵まれなかったので養子を迎えようと里親登録を申し出たが、研修を受け養子縁組は子どものための制度ということが理解できた」との感想を述べられる。

養子縁組里親であれ養育里親であれ、子どもの健やかな成長、子どもの最善の利益を保障することを第一に考え、それを実現するためにどのような養育環境を保障すべきか、ということを里親も私たち支援者も、そして社会全体が大切に考えていくことが今求められている。

もちろん、施設養育を否定はしないが、乳幼児の場合は原則里親養育を保障できるような体制整備を急ぎたいと強く思う。乳幼児期に特定の養育者との安定した愛着形成を保障したいからである。

4 さらなる里親制度の推進に向けて

(1) いわゆる「家庭養育」の推進とは

2014年6月、イギリスのLUMOS財団のソーシャルワーカーであるムルヘア氏の研修を受ける機会を得た。ヨーロッパにおける脱施設化の取り組みに関する研修であったが、まさに「目から鱗」、大きな衝撃を受けたのは筆者だけではなかった。欧米諸国では既に里親養育が主流であることは周知の事実であるが、脱施設化の意味するところは実親家庭への支援、つまり親子を分離することなく可能な限り子どもを実家庭に留めるための施策を充実させることであった。

要するに、実親家庭に子どもを留めるための支援がまず優先され、それが困難な場合は里親養育を提供するということである。そして、その場合であっても、実親家庭との交流や、実親家庭の状況が整えば子どもは実親の元に帰ることが、第一義的に保障される必要があるということである。

当センターにおいても実親との交流を継続している事例や、実親との再構築を目指す事例が徐々に増加している。子どもにとって必要であれば実践すべきであるが、そのためには里親の実親への理解を促す働きかけや、実親と交流中に揺れる子どもを支えるための里親支援がないと順調には進まない。実親との交流が始まると、子どもも実親もそして里親も揺れるのである。多くの場合、子どもは双方に対して無意識のうちにも気を遣っている。いわゆる「忠誠葛藤」である。実親に対して語ることと、里親に対して語ることが異なっている。実親も里親も子どもが語ることをそのまま受け止めるが、実は語っていることと心の内とは微妙に一致していない。子ども、実親、里親が三角関係に陥ってしまう。しかし、このことは実親との交流を始めると多かれ少なかれ避けて通ることができない道なのである。私たちはいくつもの事例を経験してきた。でも、ここは児童相談所が子どもの真の声を聴き取り、実親と里親に通訳して理解を求めていかなければならない。我が子のように育んできた子どもとの別れは悲しく淋しいものであることは間違いない。だが、子どもにとっては実親との暮らしは大切である。里親からみると十分整っていないように見えても実親の受け入れ態勢が整えば親子再構築にチャレンジすべきである。子どもと実親の背中を押してあげることを里親に理解してもらうのである。そして、里親が親子再構築後の支援者になってくれる社会を目指したい。勿論、子どもと別れたあとの、里親の「喪失感」のサポートも重要である。私たちはまだ手探りの状態であるが、必要性はひしひしと感じている。里親サロンで共有してもらうことも有効であろう。

今後の社会的養育においては、里親制度の充実とともに在宅支援の充実が急務であると考える。家事援助や送迎援助などの在宅支援サービスのメニューを充実することにより、精神疾患のある実親の養育を可能にすることもできる。在宅支援サービスの利用と学校や保育所等との連携で親子を分離することなく支援することが望まれる。

実親子支援としては、若年母子の里親委託という制度も必要であると考える。様々な理由により十代や二十歳そこそこで出産する実母がいる。実家の援助も得られず、経済的にも不安定である。そのような母子を母子ともに包み込んでくれるような実家的里親の制度が作れないものか。筆者らは必要性を痛感している。

(2) 里親・里子の支援体制整備

第3節でも触れているが、里親養育を進めるには日常的なきめ細かな支援は必要不可欠である。様々な背景を抱える子どもを支え、実親との交流も保障するというように、支援の内容も複雑多岐にわたる。さらに、里親家庭は1世帯ずつ独立しているので、施設のように組織での対応ができない。1世帯ずつ抱える問題も異なり、緊急度も異なる（里親の主観で緊急性も様々であるが）。しかし、里親が安心して養育をするには個々の里親家庭に、まさに痒いところに手が届く支援は必要である。

この実現のためには、里親に特化したソーシャルワーカーの数的確保と資質の向上は欠くことができない。人口規模からしても国内では里親担当の職員体制が充実している当センターにおいても今以上に受託里親世帯が増加すると、支援がパンクしそうである。

さらに里親養育を推進するには、支援体制の充実は急務であり、もはや、児童相談所一極集中での対応は限界ではないかと思われる。実効性を備えた里親を支援する機関の整備並びに充実と、その支援機関をも含めた地域資源の活用の仕組みづくりが望まれる。イギリスでは民間のフォスタリング機関も里親制度の一翼を担っており、そのようなシステムも組み入れる段階になっていると思う。公的な機関と民間の機関が各々の強みを活かしながら切磋琢磨していき、里親は自分に合った機関を選択できる、そんな里親支援体制が構築されることを願う。

（３）社会的養護の社会化

里親制度の普及・啓発のため、ＰＴＡの研修会や公民館等で実施される地域の研修会に「出前講座」に出向くことが多いが、里親制度以前に社会的養護を必要とする子どもたちがいること自体があまり知られていない、という現実に遭遇することは多い。筆者はこの現実に直面した時に、これは私たちにも責任があると思った。これまで、児童相談所がこの現状を社会に向かって発信することが少なかったことを否めないからである。

社会的養護を必要とする子どもが身近にもいること、状況によっては在籍している学校に通い続けることを保障することもできることなどを発信し、市民に知っていただくことから里親開拓は始まると、今は強く思う。「社会的養護」に関する発信を地道に続け、まず「社会的養護」の社会化を図るべきである。

社会的養護を広く市民に知ってもらい、地域の子どもは地域で支えることができるように1世帯でも多くの里親世帯の登録を実現していきたい。勿論、虐待で保護を要する子どもの場合は、地域では支えることが困難な場合もあるが……。

たとえば、保育所、幼稚園、学校に一人でも養育里親登録をしている職員がいると、そこで社会的養護が必要となる子どもが現れても、地域で生活し続けることを保障できるではないか。

すべての子どもが、生まれた家庭の背景により人生の早期からその道筋が決定してしまうことは避けたい。子ども一人一人が豊かな子ども時代を過ごすことができる社会の実現のためにも里親制度の充実は喫緊の課題である。

コラム❸

児童相談所と広報デザイン

――児相と当事者との間に必要な、もうひとつの技術

田北雅裕

専門職集団として成熟しつつある児相は、社会的養護の核を担う機関として、次のフェーズに進もうとしている。児童福祉法改正、そしてそれに伴いとりまとめられた「新しい社会的養育ビジョン（2017）」は、「社会的養護の社会化」に正面から向き合い、子どもの生命と権利を支える福祉機関としてさらに果敢な挑戦を求めている。引き続き、多主体が連携した、よりひらかれた支援システムを構築していく中で、筆者からは「広報デザイン」の重要性を指摘しておきたい。

児相は相談機関として、信頼できる分かりやすい情報発信（広報）が求められている。さらに、子どものプライバシーや権利を尊重するからこそ、市井に業務の実態が見えにくく、デザインの力を必要としている。

しかし実際は、相談援助や介入対応等、支援事業に多大な時間が割かれ、手が回っていないのが現実である。また、その責任は、児相や行政にのみ帰するものではない。例えば、民間企業と比して、児相をはじめとした福祉機関に「広報デザイン」が行き届いていない。近代デザインの広がりは産業振興とともにあり、資金ありきの企業活動の一部として取り組まれてきた歴史的経緯がある。資金が用意されていないという理由だけで役割を放棄してきたのは、筆者を含めたデザイナー側の責任でもある。

さらに「広報デザイン」は「見た目を美しくする」程度の副次的役割として理解されている面があり、そもそもの予算が計上されにくい背景もある。しかし「広報」とは『情報の発信や収集を通して、対象との良好な関係づくりを目指したコミュニケーション活動』である。そのプリミティブな機能を捉えなお

すと「広報デザイン」が「社会的養護の社会化」の中で担うべき役割は、小さくない。

例えば相談者は、相談をする前に必ず何らかの「メディア」で連絡先を目にする。そこで情報を理解するとともに、相談したい気持ちが生じないと、行動を起こさない。当事者は、相談機関に接触する前に必ず「広報デザイン」の対象となる「メディア」と接触しているのだ。また、相談する勇気を持てない子どもたちが、その「メディア」で、自身と同様の困難を乗り越えた人のポジティブな体験談を目にすることができたら、どれだけ励まされるだろう。相談につなぐだけではない。「相談に至らない当事者」と接触し、行動変容を促す可能性を、「広報デザイン」は内包しているのだ。

さらに、里親や養子縁組等の子ども家庭福祉を支える諸制度は改正を重ね、複雑に目に映る。結果的に、当事者に高度な知識や理解力を要求しており、そしてその対応として、児相の業務は増えていく。生命を守る最後の砦である児相と当事者との接点に、伝わりやすさと業務効率化を同時に担保した「広報デザイン」の高い技術が、今まで以上に必要な時代となってきている。

そんな中「えがお館」は、少なからずその実践を積み重ねてきた。里親制度の普及を目指して制作したDVDは、その質を高めるために入札ではなくプロポーザル方式に挑戦し、NPOと連携したチームにより制作した。その結果、出前講座や研修等での評価は高い。また、3年前から福岡市西区で進めている「みんなで里親プロジェクト」は、コピー制作から各種メディアのデザイン、SNS活用まで、認定NPO法人「SOS子どもの村JAPAN」と連携しながら推進し、里親登録の契機として機能し始めている。さらに2017年度には、リニューアルしたえがお館のホームページが、キッズデザイン賞審査委員長特別賞を受賞した。その実践について、以下に詳述しておきたい。

ホームページに頭を悩ます児相は少なくない。えがお館も例に漏れず、10年以上リニューアルできずに放置していた。その原因のひとつは、予算である。ホームページに活用可能な費用が皆無であり、また、手弁当で制作する程、職員に余裕はない。好きで放置していたわけではない。やむなく、手がつけられずにきたのだ。そこでえがお館は、筆者の研究室と協働し、クラウドファンディングで制作費用を集めることにした。その結果、約2カ月で全国から113万円が集まり、支援者は192人にものぼった。さらにその資金をそのままえがお館に寄付をするのではなく、田北研究室を中心にデザインチームをつくり、ホームページを完成させ、そのページ自体の寄付をする、というアイディアを用いた。その結果、行政の煩雑な決裁システムを経ることなく、えがお館の思いと当事者のニーズとをダイレクトにつなぎ、表現として昇華させることが可能となった。デザイン技術は、その表現（=見た目）を変えるにとどまらない。表現に至るそもそものシステムの課題を見立て、解決をもたらすイノベーティブな実践にこそ、その本懐がある。

資金を集める際、「児相は行政機関なので税金を使うべきでは?」との指摘を頂いた。理屈は分かる。理屈は分かるが、その資金の課題を「行政の責任」として据え置く姿勢こそが、児相をはじめとした行政機関と「市民」とを、遠い関係にしてきた一因ではなかろうか。

実は、今回の支援者192人の中の40人程が、えがお館を中心とした市の職員だった。行政職員も私たちと同じ「市民」のひとりである。制度的立場を超えて生じた共感が、互いに手を取り合い、ホームページのリニューアルを実現させたのだ。ひとりの「市民」として、つまりひとりの当事者として子どもたちに向き合うこと。それは児相が日々目の当たりにしている切実な現場と同様に、広報の現場にも存在する。ただ伝えるだけでは、伝わらない。その事実を、私たちは痛いほどに経験してきたはずである。「社会的養護の社会化」を目指す次の未来には必ず、当事者としてのまなざしを手放さない「広報デザイン」の技術が必要なのだ。

●プロフィール●（たきた・まさひろ）九州大学大学院人間環境学研究院専任講師。認定NPO法人SOS子ども村JAPAN理事。

第5章

教育と福祉の協働を具体化するスクールソーシャルワーカー

奥村賢一
〔福岡県立大学准教授〕

1 スクールソーシャルワーカーとは何者？

（1）SSWはスクールソーシャルワーカー

日本では「スクールソーシャルワーカー」が何者かという以前に〝ソーシャルワーカー〟自体が十分な市民権を得るに至っていないのが現状である。筆者がスクールソーシャルワーカーとして活動してきた約10年の間に〝ソーシャル・スクール・ワーカー〟や〝ソーシャル・ケース・ワーカー〟と名前を間違えられたことは数知れない。また、英語だとSchool Social Workerと表記するため、関係者の間ではその頭文字を取って〝SSW（エス・エス・ダブリュ）〟と略して呼ばれることがあるが、過去にはそのSSWが「Singer Song Writer」のことだと勘違いされたこともあった。このように、わが国ではスクールソーシャルワーカーは馴染みの薄い新しい専門職であるが、海外での歴史は古く1906年から1907年にかけてのアメリカに誕生した訪問教師（Visiting teacher）による活動がスクールソーシャルワーカーの起源とされている。現在では世界の約40カ国以上でスクールソーシャルワーカーが活躍しているが、その名称も各国の学校教育の実情に即した形で用いられている（表5－1）。ちなみに、スクールソーシャルワーカー先進国の一つであるカナダの最大の都市トロントでは、様々なソーシャルワーク専門職のなかで最も人気があるのはスクールソーシャルワーカーだそうだ。高い専門性が求められるため全員が大学院修士課程修了者であるが、それに見合うだけの待遇として高い給与が保証されており、ソーシャルワーカーを目指す人たちの憧れの職業だと言われている。日本にもそのような時代が来ることを切に願いながら、わが国でのスクールソーシャルワーカーのこれまでの歩みについてたどりたい。

表5-1　世界と主な国の学校でのソーシャルワーク実践の誕生年代と職名

年代	国名	職名
1906年～1907年	アメリカ	School Social Worker
19世紀初頭	イギリス	Education welfare officer
1940年代	カナダ ノルウェー スウェーデン	School Social Worker/Attendance Counselor Social Worker in EPS School Secretary
1950年代	ガーナ	Education Welfare ／ School Welfare
1960年代	アルゼンチン オーストラリア フィンランド	School Assistant School Social Worker School Curator
1970年代	ドイツ シンガポール 香港	Schulsozialarbeit School Social Worker School Social Worker
1980年代	サウジアラビア	School Counselor ／ School Specialist
1990年代	韓国 モンゴル 台湾	学校社会福祉士 Education Social Worker 学校社会工作師
2001年	ニュージーランド	Social Worker in schools
2003年	スリランカ	School Social Worker
2008年	日本 中国	スクールソーシャルワーカー 学校社会工作師

出所：門田光司（2010）を基に一部改編

（2）福岡県でのスクールソーシャルワーカーの足跡

スクールソーシャルワーカーが日本で初めて学校現場に登場したのは、1986年の埼玉県所沢市教育委員会による訪問相談活動とされている。その後、兵庫県（1997年）、香川県（2001年）、千葉県（2002年）などが単独事業としてスクールソーシャルワーカーの配置を行ったが、あくまでも各々の実情に応じた活動内容となっていたため、日本の学校教育に応じたソーシャルワークがきちんと体系化されていたわけではなかった。2005年からは大阪府教育委員会でもスクールソーシャルワーカーの活用が始まり、不登校等の対応において福祉的視点を有するスクールソーシャルワーカーの活動が一定の効果として示されたことにより、文部科学省が2007年度に「問題を抱える子ども等の自立支援事業」を開始して、全国11都府県でスクールソーシャルワーカー事業が行われた。福岡県も苅田町教育委員会が本事業でスクールソーシャルワーカーの導入を決定して筆者が採用された。ちなみに、当時は週2日の勤務で町内8小中学校を担当した。

そして、2008年4月には文部科学省の「スクールソーシャルワーカー活用事業」により、全国46都道府県・13指定都市（171地域）に944名のスクールソーシャルワーカーが誕生した。福岡県でも新たに14市町（福岡市、北九州市、筑紫野市、古賀市、那珂川町、田川市、飯塚市、宮若市、久留米市、小郡市、八女市、柳川市、大牟田市、築上町）で18名のスクールソーシャルワーカーが採用された。なお、その年全国で採用されたスクールソーシャルワーカーのうち、社会福祉士や精神保健福祉士の有資格者は僅か26％に過ぎず、ソーシャルワークの専門性を持ち合わせていない多くの人たちがスクールソーシャルワーカーとして活動をしていたことになる。そのような状況が大勢を占めるなか、福岡県は当初より全員が社会福祉士もしくは精神保健福祉士の有資格者がスクールソーシャルワーカーとして従事してきた。福岡県における「スクールソーシャルワーカー事業は年々拡充の傾向にあり、「スクールソーシャルワーカー活用事業」から10年目を迎えた2016年度には県内では延べ100名を超えるスクールソーシャルワーカーが活躍しており、近年では小中学校だけでなく高校や大学[1]にもスクールソーシャルワーカーの配置が進められている。全国的に概観すると自治体間でその進捗状況に濃淡はあるが、国は「チーム学校」[2]に向けて2019年度までにスクールソーシャルワーカーを大幅に増員していく方針を示している。今後さらなる事業の普及拡大を見据えたうえでスクールソーシャルワーカーの専門性を最大限発揮していく環境を整備していくためは、スクールソーシャルワーカー自身は言うまでもなく、教育委員会、学校、関係機関などの関係者もその専門性について適切な理解を深めて協働を進めていく必要がある。

(3) スクールソーシャルワーカーの仕事

学校現場を中心にソーシャルワークを実践する専門職であるスクールソーシャルワーカーの仕事を〝まもる〟〝つなぐ〟〝つくる〟をキーワードに解説する。

①子どもの権利を〝まもる〟

スクールソーシャルワーカーが常に大切にしていることがある。それは〝子どもに寄り添う〟ということ。これは物理的に傍に居続けるということではなく、その姿勢を日ごろから意識して子どもを主体の〝アドボケーター〟としての役割を果たしていくことを意味する。アドボケーターとは簡単に訳すと「代弁者」である。スクールソーシャルワーカーは子どもの「人権」、「教育」、「発達」を保障していくことを専門的な役割としており、それらが侵害されるとき権利擁護の観点から必要に応じて子どもの声（考え、気持ち、願いなど）を適切な方法を用いて周囲に代弁していくのだ。では、実際に学校で関わる子どもの権利が侵害される状況について具体例を挙げてみたい。まず、「人権」はいじめ、児童虐待、障害差別、子どもの貧困などが挙げられる。次に、「教育」では子どもの〝学習権〟を守ることであり、一人ひとりのニーズに応じた教

1　大学で活動するソーシャルワーカーは、スクールソーシャルワーカーではなく「キャンパスソーシャルワーカー」という名称で活動しており、近年では全国的に配置を進める大学が増えている。

2　国は複雑化・多様化した学校の課題に対応し、子どもたちの豊かな学びを実現するため、教員が担っている業務を見直し、専門能力スタッフが学校教育に参画して、教員が専門能力スタッフ等と連携して、課題の解決に当たることができる「チームとしての学校」体制を構築することを目指している。学校や教員の業務を見直し、専門能力スタッフ等との連携・分担も視野に入れて、学校における業務の進め方や校務分掌の在り方を再構成することが重要であることを指摘しており、スクールソーシャルワーカーも学校の専門スタッフとして2019年度までに1万人まで増員してすべての中学校区への配置を目指している。

育の機会を保障していく。また、特別支援教育を必要とする子どもについては、学校だけでなく家庭や地域における生活場面においても専門的な支援が必要とされることが多いことから、これらにも支援者として関与していく。しかし、実際のところは諸外国に比べて特別支援教育におけるスクールソーシャルワーカーの役割は未確立であり、特別支援学校への配置もほとんどが未着手の状態にあることから課題も多いのが現状である。最後に、「発達」は子どもの心身の健康的な成長発達を守るということである。〝心〟の部分では、メンタルヘルスの問題を抱える子どもへの支援として安全・安心な教育環境を整備していく。〝身体〟の部分においては養護教諭や栄養教諭などとも連携して、子どもの健康的な体作りに向けた支援なども家庭や地域とも協働した取り組みを行う。

②子どもを人や社会と〝つなぐ〟

スクールソーシャルワーカーの仕事の代名詞としてよく用いられるのが「コーディネーター」としての役割である。一般的には、福祉・保健・医療など様々な制度やサービスの利用に向けた調整を関係機関と行うことがイメージとして強いのではないだろうか。それ自体は決して間違いではないが、そのような調整役としての仕事はスクールソーシャルワーカーでなくとも、実際には教師、医師、スクールカウンセラーなどもその役割を一部では担っていることも少なくない。〝サービス利用〟や〝関係機関の調整〟ばかりに目が向くとその違いが分かり難くなってしまう。スクールソーシャルワーカーの場合、調整をするのは実はサービスや関係機関ではなく、人と人（＝人間関係）や人と生活環境（＝社会関係）を意味する。サービス利用はあくまでも「手段」であり「目的」ではない。また、その際にスクールソーシャルワーカーは子どもの〝今〟だけを捉えるのではなく、将来を見据えた支援を行っていくため、継続的な支援を意識して〝つなぐ〟ことを実行していく。言うなれば糸を紡ぐような作業かも知れない。しかし、その〝つなぐ〟という作業は思い付きのように簡単にできるものではなく、そのために必要な人や環境との〝つながり〟を日頃から作っておくことが重要である。日常的に地道な〝つながり〟を築いていく一連の取り組みを「ネットワーキング」と呼ぶ。このネットワーキングはむやみやたらに人や環境の〝つながり〟を広げていくことを意味するのではなく、ネット（＝網の目）がワーキング（＝機能）するように導いていかなければならない。つまり、つないだ人や環境が特定の子どもだけでなく、地域で暮らす子どもたちの最善の利益のために働く資源となるよう有機的な連携を行っていくことを意味する。また、スクールソーシャルワーカーは学校を拠点に活動を行う専門職であるので、（校）外だけでなく（校）内を〝つなぐ〟ということも大切な仕事であるといえる。それらを計画的に実施していくプロセスが「ケースマネジメント」という手法である。スクールソーシャルワーカーはケースマネジメントの舵取り役を担い、学校教職員とチームを組んで支援対象の子どもに計画的かつ戦略的な支援を行うための作戦を立てていく。それらは校内ケース会議を中心に組み立てられ、支援に必要なアセスメント（情報収集・状況分析）、プランニング（支援計画の策定）、モニタリング（支援後の事後評価）を主要なプロセスとして実施する。これも〝つなぐ〟ための重要なソーシャルワークである。

③子どもに必要な支援を〝つくる〟

〝ソーシャルアクション〟という言葉がある。これは新たな社会資源およびサービス等の開発を意味する。スクールソーシャルワーカーは既存の制度やサービスに子どものニーズを当てはめるのではなく、あくまでも子どものニーズに合わせて必要な支援を行う専門職である。そのため、もし必要な社会資源やサービス等が存在しなければ、新たに〝つくる〟ことに着手する。その一連の取り組みの総称がソーシャルアクションである。それはスクールソーシャルワーカーが単独で実行するのではなく、地域住民などを巻き込みインフォーマルなネットワークを効果的に活用していくところにも特徴がある。

その一例を紹介すると、福岡市には2016年度より新規事業としてスクールソーシャルコーディネーター（SSC）という新しい専門職が誕生した。これは前年度に福岡市のスクールソーシャルワーカーが学校、地域住民、社会福祉協議会、NPO団体などと協働して、公民館跡地を利用した〝子どもの居場所づくり〟を行った取り組みが評価されて事業化されたものである。スクールソーシャルワーカーの支援活動は時として学校や地域を動かし、社会を変えることにもつながる大きなアクションにもなり得る。その発想は至ってシンプルであり、子どもに必要なサービスが存在しないのであれば、それで諦めるのではなく〝つくる〟というものであった。

2 教育と福祉の協働に向けた実践例

福岡市こども総合相談センターの職員でもあるスクールソーシャルワーカーの強みの一つは児童相談所との緊密な連携にある。ここからはスクールソーシャルワーカーの支援事例を取り上げて、教育と福祉の協働に向けた実践例を紹介したい。なお、事例内容については個人が特定されないよう一部改変している。

(1) 慎太郎との出会い

「学校も児相（児童相談所）も対応に行き詰っている子どもが一人いるんだよね…」と教務主任から紹介されたのは、当時小学校6年生の慎太郎（仮名）だった。慎太郎は、高齢で無職の父親（68歳）と二人暮らしの生活保護受給世帯。スクールソーシャルワーカーが配置されたその年、支援を要する児童として最初に名前が挙がったのが慎太郎であった。この時、慎太郎は2年以上も完全不登校の状態にあり、学校が行う定期的な家庭訪問にも父親が頑なに拒否の姿勢を示して慎太郎とはまったく会えない状況が続いていた。

慎太郎は小学校3年生の時に最愛の母親を病気で亡くした。さらに不幸は続き、その年の冬に今度は仕事帰りの父親が交通事故に遭い、一命はとりとめたものの緊急入院となった。身近に親戚がいなかった慎太郎は父親が退院するまでの間、児童相談所で一時保護をされる予定であったが、その計画は間もなく変更を余儀なくされることとなる。入院から約一週間が経過して病院から呼び出された学校（教務主任、学級担任）と児童相談所（児童福祉司）は、主治医より交通事故で頸椎を損傷した父親は退院しても寝たきりの生活になるという説明を受けた。それを聞いた学校と児童相談所は緊急のケース会議を開いて慎太郎の処遇について検討を行い、最終的には家庭復帰は困難であると判断して児童養護施設への入所を進めていく方針を固めた。父親が寝たきりになることを聞いた当初は取り乱した様子の慎太郎であったが、時間の経過とともに冷静さを取り戻して児童養護施設に入所することに同意した。入院から3カ月が経過してようやく退院が決まり、その段階で児童福祉司が父親に対して慎太郎の処遇について説明を行った。自らの障害受容もさることながら、妻に先立たれたうえに最愛の息子とも離れて暮らすことを告げられた父親の落胆は激しく、退院後も憔悴して食事も喉を通らない日々が続いた。その様子を見かねた小学校の教務主任が児童相談所の児童福祉司に連絡を入れ、慎太郎が児童養護施設へ入所する前に父親と過ごす最後の時間を作ってもらえないかという相談をした。児童福祉司もその考えに一定の理解を示し、慎太郎とも話し合いをした結果、施設入所の前日を自宅で過ごし、翌日はそこから児童福祉司と入所する児童養護施設へ向かうことが決まった。

「慎太郎を自宅に一時帰宅させていなければ、今のような事態にはならなかったのかも知れない…」

教務主任は自ら当時の対応を振り返り深く後悔していた。

(2) 学校・児童相談所との断絶。そして不登校…

慎太郎が一時帰宅をした翌朝、約束の時間に自宅を訪れた児童福祉司がインターフォンを押すがまったく応答がない。玄関扉を叩いて呼びかけても慎太郎は外に出て来ることはなかった。それから30分が経過した頃、ゆっくりと玄関の扉が開きチェーンで繋がれた状態の僅かな隙間から慎太郎の顔が見えた。児童福祉司が「慎太郎君、そろそろ時間だから急いで準備をしよう」と声をかけたが反応がない。すると、自宅の奥から父親の絞り出すような怒鳴り声が聞こえた。「慎太郎は施設なんかに行かせないからな‼ 本人も行きたくないと言っている。本人も親も反対しているのに、なぜそんな勝手なことができるんだ‼ 私は絶対に認めない‼」と強い口調でまくし立てた。「お父さん、何を言っているんですか？ 児童養護施設への入所は既に決定していることですので今更それを中止することなどできません。慎太郎君もお父さんも同意したはずです。さぁ、慎太郎君は早く出発する準備をして‼」。焦りを隠せない児童福祉司は一刻も早く自宅から慎太郎を連れ出そうと強く促した。すると、しばらく俯いていた慎太郎が児童福祉司を睨みつけてこう言った。「僕は施設なんかに行きたくない‼」。その後も数時間の押し問答が続き警察が出動するまでの事態となったが、最後まで慎太郎が自宅から出て来ることはなかった。

後日、児童相談所と学校の関係者が集まり今後の対応について協議が行われたが、結局は慎太郎と父親の意思を覆すだけの材料を示すことができず施設入所は見送られることになった。児童相談所は改めて家庭訪問を行い父親との対話を試みたが、応対したホームヘルパーより一枚の手紙を手渡された。そこには〝慎太郎は私がきちんと面倒をみます。今後一切、私たち家族には近づかないでください〟と記されてあった。実際、寝たきりの生活を余儀なくされている父親が慎太郎を養育することは困難なものの、ホームヘルパーなどの利用により在宅での最低限度の生活は成り立っていた。また、唯一の家族として互いの存在が大きいことは紛れもない事実であり、現時点で半ば強制的に親子を引き離す正当な理由が見当たらないことから、その後に児童相談所で行われた内部協議により児童養護施設への措置を完全に断念することになった。一方、再び家庭生活を送ることになったことにより学校側も家庭へのアプローチを試みたが、父親からは慎太郎を児童養護施設へ送ろうとした首謀者と判断されてしまい、家庭訪問どころか電話による会話もすべて拒否された。小学校3年生の2学期、慎太郎の不登校が始まった瞬間であった。

(3) トンネルの中から見えた僅かな光

完全不登校となってから3年目を迎えた6年生の春、学校に着任して慎太郎の支援を依頼されたスクールソーシャルワーカーであったが、本児や家族への接点がないことから、まずは教務主任がダメ元で慎太郎の自宅に電話を入れて家庭訪問の機会をうかがうことにした。しかし、父親の反応は相変わらずで電話口に出ても、「○○小学校の……」と切り出した瞬間に電話を切られてしまった。幾度となく学校を介して接触を試みたが、ことごとく失敗に終わった。最初からトンネルに潜り込んだような感覚で出口の光はまったく見えない中でのスタートとなった。

学校（教師）を経由してつながる機会を逸したスクールソーシャルワーカーは別なる手立てを模索した。何日も何日も頭の中で出口のない迷路を行き来しては自問自答を繰り返した結果、スクールソーシャルワーカーは長期戦を覚悟のうえ慎太郎ではなく日常的に介護を必要とする父親の支援機関との連携から介入の糸口を探ることを決めた。以前よりホームヘルプサービスを利用していることは把握していたことから、区役所の子育て支援課に協力してもらい、福祉・介護保険課の担当者を紹介してもらった。そこでこれまでの支援経過について丁寧に説明を行い、その後も足繁く担当者とやり取りをしていくなかで徐々に信頼関係を築いていき、約1カ月後には父親の支援を行う関係者の仲間に入れてもらうことができた。地域包括支援センターが中心となり行われるケース会議に何度か出席するなかで、父親が最も心を許している支援者が地域保健福祉課の保健師であることが判明した。その保健師は定期的に家庭訪問を行っており、父親の受け入れも非常に良いとのこと。そこで、慎太郎の安否確認を含めた当面の状況把握は保健師の協力を得ながら間接的に行うことにした。

それから約3カ月が経過した頃、保健師より一本の電話がスクールソーシャルワーカーに入った。ここ最近は親子喧嘩が頻発しており、慎太郎の対応に父親が苦慮しているという連絡だった。6年生になった慎太郎は反抗期にある様子で、些細なことがきっかけでの口論が増えてきたらしく、物事が思うようにならないと寝たきりの父親に向かって暴言を吐きモノを投げつけたりするようになったという。近頃では保健師に対し、「もう私の手には負えない。やはり、あの時に施設に入れておけば良かった……」と父親の口から弱気な発言も聞かれるという。そこで保健師は慎太郎が在籍する小学校には今年度からスクールソーシャルワーカーという福祉の専門職が配置されている情報を伝え、父親の悩みについて相談に乗ってもらえるかも知れないと伝えたところ、是非とも一度会って話を聞いてもらいたいというところまで引き出してくれたのであった。真っ暗なトンネルを手探りで前進していたところ、突如目の前に僅かな光が射し込んだ。スクールソーシャルワーカーはこれを千載一遇のチャンスと捉え、二つ返事でその要請に応じることにした。

（4）ラーメンの先に見えた可能性

保健師から電話連絡があった二日後には、一緒に家庭訪問に同行させてもらうことになった。これまで学校からの電話にはまったく出ることもなく、学校関係者との接触を拒んでいた父親であったため、スクールソーシャルワーカーは教師ではないことを強調して保健師に同行したことから父親の受け入れも良く、スムーズに自宅にも立ち入ることができた。初めて足を踏み入れた自宅内は物が散乱しており、昼間にもかかわらずカーテンも閉め切っていた。家のなかで猫を何匹も飼っていることもあり、その臭いが部屋中に充満していた。「どうぞお入りください」。玄関を入ってすぐの和室にある電動ベッドに横たわる父親が迎え入れてくれた。「はじめまして。スクールソーシャルワーカーの○○です」。その自己紹介が終わるや否や、父親は最近の慎太郎の様子を矢継ぎ早に語り始めた。慎太郎が父親に悪態をつくこと、父親の財布からお金を抜き取ること、家の手伝いをしないこと等々、狭い家の隅まで響き渡るような大きな声で日頃の悩みを打ち明けた。その声が届いているはずの隣の和室の隅っこでは慎太郎がひたすらTVゲームに没頭しており、こちらの挨拶にもまったく反応を示さなかった。

その日からスクールソーシャルワーカーは慎太郎の自宅への定期的な訪問を開始することが決まった。最初は父親との対話を中心としながら、次第に慎太郎との関わりを増やして、時には一緒にTVゲームをして時間を過ごすなど、徐々にその距離を縮めていった。そんなある日のこと、二人でTVを観ていたときに地元のラーメン特集が放送されていた。それを観ていた慎太郎が「美味しそう。食べてみたいな……」と呟いた。それを聞き逃さなかったスクールソーシャルワーカーは間髪入れずに「じゃあ、一緒に行ってみない？」と誘った。慎太郎は少し恥ずかしそうな表情で「うん」とうなずいた。以前、父親は「四六時中（慎太郎と）一緒にいるので、正直なところ一人の時間が欲しいです」と話していたこともあり、スクールソーシャルワーカーが慎太郎と外出をすることについては即答で許可を得ることができた。その日の夕方には学校でケース会議を行い、慎太郎との外出による余暇支援について具体的な計画を提示して承認を得た。また、これらの動きについては児童相談所の児童福祉司にも情報提供を行った。この3年の間に担当者が何度か入れ替わり、過去の施設措置に向けた動きを知らない児童福祉司が担当であったが、慎太郎の状況を常に気にかけてくれており、過去の記録に関する確認等もスクールソーシャルワーカーと一緒に行い共通理解を図りながら支援を行うことができた。そして、慎太郎とラーメンを食べに行く外出はその一週間後から開始した。

初回のラーメン屋は慎太郎のリクエストで市内の中心部にある超人気店となった。バスを利用して行くことから、その前日に自宅にあるパソコンを使って慎太郎と一緒に乗車するバスの系統やバス停の位置などを調べるなどして準備を行った。当日は多少緊張の様子ではあったが、自ら調べたルートに従い現地まで無事にたどり着くことができた。開店時間の少し前に到着したので行列に並ぶこともなく店内に入ることができた。注文は二人でじゃんけんをして勝負に負けた慎太郎がスクールソーシャルワーカーの分も合わせて注文することになった。緊張してなかなか店員に声をかけることができない慎太郎であったが、しばらくして店員がもじもじする慎太郎に気づいて「ご注文はお決まりですか？」と尋ねてくれたので、なんとかラーメン2杯を注文することができた。しばらくして注文したラーメンが目の前に登場した瞬間、慎太郎はこれまで見たことのないような無邪気な笑顔を見せ、「うわぁ、めっちゃ美味そう‼」と発するや否や一気に食べ始めた。その後、しっかりと替え玉も二度して初めてのラーメンツアーが終了した。「ねぇねぇ、次はどこに行く？」。帰りのバスでは慎太郎の方からの働きかけで早くも次回の打ち合わせが始まっていた。家に帰宅するとかなりのハイテンションで今日の出来事や感想を伝える慎太郎の姿に圧倒される父親であったが、ここ最近では見ることのなかった明るい表情に気づけば皆が笑顔になっていた。

(5) スモールステップで寄り添う姿勢

その後も定期的にラーメンツアーを楽しみながら慎太郎の活動範囲を徐々に広げ、段階的に学校復帰に向けた取り組みを開始することになった。支援を開始して半年後には福岡市こども総合相談センター(教育相談課)への通所を開始して、新たに教育カウンセラー(臨床心理士)との面談が始まった。これは慎太郎の希望で適応指導教室の利用を念頭に置いての利用となる。3学期からは試験的に週1日3時間の計画で小学校の別室登校も始め、着実に学校復帰に向けて歩を進め始めた。その間、心掛けたのはスクールソーシャルワーカーから過度な登校刺激を行わないことであった。あくまでも慎太郎自身が「学校へ行きたい」という気持ちを周囲に示すまでは、常に寄り添いながらその様子を見守り続けた。すると、卒業を迎える頃にはほぼ毎日登校することができるようになり、一日の大半を教室で過ごすことができるようにまでなった。その間、スクールソーシャルワーカーは別の試みとして父親と学校(教師)の関係修復にも力を入れた。一つひとつの積み重ねにより長かった冬の時期が終わりを告げようとしていることを手ごたえとして実感したのは、慎太郎が小学校を巣立つ3月のことだった。

卒業式には父親が慎太郎の卒業証書を受け取る姿を見届けることができるよう、体育館に車いす専用の座席を用意するなどの配慮も行った。壇上で校長より卒業証書を受け取る息子の晴れ姿を父親は溢れる涙を拭うことなくじっと見つめ続けていた。卒業式終了後、在校生や教職員が校庭でアーチを作って卒業生を送り出した。誰もいなくなった校庭で帰りの介護タクシーを待つ間、小学校の教師たちが父親に「お父さん、おめでとうございます」「息子さん、立派でしたね」「逞しく成長されましたね」とたくさんの祝福の言葉をかけられ、父親も涙ながらに「本当にお世話になりました。3年前は先生たちにひどい言葉を言ってしまったことを心からお詫びしたい」と伝えた。その言葉を受けて教務主任がそっと父親に近づき、耳もとで優しく語りかけた。「お父さん、私たちもこの一年間の慎太郎君の変化を見ていたら、あの時に施設への入所を進めようとしていた自分たちの行動が間違っていたと思うようになりました。そして今日、慎太郎君が卒業を迎えることができて、あの時に施設入所が中止になって本当に良かったと思いました。当時の私たちは〝今〟しか見ておらず、慎太郎君やお父さんの気持ちを考えずに自分たちの判断が正しいと思い込んでいました。正直なところ、慎太郎君の将来までは目を向けておらず、危うくその可能性を私たちが潰してしまうところでした。本当にすみませんでした」これまでは互いに批判し合うことはあっても、自らを反省して相手を思いやるようなことはなかった。慎太郎の変化による成長が周囲の大人を変容させたことは紛れもない事実であった。

(6) 父との別れと新たな挑戦

中学校に入学した慎太郎は、小学校の頃と同じペースを維持しながら、月2回の福岡市こども総合相談センター（教育相談課）への通所を継続しながら、学校では在籍するクラスと学習の遅れを取り戻すための個別指導を受けるための別室を行き来しながら中学校生活を送っていた。すべてが着実に好転し始めたと誰もが思い始めた矢先、それはあまりにも急な悲しい出来事が起こる。中学校3年生の春、慎太郎が学校から帰宅したところ、ベッドで意識を失っている父親の姿が目に飛び込んできた。異変を察知した慎太郎はすぐに救急車を呼び、到着した救急隊員により父親は病院に緊急搬送された。知らせを受けた学校関係者も病院へ向かったが、父親は重度のくも膜下出血を起こしており意識不明の重体が続き、その約一週間後に父親は帰らぬ人となった。

慎太郎はひとりぼっちになった……

父親の四十九日法要が無事に終わった頃に児童相談所が主催したケース会議には、学校や行政関係者だけでなく県外に住む遠い親戚までも集まり、今後の慎太郎の生活について話し合いを行った。親戚は強く児童養護施設への入所を強く希望したが、当の慎太郎はずっと黙って俯いたまま。その状況を見かねたスクールソーシャルワーカーが慎太郎に優しく声をかけた。「慎太郎君はどうしたいの？」。わずかな間をおいて慎太郎が重い口を開いた。「僕は施設に入りたくない。この中学校を卒業して高校に進学したいんだ」。その声に同調した中学校の教頭からは「なんとか慎太郎君をこの中学校で卒業を迎えさせてもらえませんか？」と親戚に理解を求めたが、親戚は「中学生に一人暮らしは無理でしょう。私たちには責任持てません」と渋い表情。しばらく重い空気に包まれたが、それを打ち破る提案をしてくれたのは児童福祉司だった。「中学校3年のこの時期から児童養護施設に入所するのは稀であり、高校受験を間近に控えるなから生活環境が一変して集団生活を送るのは慎太郎君にとって負担が大きいと思います。私は本人の希望を尊重するための選択肢として自立援助ホームというところで生活をしながら、このまま中学校に通い続けるほうが良いかと思います」と落ち着いた口調で児童相談所の立場から見解を述べた。奇しくも小学校3年生の時に施設入所を進めた学校と児童相談所が今度はタッグを組んで慎太郎の地域での生活を支援する方向で協働した。結論はすぐには出なかったものの、その後もケース会議は何度も行われ、最終的には慎太郎の意思を尊重して、自宅の近くにある自立援助ホームに入所することが決まった。

自立援助ホームへ入所した慎太郎は区域外就学の手続きを取り、これまで通り中学校へ通い続けることができた。その後も継続して中学校は高校進学に向けた学習支援、児童相談所は日常の悩みなどに関する相談支援、自立援助ホームは将来的な自立に向けた生活支援など各々の役割を果たしながらチームで慎太郎を支え続けた。

父親の亡き後、悲しみを乗り越えた慎太郎はこれまで以上に勉学に励み、卒業後の進路として目標に定めていた第一志望の定時制高校に見事合格した。苦労の末に手にした合格通知は自室にある小さな仏壇の前に置かれていた。遺影のなかで微笑む父親の表情が普段より心なしか嬉しそうに見えたと語った慎太郎の表情は達成感に満ち溢れていた。

(7) 自立に向けた大きな一歩

中学卒業後、慎太郎は定時制高校に進学した。アルバイトを掛け持ちしながら学業との両立は決して楽ではなかったが、児童福祉司や慎太郎が通う高校にも配置されていたスクールソーシャルワーカーの支援を受けながら地道に努力を重ねた。高校2年目にはアルバイトで貯めたお金で自動二輪の運転免許を取得し、3年目には中古バイクを購入した。その写真を慎太郎は児童福祉司やスクールソーシャルワーカーにメールで送ってくれた。そこには「自分で働いて貯めたお金でバイクを買いました。みんなが僕を応援してくれたので何とか頑張れました」と短い文章が添えられていた。実は、父親との別れを経験した当時に行われたケース会議の場面で「どうぜ僕はひとりぼっちだし……」と呟いた慎太郎の言葉がずっと耳から離れなかった支援者たちにとって、〝みんなが僕を応援してくれた〟は何よりも嬉しい言葉であった。

慎太郎は4年かけて無事に定時制高校を卒業した。20歳になると自立援助ホームを退所しなければならないため、卒業前から自立援助ホームの職員や児童福祉司らの協力により新居探しを始めた。高校在学中、システムエンジニアになるという新たな目標ができた慎太郎は着実に自立に向けた一歩を踏み出そうとしていた。

自立援助ホームを巣立つ朝、職員に一通の手紙を手渡した。そこにはこれまでの波瀾万丈の人生の振り返りと今後に向けた抱負が記されていた。手紙の最後には「正直、不安もたくさんある。しかし、今まで学んできたことをやっていけば、自分ならきっとやっていけると思っている。この先様々な困難が待っていると思うが頑張っていこうと思う。これまで本当にありがとうございました」。

支援者である以上、慎太郎の本当の家族にはなることはできないが、支援者たちは常に慎太郎の気持ちに寄り添いながらその成長を見守り続けてきた。児童相談所、小学校、中学校、高校、区役所子育て支援課、自立援助ホームなど多くの機関や支援者がバトンをつなぎながら慎太郎を伴走してきた。これからはペースメーカーもいなくなり自分を信じて前進していくことになる。時にはふと立ち止まることもあるかも知れない。不安や孤独に押しつぶされそうになることもあるかも知れない。そんなときは遠慮せずに後ろを振り向いてほしい。私たちはずっと慎太郎を応援している。旅立ちの日に集った関係者は慎太郎の幸せを心から願いながら、見えなくなるまでいつまでもその後姿を見つめていた。

3　福岡市のスクールソーシャルワーカーの強み

福岡市のスクールソーシャルワーカーは全国でも先進的な取り組みをしていることで知られている。ここでは先述した事例の解説と併せて福岡市のスクールソーシャルワーカーの強みついて分析をしていきたい。

(1) 児童相談所とのコラボレーション

福岡市教育委員会の組織のなかで、スクールソーシャルワーカーが所属する教育相談課は唯一、福岡市こども総合相談センターに置かれている。保健・福祉・教育の総合型複合施設であるセンター内に児童相談所、教育委員会（教育相談課）、警察[3]（福岡少年サポートセンター）の三機関が同居しているのは全国でも稀な環境であり、何より〝同じセンターの職員〟としてスクールソーシャルワーカーも位置付けられていることから、児童福祉司他（児童相談所）や少年育成指導官他（福岡少年サポートセンター）との連携も密に行えることは大きな強みである。

福岡市のスクールソーシャルワーカーは毎週水曜日に全員が福岡市こども総合相談センターに勤務する「在課日」が定められている。この日はスクールソーシャルワーカー全体のミーティングやグループ活動、さらにはスーパービジョンなど、日頃一任職として学校にいる時にはできない組織的な取り組みを行う貴重な一日となっている。一方、在課日である水曜日は児童相談所の受理会議が行われる日であるため、この日に出勤するとスクールソーシャルワーカーのレターケースには一週間分の通告内容が記載された受理簿が投函されており、そのリストを確認しながら担当する小中学校の子どもが新規・継続相談として名前が挙がっていないかをチェックするのである。午前中に開かれる受理会議にはスクールソーシャルワーカーも参加することが認められており、そのなかで一時保護されている子どもの状況も把握することができる。担当の児童福祉司や児童心理司と密な情報交換等を行いたい場合は会議終了後の合間を見計らい個別に協議を行ったりもしている。児童相談所の事務所がある5階のフロアでは至る所でスクールソーシャルワーカーが児童福祉司や児童心理司と話し合いをしている姿を目にする。他の自治体ではあり得ない光景かと思うが、福岡市こども総合相談センターのなかでは日常のよくある場面である。〝同じセンターの職員〟であることはスクールソーシャルワーカーにとっても非常に心強い仲間がいることを意味する。日頃から「顔の見える関係」であることから信頼関係に基づいて連携を定期的に行うことができるため、児童相談所による介入判断も効率よく行うことができる。また、児童相談所の直接的な関わりが終了した後もスクールソーシャルワーカーを介して地域で暮らす子どもの情報が入りやすいため、継ぎ目のない支援を継続的に行うことができる。学校で活動するスクールソーシャルワーカーにとっても問題が起きてから動くというような対処療法ではなく、気になる子どもを発見した段階でつながりを作っていくことで、早期発見や未然防止さらには迅速な初期対応を可能とする有機的な連携を行うことができている。慎太郎の事例においても、長年不登校であった本人の支援から次第に活動範囲を広げていく過程のなかで、段階に応じて計画的に福岡市こども総合相談センターの機能を取り込むことができたのは、日頃から定期的な情報交換を行うことができていたことが非常に大きい。互いに共通理解を図ることができているからこそ、父親が亡くなった後の生活の場として自立援助ホームの利用につなげることができたといえる。

(2) 学校でソーシャルワークを行うことの意義

福岡市教育委員会のスクールソーシャルワーカーは「拠点巡回型」という活動形態[4]を採用している。これは教育委員会が指定する中学校区にスクールソーシャルワーカー1名を配属して校区内にあるすべての小中学校を担当するというものであり、そのなかの一つの小学校に活動拠点（拠点校）を置く。職員室のなかに

3　福岡県警察本部少年課の所管で県内5カ所に設置されている。少年サポートセンターでは少年育成指導官を中心に関係機関やボランティア団体と連携を図りながら、少年相談、立ち直り支援（社会奉仕体験活動就労支援）、街頭補導、広報啓発活動（非行防止教室、薬物乱用防止教室他）などを行っている。

4　わが国におけるスクールソーシャルワーカーの活動形態は「配置型」、「拠点巡回型」、「派遣型」の三種類に大別される。ちなみに、海外で「派遣型」を採用している国は基本的に存在しない。あくまでもスクールソーシャルワーカーは学校に配置されて活動する専門職として理解されている。

はスクールソーシャルワーカーの机が設置されており、日常的に教職員や子ども達との交流を図ることができる。その他の小中学校（巡回校）にも定期的に巡回して支援を行うことから、教職員の一員として校区に根差した活動ができるのが最大の特徴である。教育委員会に所属して派遣要請に応じて学校に出向く「派遣型」や指定された特定の学校を担当する「配置型」だと慎太郎の事例では限定的な関わりを余儀なくされたかも知れない。しかし、「拠点巡回型」では同じ校区内であれば小学校と中学校の両方でスクールソーシャルワーカーは支援活動を行うことが可能であるため、小学校を卒業して中学校に入学した後も継続して支援に携わることができた。９カ年の見通しを持って支援をできることも「拠点巡回型」の強みである。全国的にはスクールカウンセラーと同様に中学校への配置を進める自治体が多いなか、福岡市は当初より小学校を中心にスクールソーシャルワーカーが支援活動を行うことを重視してきた。不登校、いじめ、非行など中学校で諸問題が顕在化してから支援を開始するのではなく、小学校の早い時期から子どもや家族と関わり、それらにつながるリスクのある生活課題を改善へと導くことで問題の出現を抑制していくことをねらいとしている。普段から学校で活動するメリットは多く、教師も何かあれば気軽にスクールソーシャルワーカーへ相談することができるだけでなく、スクールソーシャルワーカー自らも学校で子ども達の日々の様子を捉えることができることから、些細な変化から支援を必要とする子どもを早期発見することも可能となる。慎太郎とラーメンを食べに外出を企画することができたことも、学校を拠点に活動しているからこそ継続的に取り組むことができた活動であるといえる。

また、小学校に拠点を置くことで幼稚園や保育所などとの関わりも持ちやすいため、就学前の子どもに関する様々な情報を早い段階から入手することができる。このことは子どもや家族が抱える問題の背景を適切に理解していくうえでも重要であり、支援の選択肢を増やしてくれる。学校からの接触を断たれた際、父親の支援者とのネットワークづくりのヒントを提供してくれたのは、慎太郎がかつて通っていた保育園の園長であった。母親を亡くした後、園長は事あるごとに父親の相談に乗ってきた。慎太郎にとっても母親的な存在で家族の様々な歴史を知る園長からの助言は暗中模索していた当時の支援に新たな可能性を示してくれた。

問題が出現する前の〝気になる〟段階から寄り添うことができることで、保護者とも子育て応援をするスタンスから接触することができ、家族とも協力的な支援関係を築くことが可能になる。なかには、支援が必要であるにもかかわらず、当事者（子どもや保護者）がそれを求めていないことや気づいていないこともある。その場合は「アウトリーチ」という手法を用いて訪問型の積極的なアプローチから必要な人や支援につなげていく。その際にスクールソーシャルワーカーが意識するのは〝情報〟の取り扱いである。アウトリーチの対象は必要な情報が入っていない状態（未情報化）もしくは誤った情報に支配されている状態（誤情報化）であることは多いことから、それらの情報を〝修正〟する作業を丁寧に行っていく。これも学校にいるソーシャルワーカーだからこそのソーシャルワーク実践である。

4　教育と福祉の協働に向けて

福岡市こども総合相談センターは通称えがお館と呼ばれている。2008年度にスクールソーシャルワーカーとして採用された際の初任者研修でこの総合型複合施設は児童相談所と教育委員会、さらには警察との緊密な連携を図ることのできる理想のセンターであることを説明として受けた。しかし、研修を終えて学校に配属された当初、〝えがお館〟の意外な評価に戸惑いを隠せなかったことを昨日のことのように思い出す。セールスポイントの一つになるであろうと「スクールソーシャルワーカーは〝えがお館〟の職員も兼ねています」ということを校内でしきりにアピールしていたが、思いのほかそれに対する教職員の反応は乏しい。むしろ、校長からは「あそこ（福岡市こども総合相談センター）は〝笑顔が無くなるえがお館〟で有名だからあまり期待してないよ」と渋い表情で教職員の乏しい反応の理由を聞かされた。その後、子どもの支援を通して見えてきたことは、その学校がこれまで児童相談所との連携に苦労した経験が幾度となくあり、そのことが児童相談所だけでなく〝えがお館〟全体の評価となっていることがわかった。一方、担当の児童福祉司と協議をする場面においても事あるごとに学校との連携の難しさを耳にしており、〝えがお館〟の強みが十分に発揮されていないという何とも笑顔になれない実情を目の当たりにした。

高良（2008）が全国の児童相談所に勤務する児童福祉司を対象に行った調査では、小学校との連携が困難な理由に関する回答で最も多かったのは、「児童相談所の機能に関する教職員の無理解」（70・6％）であった。次いで、「虐待に関する教職員の認識の低さ」（58・8％）、「価値観の相違」（48・5％）などが上位を占めていた（表5-2）。これらの結果は学校で従事してきたスクールソーシャルワーカーの立場から見ても同調する部分がある。一方、学校現場で活動して感じるのは学校（教師）も児童相談所（児童福祉司）に対して同様の印象を抱いているということ。児童相談所の職員も学校の機能に関して十分な理解をしているとは言い難い。また、学校現場が抱える不登校等の複雑多様化した事象に対して児童相談所の関心は低い。つまり、教育（学校）と福祉（児童相談所）が協働していくための課題をそこに見出すことができる。協働とは立場の異なる者が各々の役割を果たして同じ目的を成し遂げるという意味である。教育と福祉の協働に向けて最初に取り組むべきことは互いを「知る」ということではないだろうか。そこを取り持つ緩衝剤としての役割がスクールソーシャルワーカーにはあると思う。

また、連携困難な内容として上位を占めたのは、「合意形成をすること」（73・8％）、「共有責任をもちあうこと」(49・2%)、「役割分担をすること」(41・5%)であった(表5-3)。これについては、元々が教員養成課程で相談援助に関する専門的なトレーニングを受けてきたわけではないため、教師が他職種と容易にこれらのことを成し遂げることは至難の業である。しかし、学校現場だけでは対応が難しい子どもの問題が増えている状況から考えると、これらの内容については学校も改善に向けた取り組みをしていく必要があり、そこで求められるスクールソーシャルワーカーへの期待はとても大きい。

表5-2　小学校との連携が困難な原因

項目	割合(%)
児童相談所の機能に関する教職員の無理解	70.6%
虐待に関する教職員の認識の低さ	58.8%
価値感の相違	48.5%
児童福祉司の多忙さ	39.7%
教職員の多忙さ	36.8%

出所:高良(2008)

表5-3　小学校との連携が困難な内容

項目	割合(%)
合意形成をすること	73.8%
共有責任をもちあうこと	49.2%
役割分担をすること	41.5%
情報を共有すること	35.4%
定期的に連絡をとること	12.5%

出所:高良(2008)

今後、「チーム学校」が推進されていることから考えてみても、スクールソーシャルワーカーは特に校内ケース会議を中心にチームで支援を行うことができる校内体制づくりにさらなる貢献をしていくことが求められる。学校と福岡市こども総合相談センター(えがお館)の両方に所属している強みを発揮してきたからこそ、福岡市のスクールソーシャルワーカーは25名まで着実に人員を増やしてきたと言っても過言ではない。子どもや家族だけでなく教師も〝笑顔になるえがお館〟の機能を最大限に活かしたソーシャルワークを追い求めていくことが教育と福祉の協働を具現化するスクールソーシャルワーカーに課せられたミッションの一つである。

〈参考文献〉

門田光司（２０１０）『学校ソーシャルワーク実践―国際動向とわが国での展開』ミネルヴァ書房
門田光司／奥村賢一（２００９）『スクールソーシャルワーカーのしごと―学校ソーシャルワーク実践ガイド』中央法規出版
高良麻子（２００８）「児童虐待におけるスクールソーシャルワーカーの役割に関する一考察」『学校ソーシャルワーク研究』３号、２‐13頁
文部科学省（２０１５）『学校における教育相談に関する資料』

第6章

インターフェースとしての少年サポートセンター
――「警察」と「児童相談所」の真の連携とは

堀井智帆
〔福岡県少年補導職員〕

はじめに

「NO ヤンキー　NO LIFE」

「非行少年大好き。非行少年なしの人生は考えられない少年サポートセンターの堀井です」が、もっぱら私のキャッチフレーズである。

家の外からバイクの音がすると、我が子が幼い頃は、「ママの好きなお兄ちゃんたちきたよ～！」と私に知らせに来ていた。我が子は、私が、ヤンキーが大好きでこの仕事をしていると思っている。

正確には、ヤンキーが大好きでこの仕事をしたわけではなくて、この仕事をして、ヤンキーが大好きになったのだが……。我が子たちが生まれたときには、ママはすっかりヤンキーが大好きで、上の子を妊娠中に「生まれたら会わせてね」と約束した担当の男の子が、その後傷害事件を起こし、鑑別所→少年院。約束を果たすために私は、0歳の我が子を抱き、「ここが少年院っていうんだよ～」と。我が子は、0歳の頃から少年院に出入りしている。時々、家に遊びに来る担当の子どもたちに遊んでもらい育った我が子たちは、きっと「ヤンキーは優しい」と思っている。

私はよく、非行少年と関わっていると言うと、「ストレスにならないの？」「危なくないの？」と尋ねられることもあるが、物心ついたころから私は母から「おせっかい」と言われていて、もともとの性格が仕事にもなったようなものなので、あまりストレスに感じたことはない。

時々、相談を詰め込みすぎて疲れていることに気付かずに、時々ぶっ倒れたりする。「倒れるまで相談受け続ける信じられない人」と同僚からは呆れられることもある。

だけど、それほどまでに、夢中になれるのは、子どもと関わる仕事が、どれほど素晴らしい仕事なのかを、彼らが教えてくれたからだ。

そんなちょっと変わった警察職員らしくない警察職員である私は、現在、えがお館内で、児童相談所のゆかいな仲間たちと共に、日々の様々なケースに奮闘中だ。その一部をお伝えできたら幸いである。

1 少年サポートセンターの正体

福岡少年サポートセンター[1]って？ これだけ聞いても一体どこの何の組織か分かりづらいであろう。

私の勤務する福岡少年サポートセンターは、「えがお館」の5階にある。児童相談所と同じフロアの別室にある。正式名称は、「福岡県警察本部少年課福岡少年サポートセンター」である。

なんと福岡県警察本部少年課の相談機関である。児童相談所に警察の機関が入っているのは、全国的にもかなり珍しいケースであるが、福岡県警では、県内に5カ所設置されている少年サポートセンターのうち、3カ所が児童相談所と併設されている。そして、少年サポートセンターでは、少年育成指導官[2]と警察官が一丸となって、子どもたちを「犯罪の加害や被害から守る」ため、少年相談や補導、講演などを行っている。

ちなみに、我ら少年育成指導官は、「社会福祉・心理・教育学のいずれかを専攻した者」というのが受験資格となっており、福岡県警内に15名定員である。採用後は、県内に5カ所ある少年サポートセンターにおいてのみ勤務する精鋭たちだ。

他部署への異動はないため、経験の蓄積が大きく、専門性が磨かれる点が大きな特徴である。

1　少年警察活動規則（2002年　国家公安委員会規則2条12項）。
2　福岡県少年警察活動規則の運用について（2003年　福岡県警察本部内訓9号）。

少年サポートセンターが、えがお館に入居し、児童相談所と同フロアで活動するようになって、もうすぐ15年を迎えようとしている。開所がついこの間のように思い出されるが、この14年でその連携は、確実に進歩し、互いになくてはならない存在となりえるまでになった（はず……）。それは、まさに、この年月の中で重ねた一つ一つのケースの積み重ねによって築かれた関係なのである。児童相談所と少年サポートセンターにとってもまさに「子は鎹《かすがい》」なのだ。

2 児童福祉司になり損ねた警察職員

今となって、私は、「非行少年大好き」と公言し、水を得た魚のように毎日を過ごしているわけだが、決して最初からそうだったわけではない。

私は、もともと大学で、社会福祉を専攻。盲導犬訓練士になるといって入学した。しかし、大学3年時、児童相談所に実習に行き、人生が大きく変わった。それまでの私は、「子どもは、親から愛されて育つのが当たり前」だと思っていた。それなのに、こんなに身近なところで、こんなに沢山の子どもたちが親から愛されることができずに育っているという実態に、大きな衝撃を受け、「なぜだろう」とこの世界に引き込まれた。

大学卒業後は、「虐待で傷ついた子どもたちを救いたい」と児童相談所のケースワーカーになるのが、私の夢だった。

しかし、恩師から「あなたは、児童相談所のケースワーカーにはならない方がいい」と言われた。当時、児童相談所の職員は、専門職ではなく、行政職の異動で配属される部署であった。関係のない部署にも異動する可能性が高く「役所人生のうち何年児童相談所にいられるか分からない」という現実を知り、私は、泣く泣く夢を諦めたのだった。

　採用から退職まで子どもの相談に関われる仕事を探すこととし、卒業後は、2年間、児童養護施設で指導員として働いた。施設での勤務は過酷だ。傷つき体験を持つ子どもたちの試し行動に、日々応えながら、汗水涙流し働く私に、子どもたちが発する言葉は、「お母さん」「お父さん」ばかり。家庭で共にいる親子へ何かできることはなかったのかと、再びソーシャルワークへの想いが強まっていた頃、なんと「警察」の中に子どもの相談に関われる専門職があると知り、採用試験を受けた。

　縁があって入った福岡県警察。しかし、入ったと同時に警察学校に入校。文化部経験しかなく、大学は、オルガンの音でも鳴り響こうかという女子大にいた私にとって、これまで味わったことのないザ・体育会系、努力と根性の世界。戸惑って、正直続けていく自信を一瞬で失った。

　それでも何とか警察学校を卒業し、新任配置された警察署でも、さらなる試練にぶつかった。それは、そこで出会った子どもたちの姿。

「傷ついた子どもたちを救いたい」と熱い想いでこの仕事に就いたのに、初めて出会う子どもたちは、当時、ダボダボ服に金髪。ズボンを腰まで下げて肩で風を切って、声をかけても「ウザイ」「きもい」。携帯番号を聞いても「国家権力には教えたくない」と言われ、大人を拒否し、むしろ遠ざかろうとする子どもたちの姿に正直戸惑った。

「警察」だし、「思春期、反抗期真っ只中の子どもたち」だし。自分が思い描いていたものと、何か色々、「ちょっとずつずれたなぁ」と思いながらこの仕事が始まった。

　私たちが関わる子どもたちは、傷害・暴走・窃盗・薬物・性非行・家庭内暴力・いじめなどなど……。何かしらの問題行動を抱えた子どもたちだ。

これらの問題行動を収めるべく、子どもたちの生育暦や家庭にまで踏み込んで関わっていったときに、私が気付いたことは、たとえどんな問題を起こしている子どもでも、こちらがしっかり向き合って関わっていけば、「みんなかわいい、同じ子ども」なんだなぁということ。

夢であった児童福祉司になれなかったことは、今でも何だかずっと、心残りな気もする。だけど、たどり着いたこの仕事も今では「天職」だと思えている。それは、この仕事が子ども時代最後のSOSを受け止める重要な仕事だからである。

3 夢の舞台

少年サポートセンターは、全国の都道府県警察に存在している。しかしながら、その運用は都道府県の采配に任されており、活動内容や職員の資格、センターの設置場所までその運用はバラバラで、県の規模に比例していないのが実情である。よって、県によって「少年サポートセンター」のイメージは、多少、差異があるかもしれない。

実際、福岡県警でも、私が採用されてから2年間は、少年サポートセンターが立ち上がっていなかった。そのため、私は、警察署の少年係で勤務していた。

忙しい警察署に身を置いていれば、警察署の業務に巻き込まれていくことは仕方のないことで、ほぼ相談は受けられず、私にとっては、もどかしい日々であった。「このままなら、もっと子どもに関われる仕事に……」という気持ちさえ芽生えていた。

しかし、その頃、全国警察的には、少しずつ変化も起こっていた。非行少年に対しては、「検挙」「補導」

だけでなく、「立ち直り支援」を推進する潮流が生まれていた。

1998年頃、非行情勢が、全国的に深刻な状況であった[3]ことを背景に、警察庁は、総合的な少年非行対策として、それまでの「検挙・取締り」に加えて、初めて「立ち直り支援」の推進も図ることとしたのである。「強くやさしい」少年警察運営[4]が基本方針となり、その「立ち直り支援」の中心的役割を担う機関として「少年サポートセンター」の構築が推進されたのである。

この流れを受けて、本県でも、2003年に福岡市と北九州市の児童相談所と「同フロア」に、夢の「少年サポートセンター」が誕生した。

転職すら考えていた私に、上司からの「少年サポートセンターでは相談に専従できるぞ」との言葉は、まさに夢のような言葉だった。それからは、毎日スキップが止まらなかった。

児童相談所と同フロアに開所された少年サポートセンターへ、初出勤の日は、同じ少年育成指導官の先輩と喜び合いながら出勤した。

とにかく、児相・学校・関係機関に営業活動。少年サポートセンターが、地域になくてはならない機関として認知してもらうために、相談も講演も厭わず受けた。後から赴任してきた上司がスケジュールを見て、「一人でも倒れたらどうするんだ」と呆れていた。

少年サポートセンターでは、警察の機関であることから、「怒ってください」というニーズも少なくないが、少年サポートセンターは、子どもの問題行動は、すべて、彼らが起こす「問題」なのではなく、社会や大人や親に向けて発せられたメッセージ「SOS」なのだと捉えている。

3 「平成10年警察白書」では、戦後第4の上昇局面を迎えたとされていた。
4 「平成11年警察白書」第3節「少年の非行防止と健全育成」。

サポートセンターに来る前に子どもたちは、ここに来るまでに「怒る」「叱る」「諭す」「泣き落とす」「約束をする」「環境を除去する」などのいわゆる6大関わりを受けてやってくるが、サポートセンターでは、「なぜそんなことをするのか」ではなく「なぜその子が、その問題行動を起こさなければならなかったのか」という背景を探り、根本治療を行うのが、仕事である。

4 少年サポートセンターの武器

少年サポートセンターで関わる子どもたちは、非行真っ只中かひきこもりで、基本が、大人不信である。親と一緒でもサポートセンターまで来所できるケースは少ない。だから、少年サポートセンターは、家・学校・たまり場など子どもたちに会える場所まで会いに行く。この「機動力」が最大の武器である。

これは、即時対応や現場臨場することを、徹底的に叩き込まれている警察ならではの特色だと考えている。福祉に置き換えるところのまさに「アウトリーチ」である。アウトリーチ力は、様々な相談機関の中でも群を抜いていると自負している。

私自身これまでにも数々の家出先やシンナーのたまり場、バリケードの張られた部屋や足の踏み場もないごみ屋敷など様々な家庭訪問を経験し続けてきた。

ドアの押し合いであざを作ったり、いわゆるごみ屋敷で犬のおしっこを踏んだり、初回訪問で「時間がないから風呂場で」と言われて、本当にお風呂場まで押しかけ背中を流しながら自己紹介したこともある（女の子）。

今ではすっかりドアも開かない、足の踏み場もないなど、困難な訪問ほど、腕試しとやる気がみなぎるまでになってしまった。

「アウトリーチは慎重に」という意見もあるが、子ども時代は、そんなに長くはない。私たちにも子どもたちにも、家族にも、残された時間はそんなに長くはない。時間をどれだけでもかけられる訳ではないのだ。少々無理をしても子どもとの関係を壊さずに、入り込むスキルを磨いていかなければ介入は何年でも延びてしまう。

だけど私は、この少々無理をしているとも言える積極的な（強引な？）アウトリーチも、決して子どもとの関係を壊すものではなく、築きうるものでもあると考えている。それは、沢山の子どもたちから教えてもらった。「入っちゃいけないな」というケースは、ドアの前でもちゃんと分かる。それは、沢山の「ドア」の前に行った数だけ分かるようになれるのである。

「子どもには会える場所まで行って会う」をモットーにしているから、サポートセンターは、新規で子どもが来所できなくても、特に問題はない。

サポートセンターのもう一つの大きな強みが、多機関連携である。

福岡少年サポートセンターが、警察の庁舎外へと飛び出し、「えがお館」の中に入っていること自体が、正にこの多機関連携を体言している。しかし、えがお館内のみに留まらず、長年に亘って専門職員が積み重ね築いた多機関連携〝力〟が大きな武器だ。多機関連携のネットワークを築く上でも、「機動力」は求められるが、何せそれが少年サポートセンターの最大の武器なわけで、家庭裁判所・保護観察所・弁護士・学校・医療（精神科や産婦人科）・就労支援機構や協力雇用主など民間の協力者など、様々な機関と幅広く連携しながら困難ケースに当たっている。

5 連携のヒント

(1)「うまくやりたい」だけど「やれそうにない」

では、本題の「警察」と「児相」の連携について考えていきたい。

私は、全国都道府県警察の少年サポートセンターが児童相談所と同居を目指すべきだと心から思っている。それは、互いにとって、そして子どもたちにとって、なくてはならないパートナーだからだ。しかし、我々も、最初からそうであった訳ではない。……というより、正確には、なかった〝よう〟である。児童相談所から見た警察は、悪い子どもは「捕まえる」というイメージが強く、堅くて、融通が利かない。後に聞くところ、「うまくやれるのだろうか」と正直、不安だったとのこと。私は、そのことをつい最近まで知らなかった。「今だから言える」談として最近になって聞いたのである。

しかしこれは、思い返せば、私自身が警察に入った当初感じた「やれそうにない」感とよく似ており、理解に難くはなかった。

これは、もしかしたら、「警察」と「福祉」が出会ったときに起こる、ある一定の現象の一つなのかも知れない。

(2)〝漢字変換できない〟

この現象が起こる要因の一つは、まず日常使う「言語が違う」ことだ。まさに異文化交流。

互いに相手の口走る言葉を一瞬では漢字変換することすらできず、「?・」のまま会話が進む。互いが学んだ教科書には載っていない言葉の数々である。「分かり合えない感じ」はここから生まれる。

私は、昨年、大きな特別捜査班、いわゆる少年事件を専門に捜査するプロ集団の取り扱う事件に入ることとなった。この仕事に就いて17年。「少年事件」に最初から最後までどっぷり浸かるのは、私自身、初めてのことだった。17年も警察で仕事をしている私でも、特捜部屋で飛び交う言語が分からず、ちんぷんかんぷん。たいそう肩身の狭い想いをした。

また反対に、少年サポートセンターには、警察官も配属され協働しているが、少年サポートセンターで飛び交う言葉は、心理用語や福祉用語が多い。警察官が異動でサポートセンターに配属されると、その言語の違いに半年は「頭がチカチカする」らしい。

同じ機関の近い部署での職種の違いでも、これだけのギャップが生まれるのだから、これが他機関ともなるとさらにハードルが高くなるのは、ある意味仕方のないことだ。

他機関連携用のお互いの言語を通訳するお役立ち用語辞典でもあったらいいな。

(3) 厳罰主義か保護主義か

そして次に、警察と福祉では、「非行」や「問題行動」を起こす理由の捉え方にも大きな違いがある。

そもそもの少年法の理念は、少年の「健全育成」と非行少年の「矯正・保護」が大前提である。しかし、長い間、現場で、日々事件に追われる現場の警察署においての非行少年に対しての考え方は、「支援」より「捜査主体」であったかもしれない。非行少年は、「捕まえて少年院へ」という考えが強く、「支援」など馴染まない感覚であった。その傾向は、以前、今よりも顕著であった。私が、「非行少年がかわいい」とでも言おうものなら、「理解できない」と首をかしげられたものだった。

これは、言うなれば、「厳罰主義」とも言える。悪いことをしたら、懲らしめて、気づかせる。懲りることで、二度としてはいけないという気持ちを育てようとする手法である。もちろん、しっかり「枠付け」をすることで、その子の命も他者の命も守ることができるのである。

しかし、福祉的な捉え方は少し違う。

問題行動も、大人や社会へ向けて発せられた「ＳＯＳ」であり、非行少年は、犯罪というハンディキャップを抱えた「要支援対象」。

「なぜその子がその問題行動を起こさなければならなかったのか」という背景に目を向け、その背景（原因）にまでしっかり手を当てることで改善を図る。これは「厳罰主義」に対し、いわゆる「保護主義」的捉え方ともいえよう。

この領域で、〝なぜ、非行を犯すのか〟という問いに、よく「規範意識が低いから」という回答をよく耳にする。だけど私は、「では、なぜ、規範意識が低くなるのか？」ともう一歩踏み込んで考えるべきだと考えている。

規範意識が低くなるのにも必ず原因がある。その原因を無視して、いくら教養しても、規範意識は上がらない。

警察の中では、後者の捉え方をする者は極めて少ない。私は、警察に入って、非行の原因を巡って、ずっとそんな論争の中、理解を得るために闘いつづけてきた感覚すらしている。

今では警察署でも積極的に立ち直り「支援」を行うようになり確実に変化しているが、子どもと関わる大人。更正を目指す大人でも、フィールドが違えば、これだけ捉え方は違ってくるのだから、他機関ともなると連携は決してたやすいことではない。

（４）アプローチの差異

捉え方が違えば、アプローチの方法も異なってくる。

警察官は、事件が発生すれば、厳しい「取調べ」と「捜査」で事件を検挙する。厳しさがアプローチの手法だ。それは、警察が「被害者の無念を晴らす」という大きな役割を担っていることにも起因している。

長年、警察部内において、「支援」という言葉は、主に被害者のみに用いられてきた概念である。そんな中、少年サポートセンターは、「加害者支援」的アプローチを中心に尽力してきた部署であり、警察の中では、実にマイノリティな活動だ。

私は、以前上司から聞かれたことがある。

「加害者支援の重要性と言うけど、自分の子どもが被害者になっても同じことが言える？」と。

誤解がないように付け加えたい。私は、起こしたことをなかったことにして、すべて許して助けようと言っているわけではない。起こしたことの重要性と悪質性に鑑みて、起こしたものについては、しっかり本人が責任を負うべきだと考えている。

実際、私も何にも変えがたいつらい被害者の想いにも何度も触れてきた。言えない私が言っているのは、「加害者」になってしまうリスクのある子どもたちを支援することによって、未然に少年非行を防ごうという意味の「加害者支援」である。

未来永劫、もうだれもが被害に遭うことのない社会にしたいと真に願って、非行少年の立ち直り支援に懸命に取り組んでいるのだ。加害者支援は、最大の被害者支援だと信じている。

そんな中、警察において少年部門以外でも加害者支援をより積極的に行う部署もある。暴力団対策部門である。暴力団の〝離脱支援〟や就労支援などは以前から行われていたが、福岡県警察では２０１６年に離脱者の社会復帰を専門的に支援する専門部署を作り、2017年には過去最高の「離脱者・就労者」への支援を行っている。

実際に、この頃、暴力団対策で本部長が発表したメッセージでも「辞めたい人は支援する」という内容が含まれており、そのメッセージをニュースで見た担当の少年から「あのメッセージは本当?」「本当なら辞めたい」と連絡が来たため、離脱〝支援〟を行ってもらったこともあった。

このように、警察内部での再犯防止に向けた加害者へのアプローチも、確実に変化している。真の再犯防止や立ち直りを目指したときに、検挙や取締りだけでは限界があることに気付き、たどり着くのが、「加害者支援」なのではないかと感じている。

(5) 混ざらない? 「水」と「油」

このように、「警察」と「福祉」では、様々なことにこれだけの差異が生じる。

藤林所長は、この両者の関係をよく「水と油」と表現する。「水と油」現象が起こってしまうことは、ある意味仕方のないことなのかもしれない。

では、この「水」と「油」は、本当に相容れない関係なのだろうか。

結論から言うと、「水」にも「油」にもそれぞれに大切な機能と役割があり、また、得意・不得意もある。互いが合わさることで、ない部分を補い合える「最強のパートナー」になり得るというのが、今の私の結論である。

警察措置の長所は、「特効性」「即効性」があるが、反面「対処療法的」で、問題の本質には介入できていない。反面、福祉的措置の長所は、問題の本質に介入できることから「根本治療を目指せる」が、「特効性」「即効性」がない。

このように「水」と「油」は、ちょうど真逆の機能を持っており、視点を変えれば、足りないところを補い合うことのできる最強のパートナーなのである。最近私は、むしろ互いに一つの機関では〝未完成〟で、お互いになくてはならない存在なのではないかと思うまでになった。双方がうまく組み合わさってこそ、真の子どもたちの立ち直りが実現するのではないかと考えている。

6 機関連携

では、この福岡で、特に「警察」と「児童相談所」が、どのように「水」と「油」現象の中で、日々パートナーとして実働しているのか。

機関連携とは、うまくいけば、これほど心強いものはないが、うまくいかないときには、本来の目的を忘れ、大人同士のけんかのようにもなり、「時間」と「エネルギー」ばかりがとられ、子どもの支援どころではなくなる。私自身、そんな経験を、これまでに何度も味わった。

「水」と「油」の融合は、単にケースを共有すれば適うわけではなく、ある一定の条件が必要である。その条件こそ、「水」と「油」を混ぜるための〝有能な繋ぎ役〟の存在があるか否か。いわゆる〝界面活性剤〟となりうる「インターフェース」の存在がいるかどうかなのだと考えている。

この意味で、「少年サポートセンター」は、警察職員でありながら福祉や心理に精通した職員が勤務し、まさにこの「インターフェース」としての役割を担うポテンシャルを持っている。「少年警察」と「児童福祉」の関係性を図示すると次のようになる。

一般警察官＞少年課（係）警察官＞少年サポートセンター警察官＞少年補導職員＞福祉機関職員[5]

これは、言語や捉え方の感覚が、近い順に並べたものであり、すなわち最前と最後尾が一番遠い存在であることを示している。

近いもの同士は、互いに理解がしやすいが、距離が開けば開くほど、相互理解は難しくなる。

少年サポートセンターは、ちょうど真ん中に位置していることからも、インターフェースとしてのポテンシャルを有していることは一目瞭然だ。

少年サポートセンターがインターフェースとして果たす役割は、次の4つがある。

(a) **言語や感覚の通訳**

まずは、先に、機関連携を阻む要因の一つである言語の意味や捉え方の違いについて、それぞれ馴染む言葉に瞬間通訳できる者が必要である。私は、外国語はさっぱりだが、子どもに関わる機関のそれぞれの独特な用語は、長い経験の中で理解できるし、話をする機関の用語に合わせて言葉を使い分けることができるようになった。

(b) **経過の解説**

児童相談所は、事件の流れや捜査の実情について知らないし、警察署は、児童相談所の動きや実情や立場が分からない。それぞれの手続きの流れや抱える実情には解説が必要である。

(c) **想いの通訳**

手法の違いについて、その方法の裏にどんな想いがあるのか、どんな苦労があるのかについて通訳する。それがないままでは、丸投げ感や丸受け感を感じてしまい不信感につながる火種となる可能性がある。

(d) 効果

不信感が生まれ連携が滞るときというのは、相手の状況について、実は「知らない」ことがほとんどである。距離があるままでは、相手を「知る」ということは難しい。

インターフェースが知らせることで、機関の機能と想いが循環するようになるのである。

7 衝突事故多発ケースより学ぶ

(1) 児童虐待！ 早速始まる警察と児相の軋轢

児童虐待事案は、事件化について、特に意思を表明できる児童のケースにおいて、双方の見解やスピード感が一致していない場合、高い割合で軋轢が生まれる。

少し堅苦しい話になるが、解説したい。警察としては、「個人の生命」を守ることが大きな責務の一つであり、虐待は、子どもの生命を守るため、必要な措置を積極的に行わなければならない事案である。[6] 刑事訴訟法上、警察が事案を認知した場合、「犯罪があると思料するときは、犯人及び証拠を捜査するもの」[7] となっており、事件化を見据えた上で、「証拠保全」が最も重要な優先事項となる。できるだけ迅速に証拠を押さえるべく動きをとりたい。そうしなければ、初動のミスによっては、後で、被害者が無念を晴らしたい

5 田村正博（2013）「警察（少年サポートセンター）を起点とした多機関連携の仕組みの分析・提言」石川正興編著『子どもを多機関連携から守るための多機関連携現状と課題』成文堂、第4章、125頁。
6 警察法第2条第1項。
7 刑事訴訟法第189条第2項。

と思っても不可能になることすらあるからである。被害少年への動機付けは、その捜査の過程で、しっかり行っていくことでカバーすると考えている。

しかし、児童相談所の立場は、被害児童の心のケアを第一に考える。被害児童の二次被害を案じて、被害申告への動機付けは、無理やり強引に推し進めるのではなく、本人の意思を尊重し慎重に進めたい。子どもの意思がしっかり育った上で、警察に初動を開始してほしい。それぞれが「子どものために」と想って動いているのに、機能が違えば、初動での優先順位にこれほどにもすれ違いが生まれる。

警察は、児童相談所に対し「遅い」、児童相談所は、警察に対して「性急」という印象を持ち、互いの想いが衝突し、ストレスを抱える。連携する機関同士が不信感を持ったままケースを進めることは、真の子どものためになりうるはずがない。

確かに、私自身も、多くの児童虐待のケースに当たる中で、タイミングを逃し事件化が難しくなるケース、警察の強引な接触により二次被害を負ったケース、両方のケースを目の当たりにした。とても繊細で難しい場面である。

証拠保全も二次被害防止も、どちらも欠かすことのできない重要な課題である。ここで、重要な役割を担うのが、少年サポートセンターである。

「一日でも早く被害届を」。だけど、「決して二次被害にならないように」。両者の意図を最もよく知った少年サポートセンターの出番だ。

児童虐待のケースの場合、加害者は親であり、すぐに自分の親を警察に訴える判断ができる子どもは少ない。

ある兄弟が、父親からの身体的虐待で保護された。日常的に暴力を受けており、体には、新しい傷と古い傷が入り混じった状態で無数にあった。昔、古い児童虐待の教科書で見たまさにそんな写真のようだった。

子どもたちは、〝自分も悪かったこと〟、〝お父さんの好きなところもあること〟などを理由に、「警察には話さない」と言い、「被害申告意思はない」との報告であった。この時、児童福祉司も、「悪質で許しがたい」と想っていたが、本児たちの気持ちを優先せざるを得ず、それ以上動けずにいた。

そこで、私は、私に子どもたちと話をさせてもらえないかと頼んだ。前述の河浦氏から「よし行け！」ということになり、面接に入った。

私自身は、被害申告の意思は、子どもが最初に発した言葉がすべてなのではなく、「育てていくもの」だと考え、子どもたちの面接に当たっている。

子どもに合わせた多少のアレンジがあるが、私がこの場合に行う面接には一定のパターンがある。

① 自己紹介。

「サポートセンターの堀井さん。警察だけど、警察じゃない。子どもが大好き子どもの味方!!!」

② 暴力は、たとえ、親であっても、自分が悪いことをしてしまっても、してはいけないこと。

③ だけど今までもらった「いい思い出」までは否定しないこと。

④ 不安をしっかり聴き取り。

⑤ 「暴力を受けたくない」ということは、（お父さんに）ちゃんと伝えよう。伝えるのは、一人ではない。

「大人がしっかり手伝う」こと。それが、警察であること。
⑥しっかり守ってあげること。
⑦私が知っているとても信頼できる警察官を呼ぶこと。
⑧「大丈夫？」
⑨「みんなでお父さんに叩かれるのは嫌だって伝えよ〜‼」
⑩「エイエイオ〜!!!」

と、何となく10ステップにしてみたが、だいたいこれが虐待を受けた子どもへの私の面接のパターンである。この時、その兄弟も「オ〜!!!」と元気にこぶしをあげ、その後、スムーズに警察官に引き継ぐことができた。その後、課長からは、「堀井さん、またすごい面接したらしいね〜」と言われたのだが、私には、何のことかさっぱり意味が分からなかった。

「子どもをエンパワーしながら動機付けする方法。どこで学んだの？」と尋ねられたが、逆に私の方が、「？」。「みんなどうやっているの？」

そもそも、「親を被害申告するか否か」の面接マニュアルなんてものは、この世には存在していないし、習ったこともない。演習だってしたことないから、長年の経験の中で、懸命に子どもと関わる中で、必死に完全自己流で編み出されたものである。だから正しいかどうかも分からない。

だけど、インターフェースとしての役割は、「警察」と「児相」双方の目的を果たしながらも、最大の目的は、子ども自身を、しっかりエンパワーすることでなければならないと考えている。「子ども」自身を励まし、勇気付け、「警察」にスムーズに繋げる役割は、とても重要である。

「子ども」「警察」「児相」、それらすべての意図を網羅した上で、それぞれの目的が達成できる一本の道筋を採り、細い茨の道をかいくぐりながら進める行程だが、適えば、それぞれの機関にとって、そしてなにより「子ども」にとっても大変有益だ。

児童虐待ケースにおいては、申告意思が育った後も、場面場面において大切な役割がある。

① 今後の流れ（警察→検察庁→裁判→処分）
② 今後の登場人物（警察官や検察官の説明）
③ その中で生じてくるであろう葛藤（怖いけど好き、自責の念、やっぱり親とはまたいつか会いたい）
④ きっと乗り越えられるということ

これらも合わせて伝えていく必要がある。これらを事前に伝えておく（インフォームドコンセント）ことで、その後、予後の子どもの心理的負担を、大きく軽減することができる。他の機関とも距離が近いことを生かし、その他の機関とのインターフェースとしての役割を担うことも重要である。

私が、採用された頃の警察は、「児童虐待」は、「児童相談所」の仕事という考え方が定着しており、よほど重篤なケース以外は警察が関わることも少なかった。

虐待が原点である私にとって、それは邪魔な垣根でしかなかったが、近年、警察でも重要な任務の一つと位置付けられ積極的に関わることとなった。警察から児童相談所への児童虐待の通告数は激増しており、通告の基準などについては、新たな軋轢も生まれている。

協働面接も始まり、児童虐待において、警察・検察・児童相談所でのより高度な連携が求められるようになった。新たな時代の一歩を歩み出している。少年サポートセンターのインターフェースとしての役割は、より重要になるであろうと今後の可能性にワクワクしている。

(2) 崩れる支援方針から生まれる最強チーム

一旦、児童虐待ケースを事件化し「福祉」から「司法」へ措置が委ねられたケースでも、判決後は、再び、家庭に帰ることもある。被害者と加害者が家族内にいるという児童虐待の特性から仕方がないが、そうなれば、再び「司法」から「福祉」に基軸が戻ってくる。

その場合においても連携の可能性は広がる。

あるケースで、ほぼ実刑と見込んでしまっていたケースがあった。それ自体大きな間違いなのだが、どうやらそうではない可能性もあるということが判明した際に、児童相談所のケースワーカーと大慌てしたことがある。この時、私と児童福祉司は、急いで検察庁と情報交換行った。

虐待特有の親子関係やその後のリスクなどについて情報交換し、しっかりと事情を踏まえた上で処分を検討してもらえるよう懇願した。

結果、執行猶予付き「保護観察」処分となった。この時の、保護観察所との連携は、大変心強いものであった。

保護観察所には、社会福祉士など専門知識を持った職員が多くおり、実は、行政機関の中でも極めて福祉色の強い機関とも言える。サポートセンターにとっては、非行でもケースを共有し連携する機会が多く、日ごろからとても近しい関係である。

これまで、保護観察所とは、非行ケースにおける連携の経験は豊富であったが、この時初めて、児童虐待の再犯防止のために連携を行った。

情報交換により保護司の人選、人数など選定から見守り体制まで大きな理解と協力が得られ、大変心強かった。

児童相談所や少年サポートセンターでの来所や訪問の約束には、強制力がないが、保護観察所の遵守事項には、一定の強制力がある。それぞれの機関で連携せず活動をすることと比較すると、再発を防ぐ力は何倍にも増したはずだ。

(3) 身柄付き児童通告

警察と児童相談所の間で、根深い永遠のテーマといってもも過言ではないのが、身柄付きの「児童通告」であろう。

私も、これまで警察署からは、「児相は身柄付きの児童通告をしてもすぐに帰す」や「そもそも受け取らない」などの多くの不満の声を、児童相談所からは、「警察は、身柄付き児童通告の要件を分かっているのか」や「だまして連れてきた」などの不満の声をこれまでにも耳にした。

この問題も、双方の「子どものために」がぶつかって生じた軋轢の一つである。ここでも少年サポートセンターの役割は大きい。

「死にたい」、いわゆる「自殺企図」の相談は、最近多く、SNSなどへの書き込みで発覚するケースも増えてきた。

自殺企図は、警察としては、「自傷他害の恐れがある」ため、家庭が不安を感じ引き取り拒否をした場合は、身柄付きの児童通告となりやすい。

しかし、児童相談所にとっては、悩ましいところだ。「自殺企図」状態では、一時保護所の体制などから、むしろ一時保護は難しい。「自殺企図では一時保護はできません」と言われ、警察は、「なぜだ？」と不信感が生まれる。

そこで、少年サポートセンターが、インターフェースとして登場するのである。〝警察と児童相談所の意見の相違があるところに少年サポートセンターあり〟である。

子どもの訴えを、単に「自殺企図」として捉えるのではなく、「死にたいほどの問題が何であるのか」についてしっかりアセスメントする。

ほとんどの場合、「家の状況」や「親子関係」などが、「死にたいくらい」の状況なのである。それが分かれば、一時保護の要件は見えてくる。

警察署では、このような福祉的なアセスメントは難しく、児童相談所へ保護の必要性が伝わりきれないこともある。福祉的視点に通訳することで、両者が必要性を理解した上で支援ができるのである。

最近では、警察署も積極的に立ち直り支援を行うようになっており、家庭引き取りになった後も、警察官が、その後の子どもとの面接や電話連絡、ケース会議への参加など「支援」ベースでの協働も行うようになっている。

しかしながら、まだまだ児童相談所から、「一緒に面接に行きませんか」とは言いにくいもので、「もし行くときは、一緒に行ってくれるそうですよ」と通訳できる人の存在がいれば、支援の幅はぐんと広がる。

(4) 少年大暴れ

一時保護や相談中に、少年が暴れることもあるだろう。

児童相談所で長く働くと、鉢植えを見ては、「あの子がひっくり返して土を拾ったな」など、場所・物に思い出が詰まっていたりするもので、私も、嫌がる子どもを、エレベーターの中で3時間「開く」ボタンを押し続けながら説得したこともある。後になれば、このような出来事が、その子との絆ともなりうるが、子どもの起こす行動と反応に、「温かく」「柔軟に」対応しつつ、いくつかの選択肢の中から「冷静に」判断をしなければならず、心身ともに消耗する大変な場面である。

先日も、一時保護所から病院を受診していた女の子が、逃走を図った。少年サポートセンター（私と警察官）と児童福祉司の完璧な阻止に逃げられないと悟ると、パニックになり児童福祉司に対し、殴る・噛み付くなどの大騒動となった。

とても一時保護所に戻せる状況ではなく、私は、やむを得ず110番通報をした。

110番の結果、児童福祉司の受けた傷の程度から、事件化され、逮捕されることとなった。少年は、児相の職員に対し、罵詈雑言の嵐。反感・不信感を募らせ、自分のしたことを正当化する発言が続いていた。だけどこれは、まるで幼子が駄々をこねるかのようでもあった。感情の爆発は、これまでの不遇な環境への怒りの爆発にも見えた。受け止めなければと感じた。

私は、警察署の調べ室で、ゆっくりそのことを本人に伝えた。すると落ち着きを取り戻し、「みんな大丈夫だった?」と周囲を心配できるまでとなった。子どもと対峙する場面では、ともすれば、社会の大人への不信感を生みかねない。しかし、これは、大人の本気や想いを伝えるチャンスでもある。

また、支援者と子どもの間では、このように関係がこじれることもある。そんな時、直球勝負ではなく、キャッチボールを三角形でまわすかのように、他機関の第三者が入り、想いを代弁することで、その想いが子どもに伝わることもある。その意味でも〝多〟機関の色々な人が関わることの効果は大きい。

関わっていた子が、警察署で逮捕されることとなった場合は、支援者は、これまでしてきたことに無力感を感じ、疲弊する。私も、何回「やりがいがない」と呟いたか分からない。

この時も、慣れない警察署の廊下の片隅に、赴任してきたばかりの疲れ切った児童福祉司の姿があった。私は、隣に座って、事件の流れ、警察官の言葉の通訳、事件後の処遇、警察官の苦労・熱意などについて丁寧に説明した。こんな時私は、やっぱり私は「警察の人間なんだな」と実感する。当たり前だけど、児童相談所と一緒のフロアにずっといると、これを実感できる瞬間は、実に貴重だ。

後日、どうしたら起こらなかったのかとか、防げたのかとか結果論だけで、部内外で様々な議論になったが、私は、「起こらないことがいいことなんかじゃない」とか「こんな事案が機関同士の絆を強くする」とか「時々こんなケースがないと腕がなまる」とか熱弁すると警察官や児童相談所職員からは、「なんだその前向き」と笑われたものだが、大変な仕事ほど得られるものも大きい。

これら一つ一つのケースの積み重ねが、互いになくてはならないと思えるほどに多機関連携を「本物」にしていくのである。

今後、児童相談所から鑑別所や保護観察所や少年院などへ支援のレールは少しずつ変化していくことだろう。しかし、少年サポートセンターとして、レールが変わっても、チーム編成が変わっても、多機関連携の仲間を増やしながら、まだまだ支援を続けていくことができる。諦めずに関わっていきたい。

児童相談所との違いで、一番分かりやすいのは、関われる子どもの年齢。児童相談所は、原則18歳未満を対象としているが、少年サポートセンターは、19歳まで相談受理できる。様々な制度と制度の間で落とし穴となりがちなのが、18・19歳の子どもたちである。

長年「えがお館」の支援を様々な形で受けてきた子どもや家族にとって、18歳を前に、支援が切れてしまうことは、大きな不安の要因になりかねない。

そんな時に、「えがお館」の一員として少年サポートセンターが残りの2年カバーできることを伝えることで安心する子どもや家族は少なくない。児童相談所が切れても、まだ子どもの相談機関として関われる機関があることは、子どもや家族にとって、とても大きいことである。そうしながら、大人の支援に緩やかにシフトチェンジしていくことで、年齢的切れ目のない支援を目指すことができる。

福祉の世界でも、「多機関連携」の重要性が叫ばれる中、シームレスの重要性は、広く認識されるに至った。しかし、真にシームレスが可能かといえば、やはり限界があるのも否めない。機関機関には、それぞれの根拠規定があり、機能や期間や人も異なる。縦割りな行政の抜本的な改革は、今の時点では、非現実的だ。では、私たちに可能な「シームレス」とは何か。それは、子どもへの「想い」ではないかと思う。その時、その時に関われる大人が、同じ高い温度の想いで関われるようになる必要がある。その意味で、少年サポートセンターは、「講演活動」も大事にしている。

少年サポートセンターは、児童相談所の任用研修はもちろん、「学校」や「家庭裁判所」、「保護観察所」や「保護司会」、「弁護士会」、「民生委員」や「地域」など幅広く講演活動を行っている。多機関の子どもと関わる大人が、立場が違っても、関われる期間が違っても、同じ「想い」で関われるよう働きかけるとても重要な機会だと考えている。

9 アウトリーチでの連携

(1)「ドン引き」家庭訪問

先ほども、少年サポートセンターが、アウトリーチ中心の活動であったことは、お伝えしたが、拒否的な子どもへのアウトリーチは、高いスキルが求められる場面である。

私が、10年ぶりに福岡少年サポートセンターに戻ってきた最初の児童福祉司との協働家庭訪問では、子どもと本気でドアを押し合い、部屋に入る様子を、児童福祉司は、まさに「ドン引き」しながら見ていた。それでも子どもと関係を築き、いつの間にか部屋から笑いが起こり、遊び始める風景を、実に物珍しそうに見ていた。

今では、この無理やり押し入りながら関係を作っていくアウトロー的スタイルもすっかり安心して見守ってもらえるまでとなった。

そんな中、一向に入れない部屋もある。この私でもドア越しに「絶対入っちゃいけない」と感じてしまうケースもある。

そんな時は、突入してほしかった児童福祉司への期待に添えなくて、申し訳ない気持ちでいっぱいになるが、なんと言っても私の面子より「子ども優先」なので、ドアの下からメッセージを書いた紙を入れては出され、入れては出されと地味な面接をひたすら繰り返している。

毎回、入れる内容を児童心理司と考案し、ドア下のすき間から子どもとの関係作り。つらい訪問が続く。一人ではとても乗り切れないが、2つの機関で力を合わせるからこそ乗り越えることができる。

ドアの下数ミリから紙を通してしか面接できていないが、不思議なことに「家中の落書きを自分で消し始めた」とか「外に出れた」とか良い報告が入ったりして、最近では、『ドアの下数ミリのすき間』の大きな可能性を知ることもできた。

お陰で、今では、ドアに向かっても一人で、楽しく数十分は話せるようになった。

(2)「人を殺したい」

児童相談所から入った相談。人を殺したい少年。その子の相談記録には「人を殺したい」の他にも「家庭内暴力」や「小動物虐待」という文言も並んでおり、過去の重大事件を彷彿とさせる深刻なケースであった。

このケースでは、介入のタイミングについて議論が分かれた。「見守り」か「即介入」か。私は、「見守り」の判断すら現場に行かずしてはできないと思っている。誰も行っていないのに、なぜ「見守り」の判断ができるのか。家族に110番できるようエンパワーすると、数日後、110番事案となった。これを契機に、少年サポートセンターから家庭訪問を行った。

この時、私も、ケース記録の数々の重たい文字が頭に浮かび、それなりに構えて部屋に入ったのを覚えている。

「どんな子だろう」

しかし、次の瞬間、私の目に留まったのは、部屋の片隅で、毛布にくるまり、毛布の奥からクルリンとした愛くるしい大きい目の少年だった。

「モモンガみたいでかわいい」と心から思った。

特別な存在じゃない。同じ一人の人として捉え、こちらの警戒心がとれれば、それは、子どもにもきっと伝わる。

「殺したい」と聞き、家族は、なぜそんな恐ろしいことを言うのかと、混乱し、落胆し、考え直すよう必死で言い聞かせていた。当然の対応だ。

だけど、私は、「殺したい」の理由を知りたかった。ゴールは間違っていても、子どもの想いのスタートと過程には必ず正当な理由があるものだからだ。

「自分には、みんなが当たり前にできることができない」→「だから、みんなには絶対にできない、自分にしかできないことをしたい」→「それは〝人を殺す〟ことだ」

それを聞いたとき、私は、「確かに、誰でもそうなるかも」と私も思った。

経験上、「殺したい気持ち」は、否定されればされるほど強まる。「恐れず、みんなで沢山、殺したい気持ちを聞いてあげよう」と家族・児童心理司・サポートセンターみんなで同じ方針で関わった。

ちっちゃい事件も起こった。「ヘビを解剖した」事件。死んだヘビを解剖したのか、生きているヘビを殺して解剖したのか、気になったところだったが、試されているとも感じた。いつも「殺したい」を慌てず聴いている私たちが、本当にやっても否定しないのかと。

私は、とても大切な過程だと思い、「よし、ちゃんと埋葬しよう」と提案した。その子の知的好奇心を満たしてくれたヘビ様を、大切に葬ろうと、命に感謝して「埋葬」することとした。

かといって、実は、私も腐ったヘビは得意ではない。そんな時、サポートセンターには、心強いメンバーがいる。業務で遺体と向き合うことも多々ある警察官である。「お！　得意だよね」と後輩警察官に「大切に手を合わせて、一緒に埋葬してあげて」と（半ば強引に？）送り出した。

返ってきた警察官からは、「堀井さん、やばかったですよ。夏の暑さの中、すごい臭いで、袋の中で湧いたウジすら死んでいました‼」と衝撃の報告であったが、その後、「警察官になりたい」と少年が発言するまでに至ったのは、処分できずにいたそのヘビを、明るくかっこよくゴム手袋をはめ埋葬してくれた警察官の頼もしさを目の当たりにしたからじゃないかと私は思っている。

正解かどうかわからないけど、「殺したい」気持ちは、否定せずしっかい関わり向き合い続けることも手法の一つだと思う。

10 今までもこれからも「Face to Face」

(1) 何年経っても「新たな試み」

この「同居スタイル」は、「Face to Face」の関係であるが、具体的には、「えがお館」内にいられる時間(訪問や講演を除くと実はあまり長くない)のうち、かなりの時間を児童相談所内で、あのケースこのケースとカンファレンスのために、走り回っている。

いつもどこかで、ケースワーカーと充実した協議に明け暮れ、騒がしくしている私に、「机置こうか?」と所長から笑われたこともある。

なによりもこの距離感と信頼感が、相談への大きな影響をもたらしていると感じている。

また、ケースだけの連携に留まらず、駅伝大会や音楽会など「えがお館」で行われるレクリエーションでも一緒に笑い、意外な特技を発見し、有志の宿泊研修をしては、夜中までケースの話に明け暮れる。

そんな仕事以外の連携も、絶妙な役割分担を瞬間に「あ・うん」の呼吸で行うことを適えているのかも知れない。

(2) 日常の風景

(a) 講演活動

最近新たな試みも始まった。

まず、「講演」での連携である。これまで少年サポートセンターでは、沢山の学校で「講演活動」を行ってきた。これは、非行予防のための重要な活動の一つであるが、対象は、学校に来ている「いい子」が圧倒的に多い。一昨年県警で行った調査で、犯罪に関わる少年の多くは、「学校で非行防止教室などの教育を受けていない」ということが分かった。そこで、昨年より「一時保護所」や「児童自立支援施設」や「少年院」など教育からもれてしまいがちな子どもたちへ「講演」を届けようという施策を始めた。

一時保護所でも、年に数回、実施している。一時保護所の職員との交流も深まった。感想文には、「これまで大人は敵だと思っていたが味方だった」とか「本当に知らないことを教えてくれてありがとう」や「涙が止まらなかった」などが寄せられた。本当に届けるべき子どもたちは、ここにいる。

(b) 児童養護施設との連携

児童相談所よりとあるグループの子どもたちが、集団で「万引き」をしたとの相談。何か有効な対応はないかとの相談があった。

少年サポートセンターでは個別の相談で、「盗み」は「クレプトマニア（窃盗症）」として有効な認知行動療法を用いていた。なかなか集団が作りにくく、個別での処遇が中心であったが、個人的にグループセラピーで行ってみたいという希望をずっと持っていた。だから、集団での実施は、またとない機会だった。

プログラム開始時、ふてくされた表情で現れた子どもたち。その態度でも私は大歓迎だ。たとえ、嫌々会ってくれたとしても、ファーストコンタクトの子どもたちの、ごくごく素直な表情や態度を、私は大切にしたい。そんなスタートからも、子どもたちは、ワークブック（認知行動療法）に取り組む中で、しだいに表情が緩み、心を開き、何より大切な課題に真剣に取り組む姿が見られるようになる。大人には到底思いつかない彼らの想いがこぼれる時、同席した児相職員・サポ職員は一同に感心させられたものだ。

大人不信の塊だった子どもたちの表情が変わっていく姿は本当に美しく、それを見ることができるのは、この仕事の醍醐味でもある。

連携14年。まだまだ新たな形を生み出すことができることができるのだと希望の湧いてくる取り組みであった。

おわりに

多機関連携とは、インターフェースとなる職員の絶妙なバランス感覚の元に成り立っていると私は日々感じている。

水と油論で触れたように、機関の機能が遠いほど、軋轢や衝突は生まれやすい。インターフェースとしてその間に立ち、調整することは決してたやすいことではない。板ばさみになり苦労することも多い。

かといって、伝書鳩のように伝えるだけの存在であっては意味がない。

各機関の想いが伝わり、すべての機関の「子どものために」が、同じ方向を向いて連携できるよう調整するスキルが求められている。

私がこれまでの経験で学んだことは、方針が片っ端から崩れ、一つも叶わないような困難ケースや衝突ケースこそが、相互理解と信頼感など真の機関同士の「絆」を生むということ。

決して「仲良く」することだけが、連携ではない。時に議論し、協議し、ぶつかりながらも模索し続けることが真の連携を生むのだと考えている。

今日もまた、私たち、チーム「えがお館」は、あの子この子のために、職員たちが、機関・係・フィールドを飛び越えて、ただひたすら「子どものために」、児童相談所の中を走り回りながら、クルクルと自在にチームを編成し、支援に明け暮れていることでしょう。

その一員として警察も入れることをぜひ、多くの児童福祉に関わる人に知ってほしい。

警察＋児童相談所＝〝希望〟だと。

コラム④

ガラスのカケラとピース

ほしおか十色

私は研究者や支援者ではありません。自身の体験から、えがお館との関わりについて書かせて頂こうと思います。

DV家庭で育ち、小学校5年から中学生になるまで父親から性的虐待を受けました。自分を押し殺し、学校や家庭、習い事など様々な場所でカメレオンのように人格を変えて生きていました。次第に摂食障害や自傷行為、市販薬の大量服薬など様々な依存が出てくるようになりました。そんな私が最初に「えがお館」と関わったのは、17歳、高校生の時です。子ども専用の電話相談に電話をかけたのです。性的虐待の被害を受けていた小学生や中学生の自分に戻って。電話口から聞こえる優しい大人の声。「つらかったね」「苦しかったよね」という言葉が、心臓を握りつぶされるくらい嬉しかった……。温かく抱きしめられたような気持ちになりました。電話の世界だけでも、その優しい世界に浸っていたいと、携帯電話から電話をかけ続けた結果、1カ月の通話料が20万~30万円にも上りました。新たな依存「相談電話依存」の始まりです。

私はそのお金を工面するために、援助交際を始めました。そこで暴力団関係者と出会ってしまい、売春を強要される日々になったのです。もちろん、親には言えません。妊娠中絶も繰り返しました。そうしてでも相談電話はやめられなかった……。そんな時、中学時代のスクールカウンセラーと出会います。「最近どうしてるの?」と聞かれ「売られちゃってるよ」と笑い話のように答えました。

その先生にドライブに誘われ、着いた先が「えがお館」の中の少年サポートセンターです。だまされて連れてこられたのです。「1秒、1分、1日でも生きててほしいから」と。そこで福岡県警少年サポートセンターの少年育成指導官の堀井さんに出会いました。忘れもしない相談室6番。その頃には大人を一切信用していなかった私は「誰あんた、私、何も話さんけんね!」と、目を合わせることもしませんでしたが、堀井さんは時間をかけて信頼関係から築いてくれました。この時が、私のターニングポイントです。

18歳になった時、暴力団からの被害は事件化されました。私は仕事に就きましたが、唯一の心の支えだった母を亡くします。他界する直前にこんな言葉を母は私に残しました。「人から後ろ指さされても、ボロボロになっても、床を這ってでも一生懸命生きなつまらんよ」と。私はそのとき母とそんな約束をしたために、母の後を追いたくても生きなければなりませんでした。その後も薬物依存や相談電話への依存は続きました。それも生きるために必要な依存だったのだ、と今では思います。子ども向けの相談電話に、成人してからもかけ続けていたため、警察が何度も私のところに来ました。「偽計業務妨害」だと。そして、もう電話しませんという念書を書きました。その時の私は心中でこう叫んでいました。「だったら何で子どもの時に助けてくれんかったとよ!」と。

堀井さんに会った後も、たくさんの支援者や団体に支えてもらいながら、10年が経ち、高校生のころ、子ども専用の相談電話でお世話になった職員Aさんに出会えたのは、九州一の最大の繁華街・中洲で働いていた29歳の時です。堀井さんを通して、「えがお館」から「職員研修で経験を話してほしい」という依頼が舞い込んだのです。10年前に訪れたえがお館はモノクロの薄暗いところという記憶だったのが、この時は同じ場所なのに、色どりのある明るく懐かしいところでした。この時が、私のリスタートです。

堀井さんとともに職員のみなさんたちの前で経

験を対談形式で語った後、藤林所長の計らいでAさんと出会うことができたのです。私が最初に発したのは謝罪の言葉でした。申し訳なくて頭が上げられませんでした。Aさんの声が聞きたくて何度も何度もかけ続けた電話に、当時はとても困っていたと思います。しかし、Aさんはその場で私を抱きしめてくれました。私は自身の心を砕け散ったガラスのコップにたとえることが多いのですが、そのカケラが、また一つ戻ってきたような気持ちになり、10年越しの里帰りの様でした。

最初にも書きましたが、私は専門家ではないので何かを提言することはできません。ですが、これを読んだ方に伝えたい思いがあります。それは、「今をどうやって生きていったらいいのか」しか考えられなかった当時の私にとって、「明日」のような未来さえ考えることはできなかった、ということです。「1秒、1分、1日でも生きてほしいから」と、言われた当時は死ぬことしか考えられなかった私が、沢山の人に支えられながら生きてきた今、望み続けてきた人の温かさや、電話の世界だけで抱きしめられていたことが、現実になり「生きてくれてありがとう」という言葉に「生かせてくれてありがとう」と笑顔で言えるようになりました。

「助けて!」と口にすることは簡単ではありません。「助けて!」の言葉にならないサインをしっかり掴み取って、未来に向かって伴走してほしいと心から願います。

●プロフィール●（ほしおか・といろ）元ホステス。被虐待、薬物依存などの経験から、繁華街にさまよう少女たちに声をかけ、支援につなぐ活動をしてきた。現在は『NPO法人はぁとスペース・まちかど図書館』にて子ども達の居場所作りをサポートしながら、ピアの立場で自らの体験を語る活動をしている。

第7章

日本の代替養育と福岡市の代替養育
――「外側」からのまなざし

マイケル・キング〔オックスフォード大学博士課程〕
訳者　山口敬子〔京都府立大学専任講師〕

1　本章を読むにあたって

(1) はじめに

この論文の著者をみて「なぜイギリス人が日本の代替養育について書いているのか？」と疑問に感じる人もいるだろう。その疑問に答えるには、２００7年までさかのぼる必要がある。当時、私はＪＥＴプログラム[1]の2年目で、福井県で英語教師をしていた。また、近隣の児童養護施設でのボランティア団体を結成し、活動を始めたころであった。その後、同じような活動内容を他の団体でも行いだしたので、新たに「スマイルキッズジャパン」というボランティア団体を立ち上げた。以後4年間は、25の都道府県において、その地域の児童養護施設でボランティア活動を行う団体の設立を支援してきた。私は時にはこれらのボランティア団体を訪問し、また時には１５０名以上の子どもたちが暮らす児童養護施設の団体訪問に同行した。

２０１１年の東日本大震災から3週間が経ったころ、私はトラックに水と食料を積み込んで、避難場所として使用されていた気仙沼の児童養護施設に向かった。東北滞在中、私はこの大震災が児童養護施設の子どもたちに与えた影響を実感し、児童養護施設の子どもたちを支援するＮＰＯ法人「リビング・ドリームス」の常勤職に就くことを決めた。そして半年の間、岩手県や宮城県、福島県の17の児童養護施設を訪問し、最善の支援方法を確立するために施設長たちと協働した。

最大規模の児童養護施設を訪問したとき、こんなことを疑問に思った。「なぜ日本は里親ではなく大舎制の施設を活用するのか？　なぜ日本の施設はこんなにも大規模なのだろうか？　なぜ赤ちゃんすらも施設に入れるのか？　なぜ日本赤十字社が最大の乳児院の提供者で、最大規模のものは80名以上の赤ちゃんを収容しているのか？　なぜ日本では養子縁組がこんなにも少ないのか？　なぜ他のＯＥＣＤ諸国[2]が実施している代替養育とこんなにも違いがあるのか」。

次に、自分自身にこう問いかけた。「私はこれまで、施設で暮らす子どもたちの生活の質の向上に取り組み、実際にシステムの安定に寄与してきただろう。だが、そのシステムには根本的に欠陥があったのではないだろうか。日本が１９９４年に批准した子どもの権利条約に示されているような、家庭的環境でのケアを提供するのではなく赤ちゃんや子どもたちを施設に入所させるシステムに寄与していたのではないだろうか。物事をより良くしようとしてきた努力が、実際には子どもたちに害を与える状況を維持することに貢献していたのではないだろうか…」。

それからは、感情ではなくエビデンスに基づいて活動しようと考えて、日本の代替養育について研究するためにオックスフォード大学に入学した。大学で、児童養護施設で暮らす子どもたちの高等教育における課題と、大規模な児童養護施設を使用する日本とイスラエルにおける課題について二つの論文を書き上げ、２年間の修士課程を修了し、博士課程に進学したのは２０１３年のことだった。[3]この章では、福岡市に焦点を当てた調査研究の主な成果をについて述べ、その結果から得られる政策提言をまとめていく。

1　ＪＥＴプログラムとは、語学指導等を行う外国青年招致事業（The Japan Exchange and Teaching Programme）の略で、外国青年を招致して地方自治体等で任用し、外国語教育の充実と地域の国際交流の推進を図る事業である。

2　ＯＥＣＤは「Organisation for Economic Co-operation and Development：経済協力開発機構」の略。加盟国は35カ国。

3　私の指導教官はロジャー・グッドマン教授とマーティン・シーレイブ－カイザー教授である。

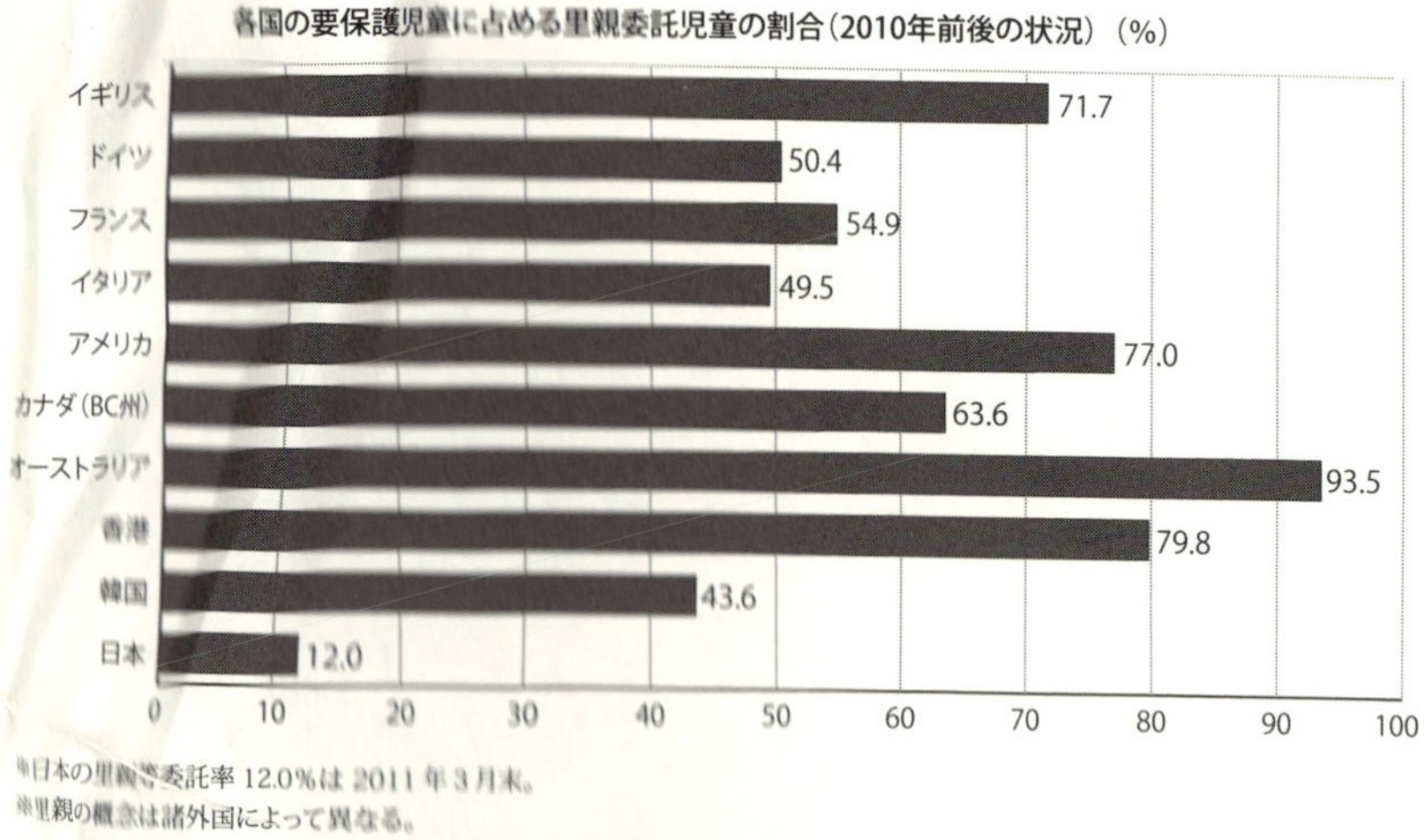

図7-1　日本の里親委託率の低さを強調する厚生労働省のグラフ
（出所）厚生労働省（2014）「社会的養護の現状について（参考資料）」p.23

（２）福岡市児童相談所への旅路

研究のなかで、私は何度も厚生労働省が作成した簡単な図表（図7－1）に立ち返った。この表は日本の里親委託率の低さを示すだけではなく、厚生労働省内の一部の人々がこの里親委託率の低さを強調したいということも示している。ここで注意が必要なのは、日本では他の多くの国と同じ方式で里親委託率を計算していないことである。日本の場合は、専門的な福祉施設に入所している子どもや一時保護中の子どもについては、この統計から除外している。表7－1は、日本における「その他の」里親委託率の内訳を示している。[4]

私は読めば読むほど困惑した。OECD諸国では施設養育から里親委託等の家庭養護への転換が大いに支持されており、ユニセフ[5]（UNICEF 2010）、世界保健機関（World Health Organization 2010）、世界銀行（Fox & Gotestam 2003）、セーブ・ザ・チルドレン（Save the Children 2009）、欧州委員会（European Commission 2013）などにおいても言及されている。さらに言えば、先進国で施設入所が行われる場合もあるが、それらは小規

表7-1　日本の里親委託の状況

	乳児院	児童養護施設	情緒障害児短期治療施設	児童自立支援施設	母子生活支援施設	自立援助ホーム	里親	ファミリーホーム	一時保護 ※一日当たり保護人員	合計
子どもの数	3,022	28,183	1,314	1,524	5,843	440	4,731	1,172	1,693	47,922
官庁統計	8.1%	75.9%					12.7%	3.2%		37,108
下記の（1）	7.2%	67.0%	3.1%	3.6%		1.0%	11.2%	2.8%	4.0%	42,079
下記の（2）	6.5%	61.0%	2.8%	3.3%	12.6%	1.0%	10.2%	2.5%		46,229
下記の（3）	6.3%	58.8%	2.7%	3.2%	12.2%	0.9%	9.9%	2.4%	3.5%	47,922

官庁統計の里親委託率（里親+ファミリーホーム）／（乳児院＋児童養護施設＋里親＋ファミリーホーム）		15.9%
里親委託率（1）	（里親+ファミリーホーム）／全部(母子生活支援施設以外)	14.0%
里親委託率（2）	（里親+ファミリーホーム）／全部(一時保護以外)	12.8%
里親委託率（3）	（里親+ファミリーホーム）／全部	12.3%

（出所）数値：厚生労働省（2016）「社会的養護の現状について（参加資料）」p.1
一時保護：社会保障審議会児童部会第２回新たな子ども家庭福祉のあり方に関する専門委員会、児童相談所関係資料、p.30
注意：里親とファミリーホームの数値は2015年３月、施設は2014年10月、一時保護は2013年

模かつ専門的な施設であり、重篤な問題行動等の課題のある14～18歳の子どもたちにケアを提供している。これらの施設は、日本でいうところの自立援助ホーム[6]や児童自立支援施設[7]に一番似ているだろう。

家庭養護の重要性については、「子どもは家庭の中で育つべき」と言及している子どもの権利条約20条（Browne *et al.* 2006を参照）や、施設養護によって生じる子どもの発達上の悪影響を指摘する研究に基づいて主張されることが多い（例えば、Goldfarb 1945、Bowlby 1951, 1969、Barth 2002、Browne *et al.* 2006など）。

4　国際的な実践と最も一致する里親委託率は、図７－１の里親委託率（１）に示される。これは、母子生活支援施設を除き、他のすべての社会的養護に関する施設と一時保護を含む。

5　ユニセフ（UNICEF：国連児童基金）は、１９４６年に設立された、世界中の子どもたちの命と健康を守るために活動する国連機関である。

6　自立援助ホームでは、義務教育を修了した児童であって、児童養護施設等を退所児童等、何らかの事情により家庭で暮らすことが困難な子どもたちの社会的自立を支援する。

7　児童自立支援施設は、不良行為を行ったか、あるいはそのおそれがある児童、家庭環境等の環境上の理由により生活指導が必要な児童を入所させ、または保護者のもとから通わせて、必要な指導を行い、自立を支援することを目的とする施設である。

脱施設化を主張する他の重要な要素には、外部からの圧力（Courtney *et al.* 2009、Ainsworth and Thoburn 2013）や、虐待事件（Stein 2006, 2011、Bullock and McSherry 2009、Gilligan 2009）、そして財政的配慮がある。これは、家庭養護は通常、施設養護よりも安価であると考えられるためである（Tobis 2000、Browne 2008、Ainsworth and Hansen 2009、EuroChild 2012）。

　この国際的な論説は、子どもの代替養育のための国連ガイドライン（United Nations General Assembly 2010）に簡潔に記述されている。このガイドラインでは、施設ケアは「特に必要と認められた」ケースに限定して提供することが求められている（第21条）。また、「専門家の主な意見によれば、子どもの代替養育、特に3歳未満の乳幼児に対する代替養育は家庭をベースとした環境下で提供すべきである」と述べている（第22条）。[8] にもかかわらず、なぜ日本の状況はこんなにも違うのだろうか。

　フィールドワークのなかで福岡市児童相談所所長の藤林氏の話を聞き、日本の代替養育は言語の壁などの影響によって比較的独自に進化した「ガラパゴス的」だということに気付いた。しかし、日本における児童養護施設の使用に対する懸念は、創設以来提起されている。児童養護施設の創始者である石井十次は１８９３年に家庭を基盤とした代替養育の必要性を主張した（Mauss 2006: 334）。この議論は、１９５４年の厚生省（当時）（柏女２０１０）と１９７４年（Harada 2013）でも繰り返されている。もっと最近のことでいえば、竹中哲夫（１９９５）の主張に対して津崎は「こんな施設は日本に存在すべきではない！――竹中氏の批判に応える」というラディカルな題名の論文を執筆している（津崎１９９５）。[9]

　１９５０年代から60年代にかけてのこうした論争は、ボウルビィのアタッチメント（愛着）理論に基づくものであった（津崎２００６）。里親委託推進のための最近の論説は、依然として施設養護がもたらす心理的、感情的、発達的な影響（日本財団２０１４）に焦点を当てているが、福祉施設を利用する方がコストが高いということにも留意するべきである（竹内２０１４）。加えて、この問題は、子どもが家庭生活をおくる権利をもたらした（白井２０１５、UN CRC 1999, 2004, Human Rights Watch 2014）。ではなぜ、日本では脱施設化へとすすまなかったのか？　津崎（２００９）で述べられているように、日本の代替養育が子どもの権利よりも大人の既得権益を重視してきたことの表れなのだろうか？

現在のところ、日本の里親委託率の低さに関する欧米での研究は日本の文化に焦点を当てる傾向があり、特に、日本における「血縁」の重要性を指摘している。こうした日本の文化に基づく論証には基本的な欠陥が二つある。一つ目は、ゴールドファーブ（Goldfarb）による「日本人がどのようなものかという歴史的・本質的主張に根ざして児童福祉制度を考察すると、システムそのものが変わることがないという結論に至る」（Goldfarb 2012: 11）という主張よって簡潔に表現されている。しかし、過去10年間にいくつかの地方自治体にかなりの変化が生じていることが表7－2、図7－2を見るとわかる。[10] この変化は「国の文化」では説明できない。

8　兄弟姉妹のがバラバラになるのを防ぐため、または緊急性のある委託の場合は例外がケースとして認められる。また、家族の再統合が予定されている、またはその他の適切な長期ケアを受けるために、あらかじめ限られた期間のものであるケースも例外となる（第22条）。

9　津崎哲雄（１９９５）「こんな施設は日本に存在すべきではない！――竹中氏の批判に応える」『社会福祉研究』第63号、鉄道弘済会
（訳者注）欧米諸国では、19世紀には大規模な収容保護が行われていたが、20世紀初頭から施設養育よりも里親委託が推進され、集団養護の廃止という方向に向かった。日本においても、子どもの発達保障の観点から里親制度や小舎制施設の重要性が強調されてきたが、養護体制の改変には至らなかった。その代わり、施設養護の存在意義を確立し、ホスピタリズム理論やボウルビィ報告によって示唆された問題点を積極的に解決するために集団養護のあり方をめぐって議論が行われ、施設における養護技術論に焦点が当てられた。そのなかで、施設の機能を、単に家庭を理想として考え、それに少しでも近づこうとする発想とするのではなく、施設養護は家庭養護とは異なった機能を持ちうるものとして社会に位置付けようとする動きが見られ、集団養護を否定的にとらえるのではなく、集団養護特有の機能を活かした養護技術の活用による積極的な施設養護を主張するという、集団主義養護が提唱された。この施設の集団主義養護をめぐる論争が起こった。この論争は、１９９０年代に、施設における集団主義養護を批判した津崎哲雄と、竹中哲夫や長谷川眞人ら集団主義養護支持派（養護問題研究会指導者）による反論という形で『社会福祉研究』誌上で展開されたものであり、津崎による直截的な施設養護批判の影響から大きな注目を集めた。本文に示された論文はその際の一つであり、竹中の批判に対する津崎の応答である。

表 7-2　里親委託率が最も高い地方自治体（2004 ～ 2014 年）

		増加幅（04 → 14 比較）	里親等委託率	
			2004 年度末	2014 年度末
1	福岡市	25.6%増加	6.9%	32.4%
2	大分県	21.1%増加	7.4%	28.5%
3	さいたま市	20.7%増加	11.0%	31.7%
4	静岡県	16.5%増加	10.6%	27.2%（静岡市・浜松市分を含む）
5	石川県	15.4%増加	2.1%	17.5%
6	富山県	14.3%増加	7.3%	21.6%
7	岡山県	13.7%増加	5.5%	19.2%
8	香川県	13.5%増加	6.5%	20.0%
9	栃木県	13.4%増加	7.9%	21.3%
10	福岡県	13.0%増加	4.0%	17.0%

※宮城県、岩手県及び仙台市については、増加幅が大きい（宮城県 29.5%増加［8.0%→ 37.5%］、岩手県 17.6%増加［10.4%→ 28.0%］、仙台市 12.2%増加［11.6%→ 23.8%］）が、東日本大震災の影響により親族による里親が増えたことによるものであるため、除いている。
（出所）厚生労働省（2016）「社会的養護の現状について（参考資料）」p.16

二つ目の欠陥は、政策の実施状況にかなりの地域差があることである。これは、図7－3の厚生労働省のデータと、そのデータをマッピングした図7－4に示されている。宮城県では社会的養護の対象となる子どもの37・5%が里親に委託される一方で、隣県の秋田県では里親に委託される子どもはわずか6・1%である。

これらの統計は、日本文化の均質性に基づく主張の欠陥を明らかにするだけでなく、「すべての国民に対して平等に福祉を提供する」ことを保障する日本国憲法にも即していないといえる（Goodman 2000: 35）。日本で代替養育が必要となった場合、その子どもがどこに住んでいるかによって、受けられる福祉サービスに大きな違いが生じるのだ。

和田らは、「児童福祉法という全国同一の基準で行われている子どもの福祉が、地域によって大きな違いがあ

10　日本には、代替養育に関する政策を実施する地方自治体は69ある。47都道府県と、20の政令指定都市、そして、2つの中核市（石川県金沢市と神奈川県横須賀市）である。筆者は3つの異なる自治体で調査を実施した。

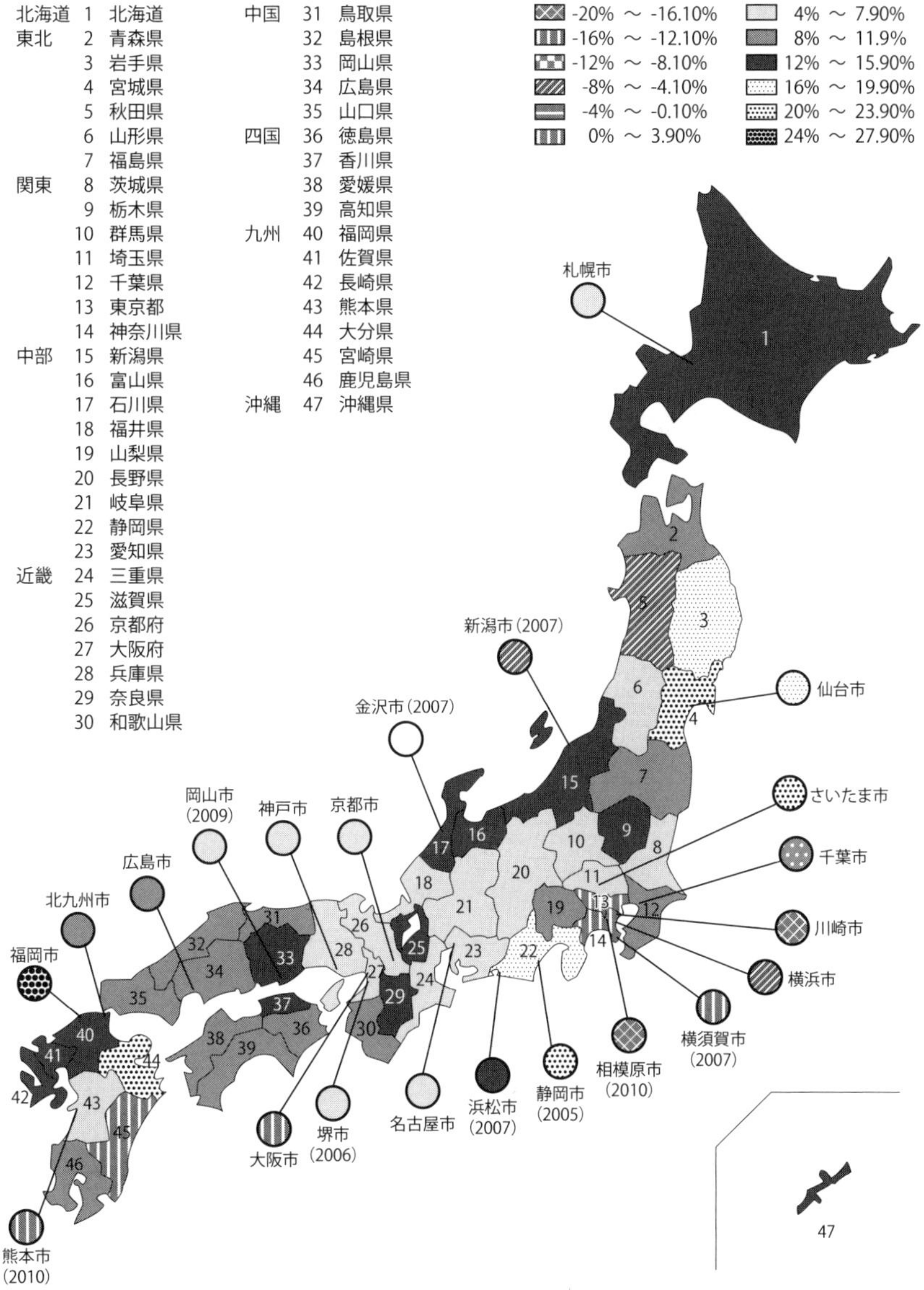

図7-2　里親委託率の変化のマッピング（2004～2014年）
（出所）厚生労働省福祉行政報告例をもとに筆者作成

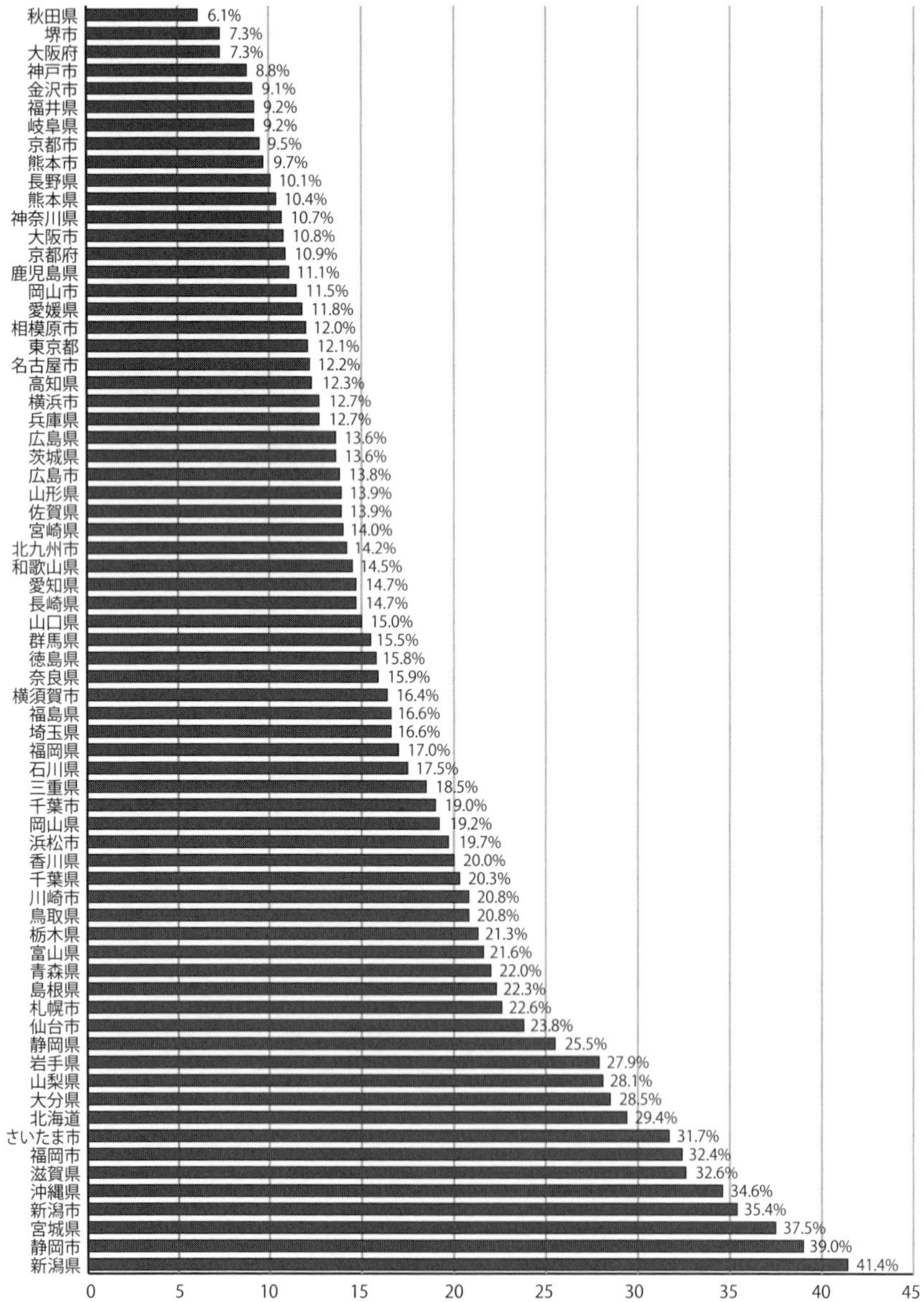

図 7-3　各地方自治体の里親委託率（2014 年度末）

（出所）厚生労働省「社会的養護の課題と将来像の実現にむけて」（2016 年 1 月）

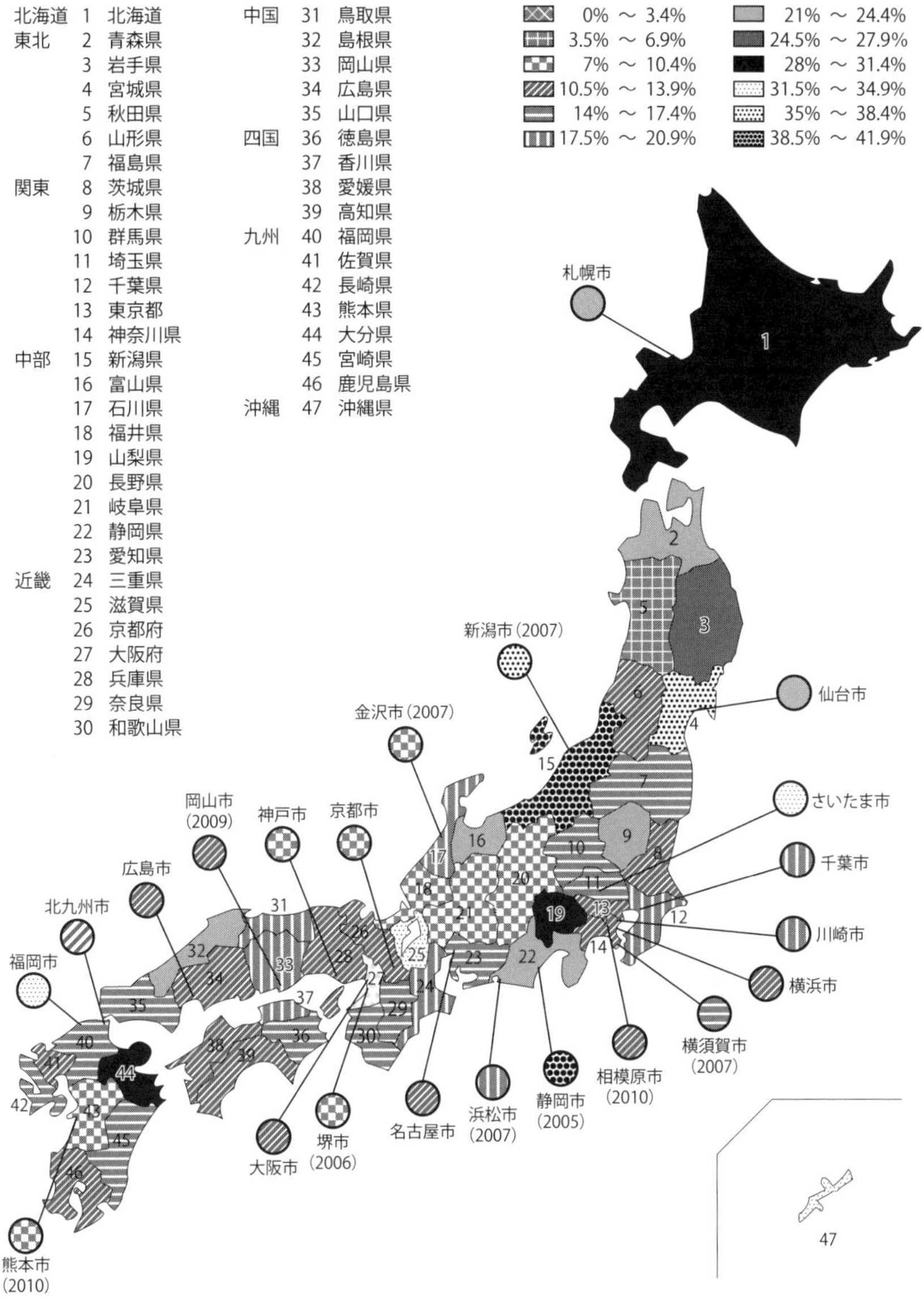
北海道 1 北海道
東北 2 青森県
3 岩手県
4 宮城県
5 秋田県
6 山形県
7 福島県
関東 8 茨城県
9 栃木県
10 群馬県
11 埼玉県
12 千葉県
13 東京都
14 神奈川県
中部 15 新潟県
16 富山県
17 石川県
18 福井県
19 山梨県
20 長野県
21 岐阜県
22 静岡県
23 愛知県
近畿 24 三重県
25 滋賀県
26 京都府
27 大阪府
28 兵庫県
29 奈良県
30 和歌山県
中国 31 鳥取県
32 島根県
33 岡山県
34 広島県
35 山口県
四国 36 徳島県
37 香川県
38 愛媛県
39 高知県
九州 40 福岡県
41 佐賀県
42 長崎県
43 熊本県
44 大分県
45 宮崎県
46 鹿児島県
沖縄 47 沖縄県
0% ～ 3.4%
3.5% ～ 6.9%
7% ～ 10.4%
10.5% ～ 13.9%
14% ～ 17.4%
17.5% ～ 20.9%
21% ～ 24.4%
24.5% ～ 27.9%
28% ～ 31.4%
31.5% ～ 34.9%
35% ～ 38.4%
38.5% ～ 41.9%
札幌市
新潟市（2007）
仙台市
金沢市（2007）
さいたま市
岡山市（2009）
神戸市
京都市
千葉市
広島市
川崎市
北九州市
横浜市
福岡市
横須賀市（2007）
相模原市（2010）
静岡市（2005）
浜松市（2007）
名古屋市
堺市（2006）
大阪市
熊本市（2010）

図 7-4　里親委託率の変化のマッピング（2014 年）
（出所）厚生労働省福祉行政報告例をもとに筆者作成

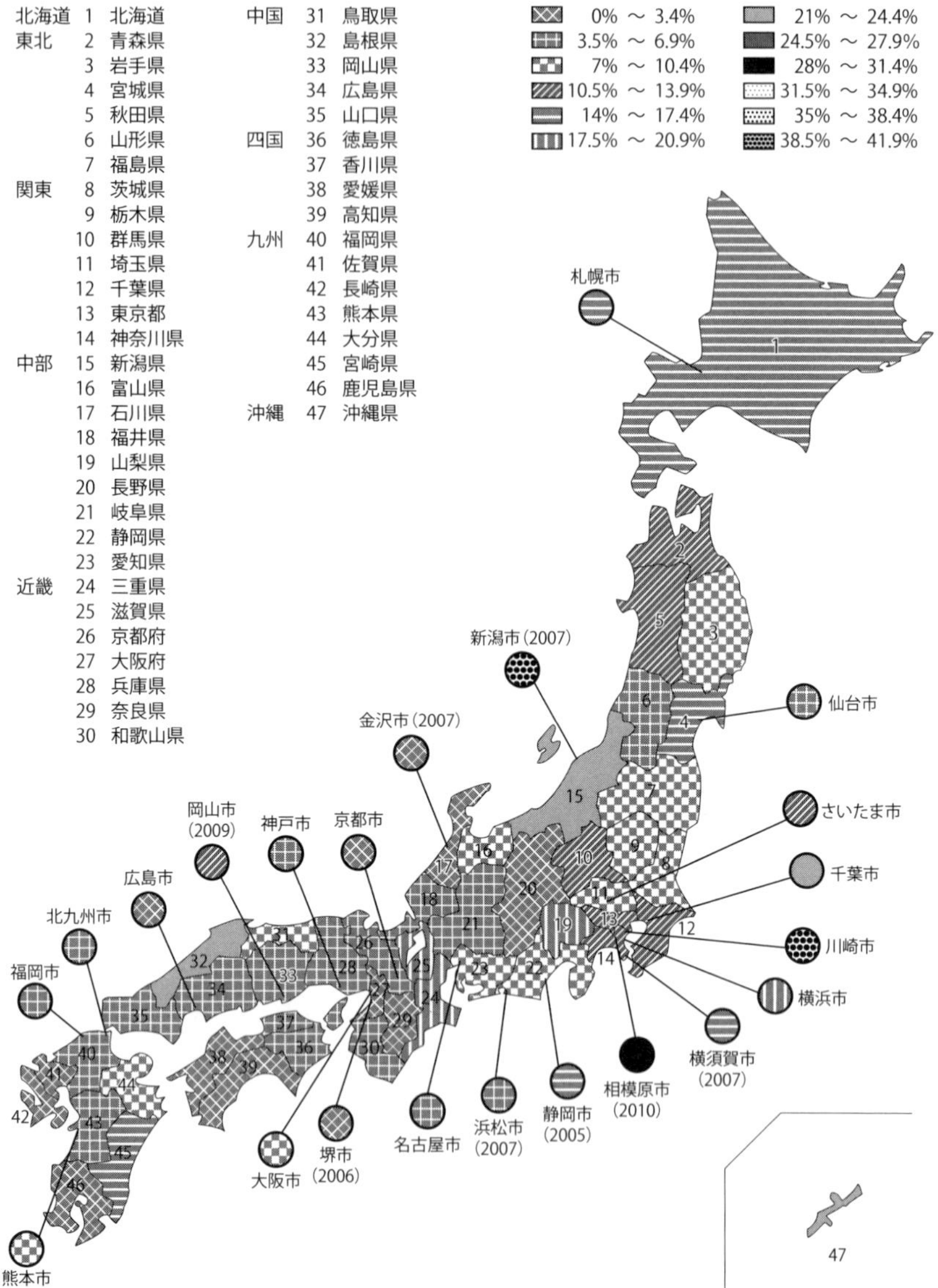

図 7-5　里親委託率の変化のマッピング（2004 年）
（出所）厚生労働省福祉行政報告例をもとに筆者作成

ることが判明した」（和田２０１３：１）と述べ、これらの懸念をきちんと要約している。これは、日本の代替養育における平等と地方分権の間の基本的な緊張関係を反映している。２０１４年の地域ごとの状況（図７－４）をみると、現在の地方分権化が機会の平等性を担保していないということがわかる（図７－５）。

こうした地域による違いには驚かされた。私は中学校や小学校で教鞭を執り、刈谷剛彦のもとで日本の教育を学んだことで、学校や地方自治体の教育政策がほぼ統一されていることを知っていた。それなのに、なぜ代替養育になるとこうも実践状況が違うのだろうか？　このパズルは私の博士論文における研究の中心となった。

この地域差を研究するために、私は３つの児童相談所でエスノグラフィー調査を行った。一つは委託率の高い地方自治体、もう一つは委託率が中程度の地方自治体、そしてもう一つは委託率の低い地方自治体である。このフィールドワークは、半年間の受け入れ態勢が十分に整っていた福岡市から始まり、それが藤林氏と彼のチームとの出会いとなった。

2　福岡市の代替養育

(1) 家族の絆

福岡市の調査で最初に発見したことが、今回の調査で最も驚いたことである。地方自治体間での実践の違いを明らかにするためのフィールドワークであったにもかかわらず、地方自治体間で一貫した信念があることがわかったのだ。それが「家族の絆（family-bond）」である。家族の絆は、法的なつながりや、血縁によるつながり、またはケアを提供することによって築かれたつながり、家族の愛、何かあった時には助けてもらえるという期待からつくられる。こうした絆は、子どもがある場所に所属するという感覚、つまり「居場所がある」という認識を持つことで紡がれる。

3つの調査先すべてでケアを受けている子どものケースを分析した結果、家族の絆について、調査の協力者全員が一律に示す特性がみつかった。それは以下の3点である。

1　子どもは家族の絆を一つしか持てない。
2　家族から子どもを分離することは、これまでの、または、これからの家族の絆を破壊する危険性がある。
3　子どもは、特定の年齢になってからは家族の絆を形成できない。

これらの中で最も重要なことは、子どもは家族の絆を一つしか持てないと理解されていることだ。新しい絆を紡ぎはじめることは、既存の家族との絆を弱めるとみなされ、新しい家族と絆を築くと、既存の家族との絆は断ち切られるものとして認識しているのだ。これは、里親委託で代替的な家族として絆が紡がれる場合、家族再統合を支援目標とする子どもにとって里親委託は不適切とみなされることを意味する。

別の自治体の2歳の男の子レン君は、虐待により乳児院に入所したが、この少年のケースは家族の絆の唯一の特質を表していた。児童相談所に促され、レン君の母親は彼を養子縁組に出すことに決めた。レン君は「養子縁組を希望する里親」として登録していた里親家庭に委託され、法的手続きが始まった。

しかし、養子縁組が成立する前に、夫婦は離婚することになった。夫婦でない限り養子縁組手続きを進めることができなかったため、レン君の養子縁組は白紙となったが、レン君は里父と特に強い関係を築いていた。このケースに関する児童相談所の会議では、次の二つの主要な前提が強調されている。一つは、子どもは一度に一つの家族の絆しか持てないということ、そして、家族の絆を形成させないために、時には施設を利用するということである。以下にやり取りの様子を記す。

課長3：2歳の子どもに、どんなふうに伝えましょうか。
課長2：二人は別々の家に住むことになったんだよ、と。
課長1：しかし、通常、両親が離婚すると、子どもはどちらかの親と一緒に暮らしますが、養子縁組の場合は許されません。なぜ自分が父親と一緒に暮らせないのか疑問に思うかもしれませんよ。
係長1：里親を自分の両親だと思っています。そのような子どもに、新しい親を見つけるからね、と言わなくてはならないのでしょうか。
課長1：18歳になってからも説明できるように、次のワーカーに今ここでどんな議論がなされたのか記録しておく必要がありますね。

これを「養子縁組のシステム上の問題」として議論した後、会議はまた続いた。

児童福祉司：お母さんとお父さんが一緒に住んでいる新しい家庭を見つけるね、と伝えましょうか。
係長2：彼にはまだ理解できません。彼が大きくなったときにもう一度話すことはできるでしょうが…
課長1：…これは、私たちがライフストーリーワークの一環として取り組まなければならないことであり、彼と里親との関係がやはり重要になります。一時委託先として適切な場所はどこでしょう？　ファミリーホーム？

課長1：ですが、ファミリーホームに委託することになれば、そのあとでまた措置変更になって、何度も引っ越さなければなりません。

一時保護職員：今の里父さんとはまた会えますか？　里父さんとは特に良い関係ができてましたよね。

児童福祉司：ですが、レン君の前進もだんだん難しくなるでしょう。

課長1：乳児院入所にしておけば、そこにいる大人を新しい家族と考えるのではなく、スタッフとして考えるでしょう。

この議論の終わりには二つのことが決定した。一つ目は、この措置変更は一時的なものに過ぎないので、レン君が新たな家族と絆を紡ぐのを防ぐために、一時的な委託先を里親家庭ではなく、乳児院にするということである。ここでは、「新しい家族」ではなく「職員」がいる乳児院に入所させることで、次の養子縁組里親との間に築く家族の絆を保障できると考えている。交代制勤務[11]と職員配置比率の低さ[12]により、スタッフと入所児童との間に「家族の絆」が形成されないためだろう。二つ目の決定は、「今後のレン君の前進が難しくなるので」現在の里父との絆を断ち切るためのものであった。この決定は、これまでの関係性を消し去るようなものだが、これも、次の養子縁組家庭とレン君が家族の絆を築くことを守るためにも行われた。

レン君のケースにもみられるように、子どもが二つ以上の家族の絆を同時にもつことができないという大前提が根底にある。レン君のケースでは、施設入所は、適切な養子縁組里親が見つかるまで、既存または潜在的な家族の絆を守る一時的なケアの場と捉えられていた。このようなやり方で、子どもの最善の利益を保障できると考えていることこそが、日本の里親委託率の低さを説明する重要な要素でもある。

この「子どもは家族の絆を一つしか持てない」という考え方は、離婚や養子縁組のケースにもみられる。日本の法律は共同親権を認めていないので、夫婦が離婚する場合、子どもの戸籍は親権者となった親の戸籍へと移される。これは、子どもの共同親権が一般的であるほとんどのＯＥＣＤ諸国とは対照的である。親権者が再婚する場合、再婚する人と養子縁組を行い、戸籍制度の構造に合うように家族を作り直すというのは一般的なことではない。

民法８１７条の９では、縁組成立後の実方との親族関係について「養子と実方の父母及びその血族との親族関係は、特別養子縁組によって終了する」と規定しており、日本独特の家族の絆に関する考え方を明確に示している。欧米など、ほとんどの国では「オープンアダプション制度（オープンな養子縁組制度）」を採用しているので、子どものなかには実親との交流を続ける子もいる。[13]

シーゲル（Siegel）は、アメリカでは「養子縁組機関や一般の人々が絶対的な秘密を保持し、子どもと実

11 現在住み込み体制で運営している施設はほとんどない。残っている少数は、学校を卒業したが、まだ法律的な問題や非常に重度な問題行動があるため、まだケアが必要な子どものための専門的な施設がほとんどである。著者は住み込み型の乳児院を見たことがないが、一つ二つは残っている可能性がある。住み込み型の児童養護施設については、「住み込み児童養護施設」と呼ばれている。県立の住み込み児童養護施設で働いていた経験のある児童福祉司の一人は、より多くの人がしっかりしたワークライフバランスを求めている昨今の状況で、児童養護施設などの施設系への就職者を獲得することは難しい、と説明していた。著者は、家庭養護に分類され、優れたアドボカシーとキャパシティビルディングが機能しているＳＯＳ子どもの村は、実際には住み込み体制のユニット型児童養護施設であることを主張する。

12 正式な職員対児童の比率はこれよりも高いが、行政上の基準は、日中は職員一人当たりに対して乳幼児4～5名であり、とある元乳児院職員によると、夜間は職員一人に対して20～40人の乳幼児という状況になるという（筆者インタビュー、２０１５）。

13 英国政府のウェブサイトでは、実親に以下のように説明している。「子どもの状況によっては、あなたと連絡を取ることができる。主な方法は、手紙と写真（場合によってはミーティング）である。」(https://www.gov.uk/child-adoption/birth-parents-your-rights、参照日：２０１５年3月29日)。

家庭との関係を断つことが子どもの情緒的ウェルビーイングのために不可欠であると強く信じている世界観」（Siegel 2012: 43）から、「養子縁組を秘匿することと関係性の断絶は子どもにとって最善の利益ではないという見解に基づいて、いくつかの養子縁組機関ではオープンアダプションのみを提供するシステム」（Siegel 2012: 43）へと変化していったと述べていている。

家族の絆は単一かつ個別的なものとして構成されるという考え方は、戸籍制度に関連している可能性が高い。クログネス（Krogness）は以下のように述べている。

現代の国家は、住所や所得、家族状況等の個人情報を収集し、その変化について記録し、文書化する市民登録システムが必要である。ほとんどの先進国では、このようなシステムは個人単位で登録されているが、日本は「戸」と呼ばれる家族集団単位を使用している。（Krogness 2014: 4）

戸籍制度は個々の家族ごとに「戸」という単位で国民を登録する。そのため、すべての子どもは一つの家族集団にのみ「所属」する。子どもを除籍したり、家族の絆を損なうことを恐れるのは、棄児となる可能性があるためである。そして、多くの子どもたちが非常に虐待的な家庭であっても家に戻されるのは、それが子どもの最善の利益になると理解されているからである。ある児童相談所の児童福祉司は「児童相談所が奪うと、その子は、家族からは死んだものとされてしまう可能性が高い」と言って、繰り返し頭部外傷を受けていた子どもを実親の元に帰宅させると主張した。

また、子どもの措置について実親の同意が得られずに実家庭に返すことになることもあり、児童相談所は裁判所は児童相談所側の思いを汲み取ってくれない、と考えている。代替養育における司法関与の致命的な欠如（久保2014）は、児童相談所のワーカーが措置の同意を得られるよう実親を説得しなければならない状況を招いている。

家族の絆を傷つけることへの恐れや司法関与の欠如には二つの影響がある。一つ目は、日本の要保護児童数がＯＥＣＤ諸国のなかで最も少ないことである。日本は1万人あたり19名であり（厚生労働省の２０１６年データから計算）、次に低いＯＥＣＤ加盟国であるイタリアの半分である（Ainsworth and Thoburn 2014: 18）。二つ目は、家族の絆を生み出すものではないという理由による児童福祉施設の利用である。

このような家族の絆の考え方は、実務家や政治家、一般の人々の間でも普遍的なものと捉えられているが、愛着理論には準じていない。アメリカのメイヨークリニック（Mayo clinic）では、最も重篤なタイプの愛着障害である反応性愛着障害について、以下のように述べている。

稀なうえに深刻な状態であり、乳幼児や小さな子どもが親やケア提供者との間に健全な絆を築くことができなかったことに起因する。反応性愛着障害の子どもは、通常、虐待やネグレクトを受けていたり、ケア提供者が次々に替わっていることが多い。心地よさを感じることや、愛されること、適切な養育経験といった、子どもが持つ基本的なニーズが満たされていないので、他者との間に愛情や思いやりのある愛着関係を築くことができない。これは、子どもの成長する脳に永続的な影響を与え、対人関係の構築に課題を抱える可能性がある。

右記の内容は、「施設の子」というレッテルを貼られがちな子どもたち、つまり、施設で暮らす乳幼児や子どもたちにみられる特性と嫌になるほどよく似ている。愛着について別の角度から見てみよう。西洋と日本の両方の研究において、子どもが特定の大人と健全な愛着を形成することは、子どもが他の大人と健全な絆を形成するための基礎として理解される。つまり、里親委託がうまくいけば、子どもが実家庭とより強い結びつきを持とうとする能力が向上するのである。この視点に立つと、家族の絆を守るために、子どもの一時的な生活の場として、家族の絆を形成することがまったくない施設を選択することは滅茶苦茶な話である。施設利用は特に必要とされていないだけでなく、子どもと実親との健全な家族の絆を形成する能力を大きく損なう可能性がある。

(2) 里親委託の機能やケアの目標、里親委託に対する閾値《いきち》

家族の絆に関する考え方は、調査全体でほぼ均一であったが、里親委託の機能やケアの目標、里親委託に適していると判断する閾値は広範囲に変化した。里親委託率を決定づける上で最も重要なのは、児童相談所の里親委託に関する認識である。

代替養育は、専門的なケアとして理解されるものから、家族の絆に基づくケアと理解されるものまで、様々な種類がある（図7－6参照）。この中で、里親養育に関しては、家庭において専門的なケアを行う「セミプロフェッショナル」であるというものもあれば、養子縁組の代理というものもあり、その考え方は地方自治体によって異なる。子どもは家族の絆を一つしか持てないと理解されているため、ケアの目標が家族再統合である場合、里親委託は新たな家族の絆を築かない形態でしか実施されない。

一部の里親委託が養子縁組の代わりとして使われている理由は、養子縁組制度に大きな構造的問題があるためである。その結果、養子縁組の件数は非常に低くなっている。人口1億2700万人以上の国で、2012年の養子縁組件数はたった339件だった（表7－3参照）。さらに、2012～13年において、39・

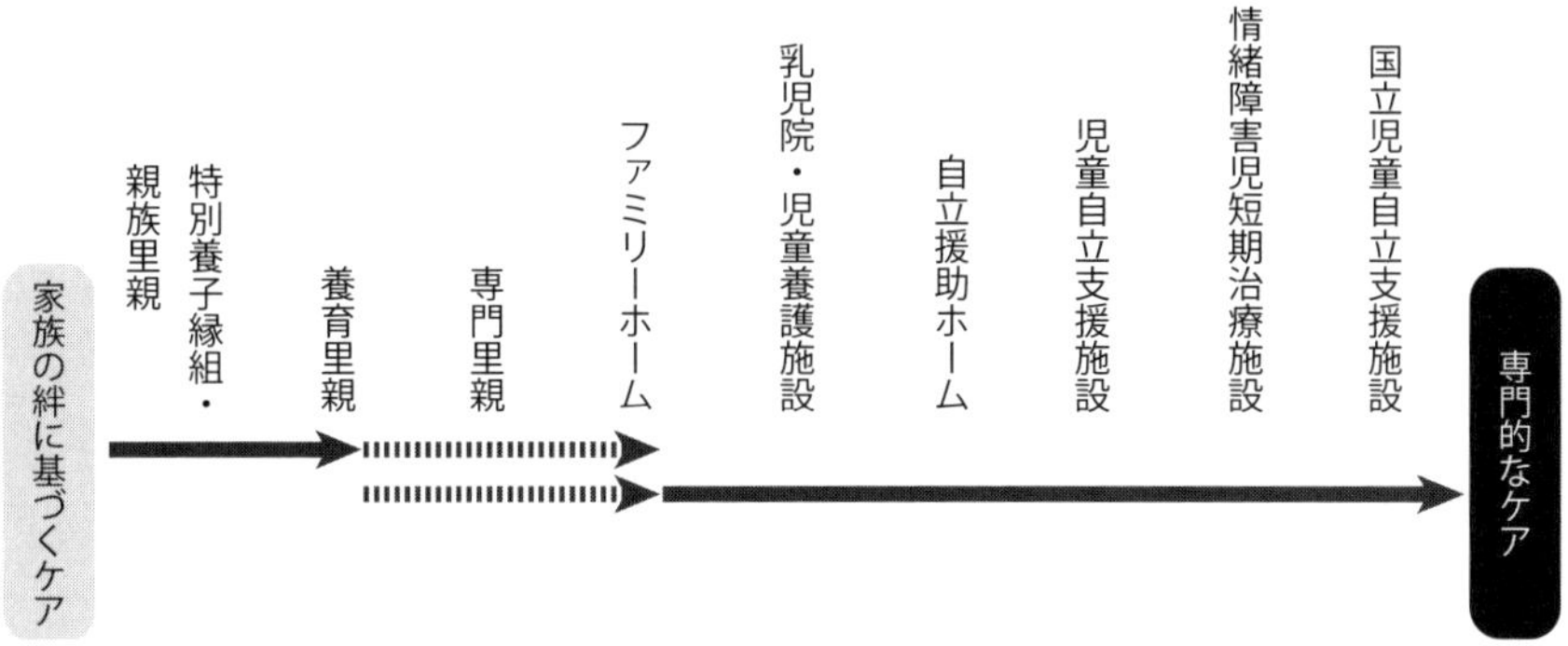

図7-6　タイプ別に見た代替養育のグラフ
（出所）筆者作成

表 7-3　特別養子縁組の件数 2008-2012 年　（単位：件、%）

区分	2008 年度	2009 年度	2010 年度	2011 年度	2012 年度
認容	309（100.0）	327（105.8）	326（105.5）	374（121.0）	339（109.7）
却下	19（100.0）	19（100.0）	21（110.5）	18（94.7）	16（84.2）
取下げ	66（100.0）	66（100.0）	68（103.0）	72（109.1）	59（89.4）
計	394（100.0）	412（104.6）	415（105.3）	464（117.8）	414（105.1）

注 1：総務省行政評価局が司法統計の「家事審判事件の受理、既済、未済手続別事別件数」から作成。
2：「却下」子どもには、①実父母の同意がないこと、②養子縁組済みで既に実子と変わりなく養育されていることを理由に却下された事例がある。
（出所）総務省行政評価局（2015）「育児休業法の対象となる子の要件の見直し（概要）」

6%の児童相談所が養子縁組ケースを一切扱わなかった（林2015）。

日本での養子縁組件数が限られているのは、養子縁組を希望する人が不足しているからではない。福岡市を含め、私が訪れた地方自治体当局では、多くの養子縁組希望者が子どもを待ち続けていた。養子縁組の限定的な活用は、司法関与の欠如が大きく関与している。これは、たとえ子どもが成長するまでずっと施設で暮らすことがすべての当事者に明らかな場合であっても、実親が養子縁組を同意した場合にのみ、児童相談所は養子縁組対象として適格だという判断するということである。

子どもの代替養育として、実親は施設入所を好むことが多く、その次に好まれるのが、稀ではあるが里親委託である。これはつまり、児童相談所が養子縁組を選択できることは非常に稀であるということである。その結果、家族の絆を築かないよう注意しながら、里親委託を養子縁組の代替として利用するという結果になる。これは、里親に委託される子どもは、両親がいない子どもが多いこと（図7－7参照）、実親と交流のある子どもの数が少ないことからもわかる（図7－8参照）。こうした手法はすべての自治体で実施されているが、長期の里親委託でも、親の意向によっていつでも子どもを委託先から引き上げることができるため、本当の意味で子どものパーマネンシー保障（社会的養育ビジョンにある「永続的解決」と同義）ができないままであるが、こうした手法はすべての自治体で実施されている。

里親には、14～15歳を超えた、いわゆる高齢児童も委託される。こうした子どもたちの多くは、児童養護施設が受け入れを拒否した子どもたちである。福岡市ではない児童相談所で、ある児童福祉司は、「高齢児童にとって、里親家庭は下宿先であったり、セーフゾーンのように考えられる」と話した（筆者インタビュー2015）。高齢児童の里親委託は、福岡市を含む多くの地方自治体で実施されているが、こうした委託は家族の絆に基づいてケアを行うのではなく、若者の支えとなる安定した家族環境を提供する。

福岡市とその他の調査先の里親委託に関する最も大きな違いは、「養子縁組が適切」な子どもと「下宿する」子どものはざまにいる、何らかのニーズのある子どもを里親に委託しているということである。福岡市の里親委託は、他の調査先よりも、家庭的な環境でケアを行うセミプロフェッショナルとして認識されている。このことは、ケアの目標が家族再統合のケースであっても、子どもを里親委託することを可能にしている。福岡市と他の地方自治体との間の里親委託に関する考え方の違いは、里親を募集する際に使用された画像をみても明らかである。

図7－9の2つの画像は、厚生労働省の里親募集キャンペーンの画像である。若いカップルと1人の子ど

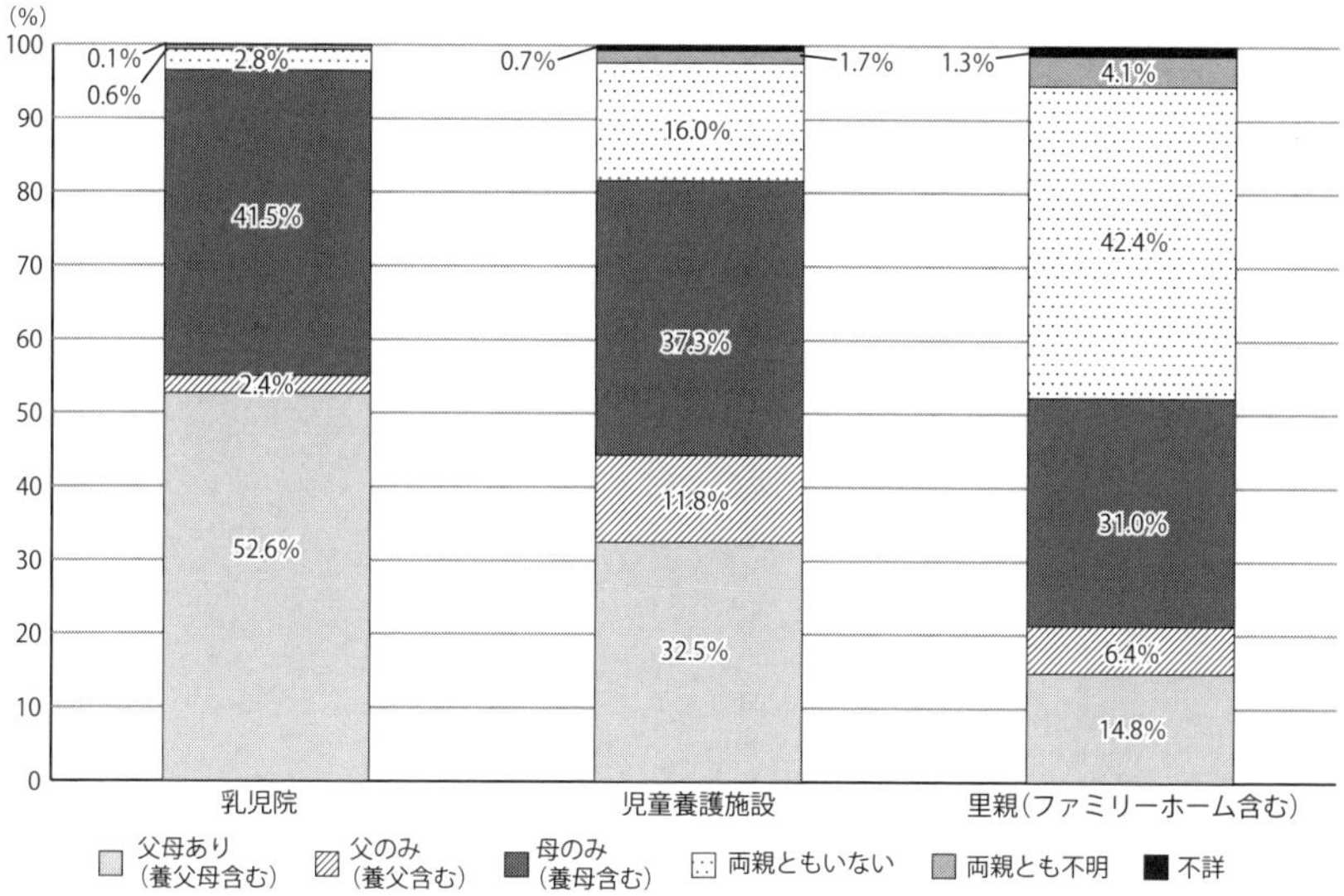

図7-7　措置児童の保護者の状況

（出所）厚生労働省（2016）「社会的養護の現状について（参考資料）」p.84
厚生労働省児童養護施設入所児童等調査（2013 年 2 月 1 日）

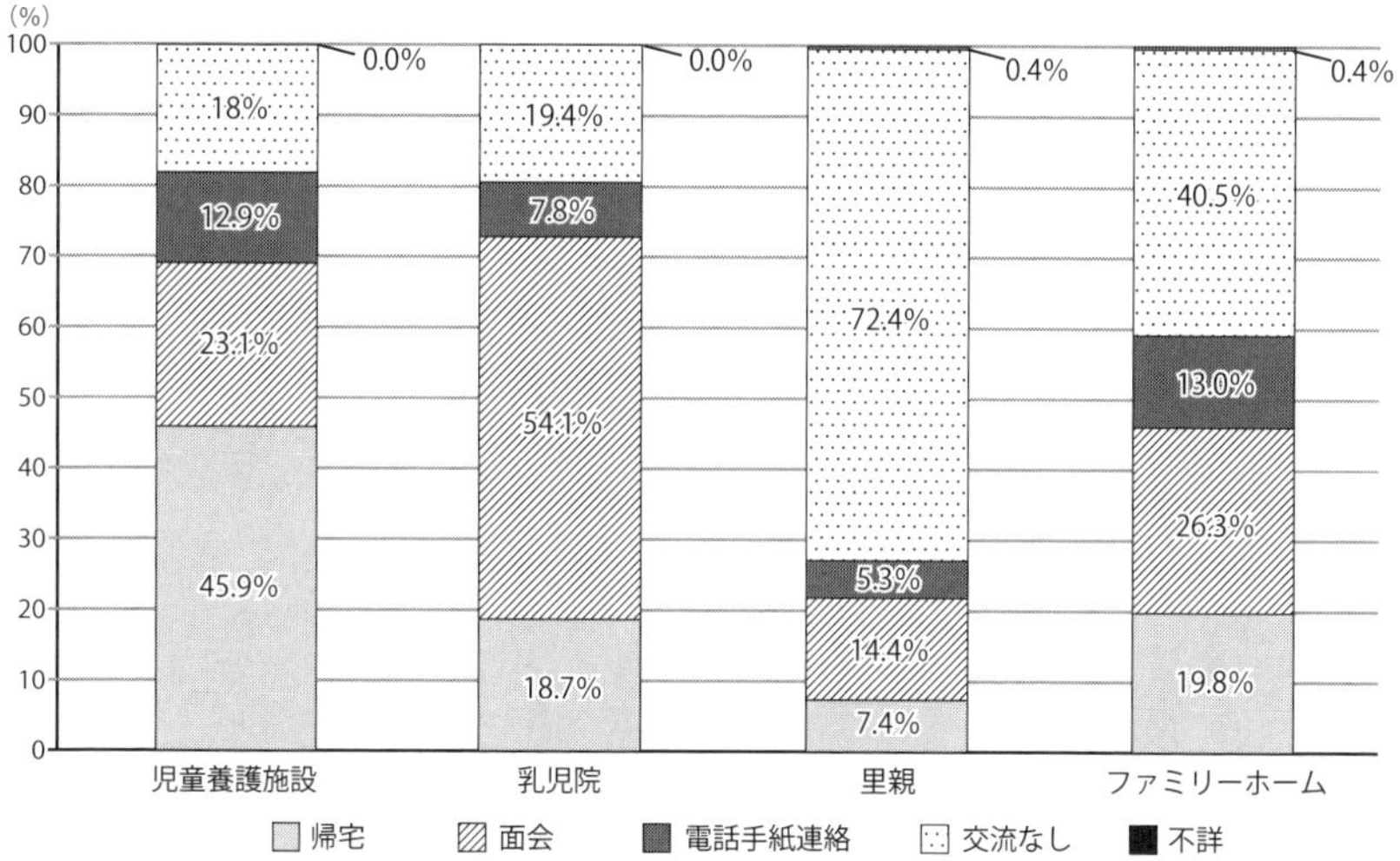

図7-8　家族との交流状況

（出所）厚生労働省（2016）「社会的養護の現状について（参考資料）」p.84
厚生労働省児童養護施設入所児童等調査（2013 年 2 月 1 日）

もを特徴とするこれらの画像は、家族団欒を想起させ、「空の巣」の充填を示唆する。一部の地方自治体では、里親委託は代替家族の役割を果たすものだという認識をさらにはっきりと示している。図7－10は、2つの地方自治体の画像を示している。最初の画像は、巨大なハートを背景に、若い女性に抱っこされた赤ちゃんが、祖父母や家族に囲まれていて、みんな喜んでいる様子である。すべての視線は赤ちゃんに注がれ、祖父の膝に座っている子どもは、老夫婦の里子ではなく、実子であると考えられる。2番目の画像も、愛情あふれる「代わりの家族」を想起させるものである。

福岡市が使用している画像は、より多様な里親委託の在り方を示している。福岡市の宣伝資料は、里親を3種類に分けて示している。図7－11は養育里親、図7－12は養子縁組を目的とする里親、図7－13はファミリーホームを表している。これらの画像は非常にシンプルであり、家族の団欒といった要素を組み込んでいない。子どもの年齢にも違いがあり、養子縁組を希望する里親の場合は、赤ちゃんではなく大きな子どものイラストを使い、養子縁組では一生涯にわたる関係性を築いていくことを強調している。これらのファミリーホームの画像は、宣伝資料の最初に掲載されている。里子と里親の年齢差が大きいのは、実子と間違えられないように、という意味合いを込めている。こうした多様な里親委託の画像は、福岡市児童相談所が幅広く里親委託を捉えているということの表れである。

図7-9　里親委託の広報用の画像
（厚生労働省のもの）

地方自治体によっては、これよりも里親委託に関する理解がはるかに進んでいない場合がある。

図7-12　里親委託の広報用画像（福岡市　養子縁組里親）

図7-11　里親委託の広報用画像（福岡市　養育里親）

図7-10　里親委託の広報用の画像（他の地方自治体のもの）

図7-13　里親委託の広報用の画像（福岡市ファミリーホーム）
福岡市こども総合相談センターホームページ

とある別の地方自治体では、児童相談所が乳児院に里親の募集と研修を委託したのだが、これは里親に関心を持つ人のための募集イベントで明らかになったことである。そのイベントで、乳児院の施設長は以下のように話した。

両親が養育することができない子どもたちがこの地方自治体にもいます。子どもたちの3分の1は実家庭に戻れる可能性がありません。里親委託は、こうした子どもたちのためにあるのです……もし近所に里親家庭があると知った時には、里親家庭は普通の家で、そこにいる子どもは普通の子どもだと思って、温かく見守ってください……今日、この乳児院で講義がありました。私たちは里親委託と虐待について話し、また、養子縁組と里親委託の違いについてもお話しました。私は多くの子どもたちに自分の状況について尋ねました。彼らは養子縁組・里親委託の区別なく、ただ里親家庭・養親家庭で一緒に生活できて幸せだ、満足していると言いました。それは昔と同じです。

里親委託についてこのような認識を持つ地方自治体では、里親委託に適切なケースは、代替家族のもとで暮らすことが適切だと判断される子どものケースのみだと考えられている。これは福岡市とは対照的である。福岡市では、ケアの目標が自立や家族再統合の子どもたちも里親に委託している。

福岡市児童相談所は、このような自立や家族再統合を目指す子どもたちのための里親委託を提供する能力を積極的に培ってきた。里親委託に携わるスタッフの数を1名から6名に増やし（係長1名も含む）、里親委託実務を支援するNPOネットワークを作り上げた。これにより、高齢児童やより複雑なニーズを持つ子どもたちは、他の地方自治体でのケースよりも里親に委託されることが多い。事実、福岡市児童相談所は、通常は児童養護施設への入所ケースとなるような子どもたちも里親委託できるようにするために、パイロット事業として、イギリスで「フォスタリング・チェンジ」と呼ばれているプログラムを試行している。

(3) 児童相談所が利用できる資源

児童相談所は、子どもを家族から分離する際の判断を行い、また、分離後にどこに委託（措置）するのかを決定する。子どもを分離するかどうかは、家族から分離しないことで子どもと家族に与える影響と、分離することが子どもと家族に与える影響を勘案して決定する。委託先については、ケアの目標やケア提供者ごとに異なる機能、および子どものニーズの複雑さを総合的に評価して決定される。

しかし、児童相談所は往々にして自らが子どもの最善の利益と考える選択を実行することができない。これは、司法関与がない場合は親の同意が必要であり、また、児童相談所が利用できる資源が限られているためである。

児童相談所には、管轄地域、政策の方向性、ケア提供者の能力、児童相談所の能力の4種類の資源がある。福岡市は小規模で人口密度の高い地方自治体である。そのため、児童相談所は大規模で人口の少ない都道府県よりも里親委託サービスを提供しやすくなっている。福岡市には、他の地方自治体では欠けていることが多い、危うい状況の里親家庭に対する行政の支援があるということも幸運だった。

児童相談所がどのような資源を実際に利用できるかで、里親委託率も変わる。例えば、人口に比べて施設の入所定員数が多い地方自治体は、定員が少ない地方自治体よりも里親委託率が低い。この相関は純粋に量の問題だけではなく、質の問題でもある。ある自治体の児童相談所が施設養育の質に疑問を抱いている場合、施設養育の質は高いと信じている自治体よりも、里親委託を選択する可能性が高い。

質の問題は、里親登録された人々にも関連するものである。里親認定時の国家基準が非常に低いということは、児童相談所は申請手続きを行ったほとんどの人を里親登録せねばならないということである。そのため児童相談所は、登録された里親を非公式に、①委託しても支障のない里親、②委託できない里親、③十分なサポートがあれば委託できる里親、の3つのカテゴリーに分類している。私は③のグループを「ギリギリ里親」と名付けたのだが、このギリギリ里親を活用できるかどうかは、児童相談所のサポート能力にかかっている。

三輪（2012）の調査では、児童福祉司の平均的な担当件数が少ない地方自治体は、平均的な担当件数が多い地方自治体よりも、統計的にみて里親委託率が高いということが判明した。児童相談所の能力について考える際は、量的な側面だけでなく、質的な側面についても考慮することが必要だろう。地域政策と実践の変革のために、専門知識を獲得し、継承し、使用する能力があるという点が、おそらく他の地方自治体と福岡市が最も大きく異なる点であろう。

3 なぜ福岡市は他の地方自治体とは違うのか？

福岡市児童相談所の実践はなぜこんなにも特徴的なのか？　なぜ、他の地方自治体よりも里親委託が進んでいるのか？　なぜ、施設よりも里親に多くの資源を配分できるのか？　これらの疑問を解明するためには、児童相談所の組織的な文化を理解することが必要だ。組織的な文化を定義する際の重要な特徴は、管理職、意思決定ミーティング（援助方針会議）の使用、業務の専門職化、児童相談所内外におけるリソースの開拓である。

福岡市の管理職クラスは児童相談所での勤務歴が長く、おそらく日本で最も経験豊富だ。児童相談所長は12年間、2名の課長は、1名は20年近く、もう1名は30年以上である。そのため、児童相談所が専門的知識を発達させ、専門知識を獲得し、継承し、使用する能力を高めている。これは、里親委託の同意を親から得たり、里親支援システムを開発することも含め、実践のあらゆる側面に影響を与える。また、職員の継続性により、児童相談所は施策のビジョンを描くことができ、また、それを一定期間しっかりと実施することができる。

この持続的なビジョンは、福岡市の変革が実現するうえで、非常に重要な役割を担っていたことが証明されている。藤林氏は、福岡市児童相談所で起きた、里親委託実務に対する児童福祉司たちの「流れの変化」が、どのようなものだったか話してくれた。

福岡市の変革は、子どもは里親に委託された方が将来的な成果が得られるということに児童福祉司が気づき、里親委託を再評価することが将来の実践につながると気づいたことから始まった。

他の児童相談所では、個々のケースで里親委託がうまくいきそうなものもあったが、マッチング段階で不調となることが多かったため、実践の変革につながることはなかった。福岡市児童相談所においては、児童相談所の管理職が一貫して積極的なアプローチをしたことで、里親家庭への委託がうまくいくと、児童福祉司がますます里親に委託しようとする正の循環を生み出した。こうした里親委託の推進は、里親家庭を支援する能力の向上にも支えられていた。福岡市ではこの正の循環により、やや年齢の高い子どもや、若干複雑なニーズのある子どもを里親に委託することを容易にし、徐々にこうした子どもも里親に委託するのが適切だとみなされるようになった。

しかし、里親委託された子どもが虐待やネグレクトを受けた場合などは、負の循環に陥ることがある。その場合、児童相談所はこうした事件の後に里親に委託しようとする意欲が低下する。

ただ、おかしなことに、施設内虐待が発覚した場合は、施設に対する負の循環は生じない。これにはいくつかの理由がある。

第1に、児童相談所は、里親委託の場合はケア提供者であるのに対して、施設入所の場合はただのケア調整者である。そのため、里親委託が不調となった場合は、児童相談所が道徳的責任を果たすことになる。

第2に、施設内虐待の場合、責任の所在は、個人、場合によっては施設に追及できる。WHO、ユニセフおよびEUは、施設内虐待への対応について警告しており、施設内虐待を生じさせるシステム上の問題への対応についても強調されている。しかし、日本では対応が遅れている。

第3の理由は、里親委託への移行はまだ途上にあり、現状の里親委託の機能や能力には課題があることだ。児童福祉司がうまくいくと思って委託したものの不調となったケースを経験する方が、不審に思いながら委託してうまくいったケースを経験するよりも、担当者が里親委託に否定的になる可能性が高い。

管理職が措置先決定のプロセスに積極的に関与することで、正の循環が生まれた。これは彼らの専門知識と経験によって可能となったことであり、福岡市では、「〝我々が〟○○を試してみよう」「〝我々が〟××をやってみよう」といった提案を行いながら、全体で共有する意思決定を行っていた。他のいくつかの地方自治体では、児童福祉司一人の責任が大きいため、変革するためのリスクを避けることが多い。調査を行った別の児童相談所では、最終決定を行う援助方針会議が始まる前に、所定の書式にあらかじめ結果が印刷されており、常に担当児童福祉司の提案に従っていた。さらに、福岡市の正の循環は、他の児童福祉司が担当するケースの援助方針会議を聴講している若手の児童福祉司によって増幅される。これは、上級管理職が積極的に関わることで、ケースを担当する児童福祉司だけでなく、他の児童福祉司の実践にも影響を与えることを意味している。

管理職の長い経験や継続的な関わりにより、会議での決定と実践の変革とが強く関連するようになった。例えば、養育里親の不足は、福岡市では他の自治体よりも里親の募集活動につながりやすい。福岡市では、継続的な職員研修を行ったり、複雑なケースについては月例会議を行うことで、日々の実践と改革との関連性を強めている。

福岡市児童相談所の組織構造や人員体制は、多くの他の児童相談所よりも専門知識の開発を可能にする。ここでは、こども緊急支援課、常駐の弁護士、嘱託職員の使用について考察する。

福岡市では、緊急介入が必要なケースについての調査は、こども緊急支援課が実施する。この課では、地区を担当するこども支援課が管理する虐待ケースについてのスーパーバイズも行っている。この役割分担は、介入と支援の間にある緊張を緩和させようとするものであり（佐藤２００９）、それぞれの役割においてより高度の専門性が認められる。他の多くの児童相談所では、普通の児童福祉司が介入と支援のどちらの業務も実施している。これは、地方公務員は「ジェネラリスト」としてのスキルのほうが、より専門的な分野で役割を果たす「スペシャリスト」としてのスキルより重視されるためであろう。

福岡市児童相談所で常勤の専任弁護士を採用していることもまた、専門知識の蓄積につながる。弁護士が常駐することで、両親や裁判所との交渉上の立場を強化し、児童相談所ですぐに技術的および法律的助言を受けられる。さらに、臨床心理士を長期的に雇用しており、勤続5年以上という心理士も珍しくない。

嘱託職員を長期にわたり雇用することで担保されることとなった里親委託チーム内の継続性もまた、専門知識と経験の開発を容易にする。こうした継続性の保障は、児童相談所が共通して抱える二つの課題に対処するのに役立つ。一つ目は、三輪（2014）が述べているが、養育において里親が直面する特定の子育て課題への対処方法に関する専門知識が児童相談所には不足していることである。二つ目は、伊藤（2015）が実施した近畿地方の5つの地方自治体で里親の調査で述べられているが、児童相談所は職員の異動があるため、里親と有意義な関係を築けないことである。

職員の異動については、当節の日本のあらゆる政策研究において考慮せねばならない問題である。各省庁間の縦割りや、政府レベル以上の横割りだけでなく、日本の代替養育政策は児童相談所職員の異動と密接に関わっており、委託を促進するための協働が困難である（津崎2003参照）。

こうした分断は、代替養育における政策転換が、実際のところ段階的なものになっているな重要な理由である。

この章では福岡市の特徴についてみてきたが、最後に、NPOが果たした役割について考察する。NPOは、資源が限られるなかで福岡市児童相談所が里親支援を展開できるようにした。NPOが果たした役割として、一つ目に、軽度の虐待が疑われるケースに関する初期調査の実施が挙げられる。これにより、児童相談所の限られた資源の多くを里親支援業務にまわせるようになった。二つ目は、より直接里親に関連することである。児童相談所は、子どもの問題に焦点を当てた地域のNPOネットワークと緊密に連携しており、また、里親を周知し、里親の募集を行うために、地域の里親会とも協力している。里親会は活発に活動しており、毎月の会合や里親同士のピアサポートを実施している。

また、福岡市では外部の活動団体とも連携している。

ここでの革新的で最も興味深い実践例は、里親養育のための資料作成や児童相談所のウェブサイトの開発において、地元の情報工学の教授や広報の専門家チームと連携したことである。そのなかで、DVDも作成された。DVDは、里親登録したきっかけや里親としての現在の生活について、福岡市の3つの里親家庭の話を収録している。このDVDは二つの目的のために作られた。一つは、里親希望者を対象としたイベントで見てもらうこと、そしてもう一つは、福岡市の福祉関連部署の公務員全員に見せることである。福祉関連の部署にいる人たちは、支援ニーズのある家族と最初に関わることが多いので、里親委託について理解を深めることで、今後、里親委託が「一般化」していくと考えているのだ。

4 今後の実践や政策への提言

この調査で明らかになったことは、いくつかの政策提言にもつながる。

第1の提言は、家族の絆についての理解である。実務者や実親が学問的に家族の絆を理解すれば、家族の絆を守るために施設に入所させるという措置決定はなくなるだろう。

第2に、里親の「セミプロ化」である。里親養育は自身の家庭においてケアを提供する「セミプロフェッショナル」だと考えれば、「養子縁組の代わり」とみなすよりも、家族の絆に対する影響は少ない。これを成すには、里親の認定基準を引き上げる必要がある。そのため、児童相談所は里親への研修や支援を量・質ともに増やし、「親代わりの里親」ではなく「ケア提供者としての里親」を養成し、委託できると判断された里親のみを登録することが求められる。

日本には長期委託は必要ないと言っているわけではない。長期委託を「普通の委託」と区別する最も効果的な方法は、代替養育を受ける期間が3年を超えそうだと判断される子どもを対象とした「長期養育里親」という新しい種類を設けること、また、「普通の」養育里親を対象に、家族再統合を推進し、専門技術を向上させるための研修や訓練を導入することである。同様に、「乳幼児専門の里親」という種別を設けて、専門的な研修を提供することも、変革に向けた大きな一歩となるだろう。

これらの提言は、里親委託実務のインフラへの投資なしには限定的な変革である。多くの地方自治体において、児童相談所は依然として、施設入所の場合はただのケア調整者であるのとは対照的に、里親委託の場合はケア提供者となる。非営利のフォスタリング機関に対する警戒は、私の眼には奇異に映る。[14] 主にネックになっていることは、民間の機関に里親委託実務を委託することは、児童相談所が「自前で」里親委託を行

14 （訳者注）ここで、イギリスにおける里親ケアについて触れておきたい。イギリスでは里親委託実務を公私機関が並立して行い、長く実践を行っている。

イギリスのフォスタリング機関とは、(1)自治体里親委託部門（児童サービス部の里親／家族委託チーム）(2)自治体に代わって里親委託実務を担う独立里親委託機関（民間営利／非営利）(independent fostering agencies; private and voluntary）を指す。このように、自治体のみならず民間機関においても里親認定が可能であり、また、独自資源を活用し、里親委託実務を遂行できる。

フォスタリング機関は、里親家庭への委託のみを行うのではなく、委託児童及び里親家庭に対して、里親の開拓（リクルート）段階から関わり、委託中のアセスメントや日々の支援のみならず、委託終了後の支援まで、里親委託実務を包括的に担う。

イギリスでは、フォスタリング機関が行う実務に対する法規定も設けられている。公私フォスタリング機関が提供する里親への支援サービスについては、国家最低基準においても言及されており、①研修の日程調整②里親同士のセルフヘルプグループの促進③里親へのスーパービジョン④助言と情報提供⑤保健や教育分野などの関連領域におけるサービス利用の手配⑥業務時間外の支援（24時間の電話相談サービスなど）⑦レスパイト・ケア（里親の一時的休息）の手配⑧ケア見直し会議の実施⑨機関独自の支援サービス（調停時の支援など）が挙げられ、その実施が求められている。

うよりもコストが高いと思われていることである。これは、児童相談所は、実際にかかる人件費を里親委託実務全体のコストに反映していないためである。乳児院は里親委託の何倍ものコストがかかるが、民間NPOによる里親委託機関の活用を発展させていくための最も適切な場所であると考えられる。

あるいは、里親委託機関に特有の専門知識と経験を児童相談所が取得し、維持し、構築することを可能にするシステムが確立しているのであれば、こうした里親委託機関としての機能は児童相談所内で開発することができる。

そのために必要なことは、福岡市で行われているように地方公務員を支援するため、嘱託職員を長期にわたり雇用することである。または、「スペシャリスト」ソーシャルワーカー職をつくり、公立学校の教職員が教育機関の役職に異動するのと同じように、地方自治体の公務員が自身のスキルを活かせる部署にのみ異動するという制度をつくることである。

総合的なソーシャルワーク研修プログラムと認定制度の開発も必要である。日本では、教師や医師や弁護士と同様に、ソーシャルワーカーも専門資格を有する専門職だという認識が欠如しているという問題は、私が海外で研究発表をしたときに他の海外の研究者が最も驚いたことの一つである。

次の提言は司法制度についてである。

親が施設入所や里親委託に同意しない場合は、司法制度がより大きな役割を果たす必要がある。現時点では、児童相談所は同意が得られなさそうな親と交渉するため、子どもの最善の利益のために行動できないことが多い。きちんと交渉できるようにするために、家庭裁判所は里親養育に関するより専門的な知識を持ち、里親について理解を深める必要がある。日本の司法制度について特に言及したいことは、司法関与の欠如は、多くの場合、ただでさえ他の多くのOECD諸国よりもはるかに長い日本での措置期間が、さらに不必要に長くなることにつながるということである。

子どもが社会的養育を受けている場合、児童相談所は親と連絡を取り、家族の状況に変化はないか、家族再統合が可能かどうか確認する。

司法的支援がないために親の行動を規制できない状況なので、多くの児童相談所では、児童相談所が安全だと確認する前に親が子どもを勝手に引き上げる場合に備えて、親と連絡を取る際には、眠れる巨人を起こさないように非常に警戒している。逆説的にいえば、積極的に司法が関与することで、児童相談所はより統制された慎重な方法で親と関わることができるので、措置期間の短縮とより早期の家族再統合につながるということである。

次の提言は、日本が1994年に批准した子どもの権利条約の第12条に関するものである（条文は以下の通り）。

第12条

1. 締約国は、自己の意見を形成する能力のある児童がその児童に影響を及ぼすすべての事項について自由に自己の意見を表明する権利を確保する。この場合において、児童の意見は、その児童の年齢及び成熟度に従って相応に考慮されるものとする。

2. このため、児童は、特に、自己に影響を及ぼすあらゆる司法上及び行政上の手続において、国内法の手続規則に合致する方法により直接に又は代理人若しくは適当な団体を通じて聴取される機会を与えられる。

私が訪問したすべての児童相談所では、援助方針を決定する過程における子どもの意見表明はほぼみられなかった。このことは、児童相談所は親の同意がなければ限られた法的権限の下でしか行動できないことに関連しているかもしれない。そのため、児童相談所は要望をかなえられないかもしれないという怖れから、子どもが方針決定の過程に参加することに慎重なのかもしれない。その原因が何であれ、これは喫緊の課題である（中村のCVVの研究を参照）。

最後の提言は、施設の使用についてである。里親委託を促進し、今後何十年もかけて徐々に施設が閉鎖していくのを待っているだけでは不十分である。WHOやEU、ユニセフの脱施設化に関するガイドラインはすべて、施設養育から家庭養育への財政投入の切り替えと、積極的な施設閉鎖の重要性について述べている。里親委託の促進には、地方自治体レベルだけでなく、国レベルでの対応も必要である。

私が最後に言いたいことは、提言ではなく、お願いごとだ。

ボランティア活動をしたり、働いたり、代替養育について研究したり、私は日本で10年以上の時間を過ごしてきた。その間、50以上の施設を訪問し、何百人もの里親と出会い、児童相談所で1年間過ごした。私が会ったすべての人々は、子どもたちのために懸命に働いてる。彼らが出会う子どもたち全員に良い変化が訪れるよう、全力で取り組んでいる。変革に向けて白熱した議論を行う中で、時にはやる気や熱意が失われることもあるだろう。日本ではまだ赤ちゃんを施設に入所させていることや、2歳から18歳までの子どもが定員50名の児童福祉施設はおろか、150名定員の児童養護施設に入所しているということを知り、驚嘆した一方で、その施設の職員は、ケアの改善のために最善を尽くしている。

しかし、長年閉鎖的な環境にあった日本の代替養育は、藤林氏が指摘するとおり、ガラパゴス島のダーウィンフィンチ（鳥）のように珍しい方向に進化している。ただし、ダーウィンフィンチは環境に完全に適合しているという点に違いがある。日本の代替養育は、世界第3位の経済大国の子どもが受けるものとして適切だろうか、または本当にあるべき姿だろうか。日本の代替養育は、まだ最善のものであるとはいえないだろう。私の論文で最も期待していることは、これまでとは異なる観点を提供することで、政策の立案者や実施者がこれまでの見識を見直すきっかけとなることである。それは変革への起爆剤となるだろう。

〈参照文献〉

伊藤嘉余子（2015）「里親の支援ニーズと支援機関に求める役割」日本社会福祉学会第63回秋季大会
柏女霊峰（2010）「子どもたちにあたりまえの生活を」『社会的養護とファミリーホーム』Vol.1、福村出版、6－9頁
久保健二（2014）「虐待対応における課題と困難―児童相談所の弁護士の立場から」『子どもの虐待とネグレクト』16巻3号、242－249頁
佐藤隆司（2009）「児童相談所の現状と課題―児童虐待と体制整備」日本子どもを守る会編『子ども白書2009』草土文化
竹内洋（2014）「少子化対策・日本経済へのメリット」日本財団／国際人権NGOヒューマン・ライツ・ウォッチ日本「世界子どもの日」国連・子どもの権利条約採択25周年記念シンポジウム～すべての赤ちゃんが「家庭」で育つ社会をめざして～
竹中哲夫（1995）「児童養護施設論の視点―津崎論文「大人の既得利益と子どもの最善の利益」を読む」『社会福祉研究』63号、鉄道弘済会
津崎哲雄（1995）「こんな施設は日本に存在すべきではない！―竹中氏の批判に応える」『社会福祉研究』第63号、鉄道弘済会
――――（2003）『ソーシャルワークと社会福祉―イギリス地方自治体ソーシャルワークの成立と展開』明石書店
――――（2009）『この国の子どもたち―要保護児童社会的養護の日本的構築』日本加除出版
日本財団／国際人権NGOヒューマン・ライツ・ウォッチ日本（2014）「『世界子どもの日』国連・子どもの権利条約採択25周年記念シンポジウム～すべての赤ちゃんが「家庭」で育つ社会をめざして～」
林浩康（2015）「児童相談所における特別養子縁組への取組」子どもの虐待防止推進全国フォーラムin allかながわでの講演
三輪清子（2012）「2000年以降の里親委託の増加をもたらしたもの：児童虐待の増加の直接的効果と間接的効果をめぐって」『社会福祉学』53巻2号、45－56頁

三輪清子（２０１４）「里親制度の長期的動態と展望」（博士論文）首都大学東京
和田一郎／山本恒雄／堤ちはる他（２０１３）「一時保護の概要把握と入所児童の実態調査」『日本子ども家庭総合研究紀要』第50集、59－１３１頁
Ainsworth, F., & Hansen, P. (2009). Residential programs for children and young people: Their current status and use in Australia. In M. Courtney, & D. Iwaniec (Eds.), *Residential care of children: Comparative perspectives*. New York: Oxford University Press.
Ainsworth, F., & Thoburn, J. (2014). An exploration of the differential usage of residential childcare across national boundaries. *International Journal of Social Welfare*, 23, 16-24.
Barth, R. P. (2002) *Institutions vs. Foster Homes: The Empirical Bose for a Century of Action*, Report for UNC, School of Social Work, Jordan Institute for Families.
Bowlby, J. (1951). *Maternal care and mental health*. Geneva: World Health Organization.
——— (1969). Attachment: *Attachment and loss* (Vol. 1). New York: Basic Books.
Browne, K. (2008). *The overuse of institutional care for young children in Europe*. (PowerPoint presentation). Second International Conference on Community Psychology. Lisbon, Portugal. 2008, June 5.
Browne, K., Hamilton-Giachritsis, C., Johnson, R., & Ostergren, M. (2006). Overuse of institutional care for children in Europe. *British Medical Journal*, 332 (No.7539), 485-487.
Bullock, R., & McSherry, D. (2009). Residential care in Great Britain and Northern Ireland. In M. Courtney, & D. Iwaniec (Eds.), *Residential care of children: Comparative perspectives*. New York: Oxford University Press.
Courtney, M., Dolev, T., & Gilligan, R. (2009). Looking backward to see forward clearly: A cross-national perspective on residential care. In M. Courtney, & D. Iwaniec (Eds.), *Residential care of children: Comparative perspectives*. New York: Oxford University Press.
EuroChild. (2012). De-institutionalisation and quality alterative care for children in Europe: Lessons learned and the way forward. *Eurochild Working Paper*. Brussels: EuroChild.
European Commission. (2013). *Investing in children: Breaking the cycle of disadvantage*. Commission recommendation of 20.2.2013, C(2013), 778 final.

European Expert Group on the Transition from Institutional to Community-Based Care. (2009). *Report of the ad hoc expert group on the transition from institutional to community-based care.* Directorate-General for Employment, Social Affairs and Equal Opportunities .

Fox L., & Gotestam R. (2003). Redirecting resources to community based services: A concept paper. *Social protection Discussion Paper* No. 0311. Washington: The World Bank.

Gilligan, R. (2009). Residential care in Ireland. In M. Courtney, & D. Iwaniec (Eds.), *Residential care of children: Comparative perspectives.* New York: Oxford University Press.

Goldfarb, K. (2012). *Fragile kinships: Family ideologies and child welfare in Japan.* (Doctoral dissertation). The University of Chicago.

Goldfarb, W. (1945). Effects of psychological deprivation in infancy and subsequent stimulation. *American Journal of Psychiatry*, 102, 18-33.

Goodman, R. (2000). *Children of the Japanese state: The changing role of child protection institutions in contemporary Japan.* Oxford: Oxford University Press.

Harada, A. (2013). Children in need of permanent families: The current status of and future directions for the Japanese foster care system. *Illinois Child Welfare*, 6(1), 14-29.

Human Rights Watch. (2014). *Without dreams. Children in alternative care in Japan.* USA: Human Rights Watch.

Krogness, K. J. (2014). Jus Koseki: household registration and Japanese citizenship. *The Asia- Pacific Journal, Japan Focus,* 12(35-1), 1-24.

Maus, T. (2006). *Ishii Juji, the Okayama orphanage and the Chausubaru settlement: A vision of child relief through communal labor and a sustainable local economy, 1887–1926.* (Doctoral dissertation). The University of Chicago.

Save the Children. (2009). *Keeping children out of harmful institutions: Why we should be investing in family-based care.* London: The Save the Children Fund.

Shirai, C. (2015). Foster care and children's rights. (Symposium). Shizuoka. 2015, January 1.

Siegel, D. H. (2012). Open adoption: Adoptive parents' reactions two decades later. *Social Work,* 58(1), 43-52.

Stein, M. (2006). Missing years of abuse in children's homes. *Child and Family Social Work*, 11, 11-21.

Stein, M. (2011). *Care Less Lives: The Story of the Rights Movement for Children in Care*, Catch22.〔マイク・スタイン著（津崎哲雄訳）（２０１４）『英国の社会的養護当事者の人権擁護運動史―意見表明による劣等処遇克服への歩み』明石書店〕

Tobis, D. (2000). *Moving from residential institutions to community-based social services in Central and Eastern Europe and the former Soviet Union*. Washington DC: The World Bank.

Tsuzaki, T. (2006). The vested interests vs. children･ s rights: children's rights and foster care in Japan. Presentation at Asia conference on children's rights and foster care. Retrieved from URL: http://www.geocities.jp/hokukaido/satooya/seoul2006/article/12-japan- tsuzaki-e.htm (last accessed 2017, August 22).

United Nations Committee on the Rights of the Child (UN CRC). (1998). Concluding observations of the committee on the rights of the child: Japan. Eighteenth session: Consideration of reports submitted by states parties under Article 44 of the convention. CRC/C/15/Add.90 (June).

UN CRC. (2004). *Consideration of reports submitted by states parties under Article 44 of the convention: Concluding observations: Japan*. CRC/C/15/Add.231. 2004, February 26.

——— (2010). *Consideration of reports submitted by states parties under Article 44 of the convention: Convention on the Rights of the Child: Concluding observations: Japan*. CRC/C/JPN/CO/3. 2010, June 20.

UNICEF. (2010). *At home or in a home? Formal care and adoption of children in Eastern Europe and Central Asia*. Geneva: UNICEF.

United Nations General Assembly. (1989). *Convention on the rights of the child*. Document A/RES/44/25. 1989, December 12.

——— (2010). *Guidelines for the alternative care of children. Resolution adopted by the General Assembly 64/142*. A/RES/64/142*, on the report of the Third committee A/64/434.

World Health Organization. (2010). *Better health, better lives: children and young people with intellectual disabilities and their families: Transfer care from institutions to the community*. EUR/51298/17/PP/3. Bucharest, Romania.

終章

出《しゅつ》ガラパゴス記

津崎哲雄
〔京都府立大学名誉教授〕

はじめに

イスラエル[1]と日本の社会的養護改革を比較した第7章の著者から聞いたことだが、両国の相違は前者がまずゲイト・キーピング（門番）機関の再検討・改革から始めているのに、日本は社会的養護資源（施設・里親・養子縁組）の改善・見直しにしか目が向いていないようであったという。このことは、日本の社会的養護に通底する根源的欠陥を示唆している。社会と社会的養護対策のインターフェイスに存在する門番は主に児童相談所である。この門番機関が社会的養護の要であり、日本の社会的養護児・若者の運命―ライフチャンス保障の水準―は概ねここが決める。この最高度に法／実務／倫理的に社会的養護当事者の運命に責任を負う組織が、その責任の十全な（少なくとも常識範囲の）遂行に相応しい諸条件に欠ける社会組織であったなら、問題にまともに対応する国家システムは存在するといえるのかどうか。グローバルな観点から、福岡市児相関係者はこうした現実をガラパゴス化された児相・児童福祉システム（と自嘲気味にというよりは）改革のキャッチワードとして唱え、よきダイレクターをえてそこからの脱出に一丸となってもがき努めてきた。そのもがきと到達過程の記録である本書を読むと、今後の社会的養育・社会的養護・児相・児童福祉施設など支援システムを現代化するシナリオ＝施策文書『新しい社会的養育ビジョン』（２０１７年）に示された諸提言・工程に直面せざるをえないすべての自治体と児相に、自治体児童ソーシャルワーク・社会的養護改革の方向性と絵空ごとではない実践モデルを提供していることがわかる。

以下、各章のポイントに適宜筆者の所感を加え、若干の課題に言及し、部外寄稿者の責任を全うしたい。

1　専門職の描く福岡市児相の現代化の諸相

序章では、公募で就任した所長（Director）が14年間の改革過程を俯瞰する。「えがおのない」疲弊した職員、特に児童福祉司を「負のスパイラル」ではなく「正のスパイラル」のソーシャルワーク専門職に再生させるべく、新規／庁内公募福祉職採用・重大事件活用・弁護士採用・学校ソーシャルワーカー／福祉警官（少年育成指導官）動員などを通じて多職種専門職集団を目指し、「一行政機関 Admin. Office から行政の専門機関 Professional Agency」へと変貌させる。こうした改革の成果は、虐待介入や社会的養護の親権至上主義への対応における児童福祉司の自信獲得、市名を高める里親委託増加率へとつながった。さらに、半年間の英大学院生実習から、職員に刺激が与えられ、日本の社会的養護・児童福祉が国際水準から隔たる「ガラパゴス化」した代物であるとの客体化が生じ、児童ソーシャルワークや社会的養護のさらなる改革へと結実しつつある。一時保護・ケアリーヴァー支援・当事者評価など若干の課題も積み残されるが、子ども若者の人権を最優先し、社会的養育システム正常化・ソーシャルワーカー実務「正のスパイラル」化・児相の専門職集団化への道をたどる一専門職機関としての絵空ごとではない展望が明示されている。

第1章は、たまたま配属され児相が天職となったベテラン（元）児童福祉司による虐待対応（介入）と介入後支援を同一社会機関が担う矛盾とそれに伴う実務上の諸問題およびその解決策に関する、豊富な実務経験に基づく洞察。裁判所命令の裏付けのない職権保護をめぐる児童福祉司の苦労・疲弊の解消を大阪市児相

1　本章のタイトルは、イスラエル史に起った出エジプト（Exodus）にちなむ。エジプト王パロの圧政下で奴隷状態にあったイスラエルの民が、モーセに率いられ約束の地へと脱出する旅を敢行する。その典拠である「出エジプト記」（ユダヤ教聖書：旧約聖書）になぞらえ、福岡市児相現代化（21世紀化）を「出ガラパゴス」と比喩している。

での実習などで試み、刺激を受け介入的ソーシャルワーク論に光明を見出す。児相への一極集中を根源的齟齬と認識し、「いびつ」な日本の虐待対応を司法介入の超薄弱さに収斂させ、児童福祉司の介入機能不全、虐待者支援強制欠落などの経験知を通じて、ガラパゴス化を裏付ける（一極集中問題は既に児相関係者が米国調査で実証し、改善を強く訴えている）[2]。法専門職（弁護士）常勤採用を機に介入機能への自信獲得、事実と思い込み・判断・推定の区別を学び、児童福祉司のエンパワーが行われる。

その弁護士が第2章著者。全国初の常勤弁護士が法専門職の視点から児相の福祉行政機関としての矛盾、児童福祉司の弱点をあばき、徐々に児童福祉司がソーシャルワーク専門職として自信を獲得する過程を描くと共に、この国の児童虐待対応・支援システムの諸問題―複数通告窓口・48時間以内規則・司法消極主義・児童福祉の法制度非体系化―虐待防止法・児童福祉法・民法：公法／私法の入り乱れ、つまり法的権限行使現場としての児相の過度の裁量権保持―などを指摘、その対応策としての法律ツール総動員・活用の意義・徹底を訴え、調査・立入調査・臨検／捜索・一時保護・特別養子縁組・体罰禁止・児相への警官配置という諸局面を通じて分析・提言している。こうした議論を裏付けるレファレンスとして海外事情、特に司法関与の普遍化を強調し、司法関与のガラパゴス化が最も深刻であるとする。

特に興味深いのは、就任後に見出した児童福司の親権誤認識である。親権（Parental Rights）は子権（子どもの権利）に対応する法概念ではなく、子の福祉を守る責任・義務・権利であるという認識が薄弱で[3]、親が子のライフコースを牛耳る権限であるという児読福祉司の認識に驚愕し、正確な法知識ノートを全職員に定期配布するとともに、調査・ニードアセスメントにおける事実と思い込み・判断・推定の識別を徹底的に啓発し、専門知と専門職のエートスを定着させることとなった。児相への弁護士常勤採用が２０１１年に日本で初めて起ったこと自体が、ガラパゴス化の証拠である。虐待介入への司法関与消極主義や親権至上主義が及ぼす児童福祉司実務拘束などを前提とすると、法専門職との常時協働・連携は最低限の職場環境条件たらざるをえないはず。筆者が法専門職不在による児相機能不全に目を開かれたのは、２００４年岸和田中3男児虐待事件以降、何回かの事件検証に関わり、児童福祉司の過剰ケース担当と児相の職員構成に不信感を抱くことに至った時であった。

第3章はたぶん本書の絶頂である。著者の原体験の多くは筆者（津崎）の社会的養護改革・児童ソーシャルワーク研究の契機となった諸体験と共通する。生活保護ワーカーとして施設出の若者から投げかけられた言葉に衝撃を受け、著者は庁内公募で児相に移る。若者はガラパゴス国の児相・社会的養護の疑似支援でライフチャンスの多くを剥奪された人口の典型であった。社会的養護児の多くが抱く大人（児童福祉司・施設職員など）への不信に直面し、彼らの運命を牛耳る児相の措置を伴うソーシャルワークの功罪を問う中で、児童ソーシャルワーク専門職としての自己覚知と「ガラパゴス化」認識に至ることとなる。国際基準にふれ、マイクと出遭い、ルモスを知り、英国研修を経て、多くの子ども若者が児相の疑似支援の下、長期入所のまま放置されていることに愕然とさせられ、施設入退所調査を通じて、少なからぬ子どもが家庭委託の機会を奪われ続けている現実を統計で実証した。[4] ソーシャルワーカーのリサーチ機能が発揮され、この事実に基づき家庭移行支援という児童ソーシャルワークの王道が主業務となる専門部署が立ち上げられ、著者は主要ス

2 小野善郎（２００４）「アメリカのChild Guidance Clinicと日本の児童相談所」『厚生科学研究２００３年度16』。
3 ちなみにペアレンタル・ライツ（親権）については、専門職のみならず市民にもこうした誤解が及ぶ可能性を減らすため、英独仏などでは権利ではなく親の責任（・義務）を示唆する法概念に変更されている（英国では親責任 parental responsibilities=１９８９児童法で導入）。
4 １９７０年代初頭英国で同じ問題がロウとランバートの研究（『待っている子どもたち』Rowe and Lambert (1973) *Children who wait: a study of children needing substitute families*, London: Association of British Adoption Agencies）で提起され、家庭委託推進の一原動力となったことを想起させる。

タッフとして、少なからぬ子どもに家庭生活と家族委託型代替養育を保障し、彼らの人権を日々擁護することとなる。この部署はゲートキーピングのミスを補正する機能ももち合わせてはいるが、ここで行われているような児童ソーシャルワークが本来児相支援業務担当の主流になり、ゲートキーピング機能をも兼ね備え、ゆくゆくは里親委託／養子縁組係、家庭委託係あるいは永続委託部門と並び整備充実されてゆき、『ビジョン』の謳う永続的解決を家庭復帰や特別養子縁組を通じて保障する新たな児相部門になるよう期待したい。本章では他にも家庭移行支援の実際、英自治体児童ソーシャルワーク事情、ケース再審査の必要性（表現法は異なるが）、里親係との協働、家庭移行支援係設置後の変化（里親委託率上昇・施設状況把握／移行支援に必要な地域資源の明確化）などなど、多くの専門的実務知が披瀝されている。特に「足で稼ぐ家庭移行支援ソーシャルワーク」は、1960年代多くの英市民に読まれた小説『丸裸にされた仔羊』[5]を連想させる。1948年児童法で創出された地方自治体児童部（Children's Department＝ほぼ児相相当）の基幹職員＝児童福祉主事（Child Care Officer）として働いていたストラウド（著者）が、劣等処遇蔓延の救貧法／民間／教派児童福祉施設から子どもを救い出す十字軍と自ら任じ、家庭復帰・里親委託推進のために足で稼ぐ王道児童ソーシャルワーク実践に邁進し、その苦労と喜びを物語風に仕立てている（第3章著者が一読すれば時空を超える連帯が生れよう！）。その他、ライフストーリーワーク保障、児童福祉司ケースロード、アウトカム検証などが今後の発展には不可欠の課業と指摘されている。

第4章は、公務員人生のほとんどを児相に捧げた、市児相の家庭委託（里親養育・養子縁組）の生き字引のような職員の筆になる。2000年代初頭のニーズ大量発生に委託資源が足りず、里親資源開発に走らざるを得なかった。このことは里親委託率日本一を続けてきた新潟県の事情と重なる。施設資源増強が図れぬ自治体としては、どんな形であれ施設委託以外の選択肢しかなく、養育里親も限られれば、親族里親開発に向かうほかはない。同県の児相ワーカーはそれが主務であっただろう。少なくとも１９９０年以降家庭内虐待が発見されるまでは。

苦難の道を切り拓くとは、このことであろう。市民や子どもＮＰＯを動員し、海外チャリティ日本支部（子どもの村福岡）が立ち上がり、「新しい絆」プロジェクトで社会啓発を行いながら、児相のゲートキーピング方針を国際基準に転換する動きと連動し、家庭委託の成果を児童福祉司が実感することを通じて「正のスパイラル」が生じ、ますます里親委託率が高まり、増加率日本一にもなった[6]。その結果、里親委託実務の国際基準化も進んで行き、認定数と委託数の乖離はほぼなくなった。里親に相応しい人、実際になれる人しか認定しないという単純な、しかし他自治体ではできていないことが当たり前に行われている。ファミリーグループホームが福岡市ではファミリーホームに先行したが、施設縮小と里親拡張では方向性が違う。いずれも国際基準ではグループ養育であり、後者も厳密には里親委託範疇に入れるべきではなかろう（第７章の著者も同意見）。新生児（特別養子縁組）里親委託は愛知県方式とよばれるが、永続的解決（パーマネンシ保障）の典型実践であり、それにも果敢に取り組み成果をあげている。その他、家庭委託推進に付随する多くの留意点や問題—実親の関わり、里親（と実子）支援、里子支援、里親専門職員、支援体制）などが実務経験知から論じられている。著者も海外事情や海外研修指導者から多くの刺戟と専門知・技能を学んでいる。

5　John Stroud (1960) *The Shorn Lamb*, Penguin Books 1821
6　筆者の観察では、静岡市が里親委託率を向上させたのは、児相と名実整う民間フォスタリング機関の協働である。『ビジョン』はこのモデルを推奨しているのであろう。当該児のニードアセスメントの結果、家庭委託にと措置決定がなされれば、提供されうるサービスの質と値段をバランスさせ、自機関の里親部門に託すか、民間フォスタリング機関に、その後の支援プロセスをマッチングから終結まで全過程を委託する、というシステムを意味しているのだが……。
7　筆者も米国学校ソーシャルワーク史で博士号をえた若手を指導し、その変遷に接したことがある。

第5章では、ソーシャルワークは既存社会制度（学校）の機能不全を補う役割を担う専門職であることが、わかり易い事例を用いて論じられている。歴史的には不就学対応・就学督促奨励を主務として始まった学校ソーシャルワーク[7]の今日的意義と福岡市における実践、他専門職との連携協働の必要性をわかり易く説く。筆者（津崎）は文科省が学校ソーシャルワークなどと唱え始めた時点では、児童ソーシャルワークの元来のセッティグ、児相にソーシャルワークが欠落しているのに、学校ソーシャルワークとは片腹痛いと偏見を抱いていた。しかしながら、本章を読み進むと、措置権限を伴わぬ、金銭給付権限（生保ケースワーク）をもたない学校ソーシャルワークの方がはるかにソーシャルワークらしい実践を行えている事実に眼をひらかれた。むろん、ケース担当数と関連しているであろうが、先に言及した『丸裸にされた仔羊』に描かれた児童福祉主事のフィールド・ソーシャルワークは、本章の事例で展開されるものともほぼ同質である。こうした実践が行えるソーシャルワークのセッティングの前提の一つには、教育と福祉の協働、学校と児相の協働が実務拠点を生かして福岡市では一応解決できている点も、『ビジョン』の提言の想定外ではあろうが他自治体に参考になろう。[8]

第6章もソーシャルワーク機能の警察制度における有用性の実証である。児童福祉司になり損ねた少年サポートセンターの「ヤンキー大好き」少年育成指導官のソーシャルワーク（的）実務のありかたに眼を開かれる。恩師の助言が行われたころの市児相は想像がつくような行政機関であっただろう。[9]警察と児相の支援対象理解は真逆であるし、支援アプローチも対照的であり、水と油のようだと著者は述べつつも、警察と福祉機関のインターフェイスとしての立ち位置の潜在的可能性を説き、少年サポートセンターが児相と同じ建物に在ることから、機関協働が促進され、協働家庭訪問や児童養護施設との連携が日常業務として遂行できることは、警察にも児相にもソーシャルワーク実践上の強みになる、と説く。著者はたまたま警察というセッティングで働くボーン《うまれつき》・ソーシャルワーカーではなかろうか。家裁調査官や保護観察官となっていたとしても同じであっただろうし、児相でならなおさらのこと！

第7章は「ガラパゴス化」説の言いだしっぺによる日本と福岡市の社会的養護外部評価である。滞日10年以上、日本の研究者以上に多くの施設や里親およびケアリーヴァーと実際に接し、英米イスラエル（韓国？）に通じた専門知で、国と福岡市の社会的養護を交錯させつつ論じる。通底するのはグッドマン教授流の社会人類学で現象・実践・制度・統計を分析する手法である。自治体の里親委託率・委託率変化指標を図示し、比較不能データを国際比較に用いる厚労省グラフを暴き、里親推進広報画像の分析を行い、児童福祉司のケースロードが重くない自治体の方が里親委託率が高いと実証した調査研究を引き、その他児相内で起こるほぼすべての出来事を半年間の参与観察・聴取・議論で学んで援用、市児相の出ガラパゴス要因を組織文化・管理職エートス・支援決定会議・業務専門分化・職員能力開発に収斂させ、それらの努力の総体が家庭委託・家庭移行支援のアウトカムとして結実することを実感した児童福祉司の「正のスパイラル」体験と評価している。末尾に出ガラパゴス起爆剤となる多くの提言を行っている。いくつかあげれば、乳児院家庭委託機関化[10]、教師・医師・弁護士なみのソーシャルワーク教育研修、司法積極主義への大転換、意思決定へ

7 筆者も米国学校ソーシャルワーク史で博士号をえた若手を指導し、その変遷に接したことがある。

8 ちなみに英国では、国・地方とも教育・福祉・地域保健の機関統合が既にできており（国では教育省、自治体では児童サービス部が教育・福祉・子どもの地域保健を所管する）、社会的養護児の学習達成・高等教育進学率などで成果をあげている。学校には社会的養護児の教育責任・学習進捗を担当する専門教員も配置されており、ライフチャンス達成向上が児童サービス部・学校・地域子ども若者精神保健サービスの協働ではかられている。

9 筆者も多くの教え子に同じような助言を行ってきた。皮肉にも例外的に福岡市受験を勧めた教え子二人（学部卒と修士卒）は補欠に残れたが採用はなかった。この経験から合格者はみな相当の実力者であろうと推測する。

10 第7章の著者は国際基準（乳幼児の集団養育は国家の暴力・虐待であり、発達上の弊害）に基づいて、世界第三位の経済大国の日本赤十字社

の子どもの参加・意見表明など、これらには『ビジョン』よりも積極的な提言を含むものもある。

2 出ガラパゴスの主動因を考える

市児相14年の現代化過程の主局面は上記のごとくであるが、それが生じた背景にある主動因と考えられることを指摘しておこう。まず2代目所長の「子ども・家庭支援三層システム」構想に基づく「総合相談センター」実現が大前提ではあるが、所長を公募し適格者が任用されたこと。公務員制度の違いはあるが、英米ではこの種の部長・所長・機関長はもちろん、自治体職員の任用は公募でなされる。精神医療改革に携わってきた新所長は社会的養護にはそれと通底する問題があるとすぐ気付いたであろう。[11] そこで委託資源不足に直面する。内部昇格所長なら市外委託増か無理をしてでも施設増で乗り切ったであろう。が、彼は民間病院（＝社福法人・施設）経営の既得権益構造がもたらす弊害を弁え、地域ケア推進経験を生かし、家庭委託推進へ全力投球する。ＮＰＯ動員により「新しい絆」計画を進め、子どもの村福岡誘致を支援、疲弊せる児童福祉司に家庭委託の成果を実感させ「正のスパイラル」が徐々に進行し、新生児家庭委託にも取り組み、里親委託現代化にも役立つとの確信から、虐待対応の切り札となる常勤弁護士任用に踏み切る。それが結果として児童福祉司に自信を獲得・回復させた。総合相談センターの長所を最大限発揮し、学校ソーシャルワーク・少年サポートセンター（少年育成指導）と児相の、つまり教育・警察・児相の協働を促し、同居個別機関のワーカーとの連携協働を児童家庭支援の日常に位置付け、社会的養育を必要とする子ども若者・家庭の支援に現代化（＝出ガラパゴス）が起っていった。

個人礼賛ではない。どのヒューマンサービス機関・施設であれ、相応しいダイレクター（Director：所長・

院長・責任者・統率者・リーダー）像がある。彼／彼女の指揮・影響によりその組織はよくも悪くもなる。とりわけ多専門職がチームを組む機関では、どの専門職がそれに任じるかという問題も生じる。児相は長い間この問題を放置してきた。それは自治体行政機関そのもの（Very Admin. Office）という誤った認識に胡坐《あぐら》をかいていたからである。しかし90年代の家庭内虐待発見以降、その怠慢は虐待死バッシングの重圧で徐々に内部から気づきが生じた。なぜこんなことを問題にするかというと、英国でも児童部が１９４８年に発足した時、さらに１９７０年に自治体の個別福祉所管部局（福祉部・児童部・保健部）が統合され、社会福祉部（Personal Social Services Department）が立ち上げられた際に、どの専門職熟練者が自治体最大部局を指揮すべきかが議論され、ダイレクトロジー（Directorlogy 部長学・所長学・福祉機関長学）なるものが登場し、個別福祉サービスすべてを提供する社会機関長の専門分野・経歴・研修歴・資格・学歴・人柄などの条件および職責に相応しい待遇のあり方などが積極的に議論されてきたからである。[12] 日本でも、公募かどうかと併せて、児相所長はどの専門職熟練者がなるべきかは、今後さらにアカデミックな探究のテーマとなるべきであろう。

（日本最大の８つの乳児院経営組織）や国際赤十字本社にクレームをつけ、国際基準遵守を求めたが、前者のこうした分野における専門知・国際基準の無視・無関心には驚愕させられ、日本ガラパゴス言説の最大要因としている。

11 就任後の２００７年の市管施設スキャンダルはもちろん、全国報道された同じ施設の１９９５年事件もおそらく知っていたであろう。

12 自治体社会福祉部長に関する Directorlogy の一端は、筆者の博士論文『ソーシャルワークと社会福祉―イギリス地方自治体ソーシャルワークの成立と展開』（１９９２年：２００３年公刊、明石書店）第7章に、社会福祉部長学の一端が展開されている。１９７９年に英国ソーシャルワーカー協会（BASW）が『ソーシャルワークの課業』を公刊し、ソーシャルワーカーが果たすべき役割と課業を二十数個挙げているが、そのなかにダイレクター業も重要な役割として位置付けられている。British Association of Social Workers (1979) *The Social Work Task:A BASW working party report*〔英国ソーシャルワーカー協会研究部会編、白沢政和他訳（１９８１）『ソーシャルワークの課業＝ソーシャルワーカーの役割とは何か』大阪市立大学生活科学部社会福祉学研究室〕。

市児相出ガラパゴスの表象は、第7章の著者の結論のように児童福祉司の「正のスパイラル」体験そのものに見出しうるかもしれないが、それをセットアップしてきたダイレクターの専門職経歴／熟練度・行政手腕・児相観・ソーシャルワーク観・児童福祉司観・子どもの権利観・改革志向・施設不祥事・就任時行政動向などが児相改革志向＝出ガラパゴスへの動きに収斂し、それを受けた総合相談センター全スタッフが日々の専門職実務の蓄積により今日の現代化（modernisation）をもたらしたといえるであろう。

むすび——課題克服への期待

福岡市児相は1948年〜1970年にマンチェスター児童部がそうであったような社会的共同親（Corporate Parent）[13]としての自治体機関を志向しつつあるといえる。しかしながら、若干、今後に期待したい視座がないこともない。まず社会的共同親としての市議のこうした分野への関与が極めて希薄なのは、英自治制度との違いというより、社会的養護を必要とする子ども若者のライフチャンス保障が真正面から市政課題となっていないからであろう。社会的共同親とは包括的な概念だが誤解を恐れずにいえば、社会的養護児が暮らす自治体総体である。親が機能しない子らへは自治体が国に代わり親代わりとなる。自治体が「わが子」として自立した社会人（納税者）となるまでの責任を負う考え方である。だとすれば市民・市民の子弟・家族のニーズを受けて、自治体の施策・予算執行のあり方・市民サービスを協議・決定する市議が、人格としては社会的養護児の社会的共同親の執行責任者でなければならない。そうした立場の者が福岡市の社会的養護分野に登場しないのは、社会的共同親の市としては未熟親といわねばならぬであろう。英国では各自治体の社会的養護施策を先導する地方議員（Lead Councilor）が指名され、社会的養護施策を熟知の上、全社会的養護児若者の氏名と委託を知り、予告なしに委託先を訪問、委託児の状況を折々確認する。自治体は社会的共同親として「わが子」に「どのように君らの人権を守りライフチャンスを保障するか誓約」(Pledge)を作成し公表しなければならない。市会こそが社会的共同親業の執行役員会にならねばならない。

次に定期ケース再審査(Periodic Case Review)[14]がある。三者会議・担当者会議という名称で若干言及されてはいるが、これは実務上の調整会議ではなかろうか。何らかの措置により介入・支援が一定期間なされた後には、その措置・支援計画・支援実践が「わが子」に最善であるかどうか、そのケースに関わる全員(特に当事者である子ども・若者とその保護者など)の参加で再審査(ケアプランやケースのリヴュー)を行い、環境の変化や当該児のサービス評価などを反映させ、ソーシャルワーカーやスーパーヴァイザーの判断で、継続か変更か終結かを決定せねばならず、これを独立した立場の議長の下に行うのが英国流である。従って、独立ケース再審査主事(Independent Reviewing Officer IRO)[15]は社会的養護計画実務サービス評価の要となっている。日本には法にも児相運営指針にもこの Case Review(ケース再審査)規定がない。ガラパゴス化の深刻な一側面である。市児相のケース管理過程に(定期)ケース再審査はどのように位置付けられていくのであろうか。

13　社会的共同親(Corporate Parent)という英国社会的養護制度・実践を支える基本理念については拙著(2013)『英国の社会的養護の歴史―子どもの最善の利益を保障する理念・施策の現代化のために』明石書店、第5章に詳細に論じている。B・ホルマン著、津崎哲雄/山川宏和訳(2001)『養護児童と社会的共同親―イギリス・マンチェスターの児童福祉実践』明石書店も参考になる。

14　1989年児童法26条に規定される実務であり、最長半年に一度は行わねばならない。日本には法にも児相運営指針にもその規定がない、故に行われていない。施設への預けっぱなしの元凶であろうし、ガラパゴス化の一側面である。

15　2008年児童青少年法に規定される最も新しい児童ソーシャルワーク専門職。この職の導入は欧州人権規約批准に基づく。大人(専門家・親など)の都合で子ども若者のライフチャンス保障が疎外されないようにソーシャルワーク機関が個々のケース支援計画・ケース見直しを行う際に議長となり、第三者性を確保する仕組みである。

最後に、第7章の著者も指摘している課題である。今後市児相が子ども若者の声・当事者意見聴取[16]をどのように行い、その表明された意見・サービス評価を社会的養育・社会的養護の改善・改革に生かすかという議論は、第7章での言及を除き、まとまった形で言及されてはいなかったのが気になるが、市児相でもこの方向性の兆しは明確にあるようなので（コラム4・ほしおか十色）、早期着手を期待したい。出ガラパゴスは以上の3課題の克服をもってますます完成に近づくであろう！

16　ここでは措置決定に子ども若者の意見を反映させるという個別ケース管理における要件を論じているわけではない。レイサ・ペイジ／ジョージ・A・クラーク著、拙著訳編（2010）『養護児童の声』福村出版で詳しく論じている。

あとがき

ヤフオクドームの横のこども総合相談センターに引っ越す前の、南区大楠にあった旧児童相談所の建物に一歩足を踏み入れたのは、２００３年4月1日のことでした。佐賀県で精神科医として働いてきた私を、職員たちはあたたかく迎えてくれました。

それからの歳月を振り返ると、様々な出来事の連続でした。保護所で大暴れしている子どものために、大勢の職員が残ってみんなで加勢したり、「子どもを返してくれるまで家に帰らない」と居座った保護者と一晩夜を明かしたり、自宅での子どもの保護というストレスな局面に出向いた職員を、居残りの職員が労ったり。そしてときには九州を離れて遠くまで子どもにとって最適な養育環境を探し求めたりもしました。これらが日常茶飯でした。本書ではすべてを書きつくせないほどの、ドラマのような出来事の連続が、児童相談所の日常であり、まさにその最前線の光景でした。

職員はみんな、子どもの幸せを願って、いつも奮闘していました。一方で、情熱と努力だけでは到達できないことも多く経験しました。何が欠けていたのか、何をすべきか、自問自答しながら、解決策をいろいろなところに探し求めました。児童相談所初心者の私は、名前をあげると切りがないくらい、多くの先達に教えを乞うてきました。そうして、14年を経て、ひとつの地点にたどり着きましたが、まだまだ先は長く、一自治体の取り組みだけでは解決できないことも多いと思っていました。

いつしか、厚生労働省の委員に就任することとなり、社会保障審議会・新たな子ども家庭福祉のあり方に関する専門委員会委員、新たな社会的養育のあり方に関する検討会の構成員として、とりまとめに携わりました。前者の議論は２０１６年改正児童福祉法と２０１７年改正児童福祉法に反映され、後者の議論はこれら改正法の理念の具現化である「新しい社会的養育ビジョン」として結実しました。

改正法やビジョンに盛り込んでもらうために、構成員の一人として提案してきたことは、福岡市においてすでにチャレンジしてきたことであり、法制度の限界のためにチャレンジできずにいたことばかりです。「新しい社会的養育ビジョン」については、「現場を知らない人が書いたものだ」という批判を耳にすることがありますが、児童相談所の現場で生じている問題とその具体的な解決方向を示したものと、私は思っています。一方、「現実離れしている」とか「理想的過ぎる」というコメントを耳にすることもよくあります。そのとおりだと思います。検討会の議事録を読んでいただくとわかると思いますが、私や他の委員が提案したことの一部は、未だ我が国においては実現したことのない理想的なものであることは認めます。しかし、理想を掲げなければ、いつまで経っても実現には向かわないのです。

本書が出版された後も、「幻」ではなく「現実の展望」としてのビジョンに向かって、次の道のりを歩み続けたいと思っています。支援が届かないために、基本的な権利が十分保障されていない、大勢の子どもたちの声なき声に耳を傾けて。

藤林　武史

奥村賢一（おくむら・けんいち）【第5章】
社会福祉士・精神保健福祉士、福岡県立大学人間社会学部社会福祉学科准教授、日本学校ソーシャルワーク学会理事兼事務局長、福岡県スクールソーシャルワーカー協会副会長、福岡市教育委員会スクールソーシャルワーカー・スーパーバイザー他。1977年福岡県北九州市生まれ。同志社大学大学院社会学研究科社会福祉学専攻博士後期課程単位取得満期退学。福岡市教育委員会スクールソーシャルワーカーを経て2010年度より現職。

堀井智帆（ほりい・ちほ）【第6章】
1977年神奈川県横浜市生まれ。父の転勤で小学校の頃福岡県へ。西南女学院大学保健福祉学部福祉学科卒。社会福祉士。1999年から2年間児童養護施設で児童指導員としての勤務を経て、2001年から現在の福岡県警察少年課の少年補導職員へ転職。

Michael King（マイケル・キング）【第7章】
オックスフォード大学大学院博士課程。2006年から2011年にかけて、JETプログラムで福井県に住み、滞在中にボランティア団体「スマイルキッズジャパン」を立ち上げた。東日本大震災後は仙台に移住し、岩手県、宮城県、福島県の児童福祉施設に勤務。要保護児童の大学進学問題や、日本とイスラエルの児童養護施設の比較研究に取り組み、オックスフォード大学で2つの修士号を取得した。同大学博士課程では、日本の代替養育に関する地方自治体間の方針の差異について研究を行っている。

津崎哲雄（つざき・てつお）【終章】
1949年大分県生。京都府立大学名誉教授。児童ソーシャルワーク・比較児童福祉・社会的養護。著／訳書にM・スタイン『英国の社会的養護当事者の人権擁護運動史―意見表明による劣等処遇克服への歩み』明石書店2014（単訳）、『英国の社会的養護の歴史―子どもの最善の利益を保障する理念・政策の現代化のために』明石書店2013（単著）、ヘイズ『日本の養子縁組―社会的養護施策の位置づけと展望』明石書店2011（監訳）、『養護児童の声―社会的養護とエンパワメント』福村出版2010（編著）、『この国の子どもたち―要保護児童社会的養護の日本的構築 大人の既得権益と子どもの福祉』日本加除出版2009（単著）、『ソーシャルワークと社会福祉―イギリス地方自治体ソーシャルワークの成立と展開』明石書店2004（単著）、『コルチャック先生のいのちの言葉』明石書店2001（単訳）、『90年代地方自治体社会福祉の戦略―コベントリ市社会福祉部の基本理念・老人福祉戦略・組織構造改革』海声社1991（編訳著）、コベントリ市社会福祉部『現代地方自治体社会福祉の展開』海声社1986（単訳）

執筆者紹介（執筆順）＊は編著者

＊藤林武史（ふじばやし・たけし）【序章】

河浦龍生（かわうら・たつお）【第1章】
社会福祉士。福岡市子ども家庭支援センター（はぐはぐ）所長、福岡県粕屋郡久山町SSW、中村学園大学短期大学部非常勤講師。福岡大学法学部卒、1974年福岡市役所入庁、1996年から福岡市児童相談所児童福祉司、2009年福岡市こども総合相談センター緊急支援課長、2011年定年退職後再任用、2016年再任用期間終了。共著に『国連子どもの代替養育に関するガイドライン』福村出版2011など

久保健二（くぼ・けんじ）【第2章】
福岡市こども総合相談センター（児童相談所）こども緊急支援課長。弁護士。熊本大学法学部卒。1990年4月福岡高等裁判所入庁。1994年3月から2008年3月まで（うち8か月間育児休業）福岡地家裁（支部）において裁判所書記官を務める。2009年9月弁護士登録（旧62期。福岡県弁護士会子どもの権利委員会所属）。2011年4月から全国初の児童相談所常勤弁護士（特定任期付職員）として福岡市こども総合相談センター課長（こども緊急支援担当）に就任。2016年4月から一般職員として現職。2016年厚生労働省が設置した「児童虐待対応における司法関与及び特別養子縁組制度の利用促進の在り方に関する検討会」構成員を務める。著書に『児童相談所における子ども虐待対応への法的対応―常勤弁護士の視点から』日本加除出版2016

福井　充（ふくい・みつる）【第3章】
社会福祉士・精神保健福祉士。北海道大学法学部卒。2008年より福岡市博多福祉事務所で生活保護ケースワーカー、2011年から2017年9月まで同市こども総合相談センター児童福祉司、現在は同市こども未来局総務企画課。論文に「福岡市における施設入退所調査に基づく家庭移行支援の取り組み」（『子どもの虐待とネグレクト』19巻2号）

瀬里徳子（せり・のりこ）【第4章】
福岡市こども総合相談センターこども支援課里親係長。臨床心理士。九州大学文学部（心理学専攻）卒。1978年福岡市役所入庁。福岡市児童相談所心理判定員。1986年より同市博多福祉事務所にて生活保護ケースワーカー。1990年福岡市児童相談所心理判定員。2006年福岡市こども総合相談センターこども相談課長。2012年同センターこども支援課長。2016年定年退職後再任用にて現職。

編著者紹介

藤林武史（ふじばやし・たけし）

1958年大阪市生まれ。精神科医師。福岡市こども総合相談センター（福岡市児童相談所）所長。九州大学医学部卒業後2年間の研修を経て、1986年国立肥前療養所（現、肥前精神医療センター）、1989年佐賀医科大学精神科（現、佐賀大学医学部）、1992年佐賀県精神保健福祉センター、2003年より現職。日本子ども虐待防止学会理事、日本トラウマティックストレス学会理事、社会保障審議会新たな子ども家庭福祉のあり方に関する専門委員会委員、新たな社会的養育の在り方に関する検討会構成員。著書に『地域保健におけるひきこもりへの対応ガイドライン』じほう2004（共著）『大災害と子どものストレス』誠信書房2011（共著）『国連子どもの代替養育に関するガイドライン』福村出版2011（共著）『講座子ども虐待への新たなケア』学研教育出版／学研マーケティング2013（共著）

児童相談所改革と協働の道のり
——子どもの権利を中心とした福岡市モデル

2017年12月10日　初版第1刷発行
2019年9月10日　初版第2刷発行

編著者　藤林武史
発行者　大江道雅
発行所　株式会社　明石書店
〒101-0021　東京都千代田区外神田6-9-5
電話　03（5818）1171
FAX　03（5818）1174
振替　00100-7-24505
http://www.akashi.co.jp

装丁　明石書店デザイン室
印刷・製本　モリモト印刷株式会社

（定価はカバーに表示してあります）　ISBN978-4-7503-4594-9